JN484844

학교기반
위기대응개입 매뉴얼

본 저서는 2010년도 정부(교육과학기술부)의 재원으로 한국연구재단의 한국사회기반연구사업(SSK)에 의하여 지원을 받아 연구되었음(NRF 2010-B00218).

학교기반 위기대응개입 매뉴얼

Melissa Allen Heath & Dawn Sheen 편저 | **김동일** 역

School-Based Crisis Intervention

Preparing All Personnel to Assist

학지사

School-Based Crisis Intervention:
Preparing All Personnel to Assist
by Melissa Allen Heath, PhD. and Dawn Sheen

Korean Translation Copyright © 2013 by Hakjisa Publisher, Inc.
The Korean translation rights published by arrangement with
Guilford Publications, Inc.

Copyright © 2005 The Guilford Press
A Division of Guilford Publications, Inc.

All rights reserved.

본 저작물의 한국어판 저작권은
Guilford Publications, Inc. 와의 독점계약으로 (주)학지사가 소유합니다.
저작권법에 의해 한국 내에서 보호를 받는 저작물이므로
무단 전재와 무단 복제를 금합니다.

역자 서문

우리 사회의 여러 영역에서 리질리언스(회복탄력성)에 대한 관심이 높아지고 있습니다. 이러한 리질리언스에 대한 관심을 뒤집어 보면, 심각한 재해, 폭력, 자살 등 여러 가지 사건과 사고로 인하여 우리 사회 공동체 구성원들의 건강한 적응에 커다란 어려움이 있다는 것을 반증합니다. 더욱이, 학생들이 많은 시간을 보내고 성장하는 학교 체제에서 발생할 수 있는 주요한 위기와 문제를 이해해야 하며, 이러한 폭력, 재해뿐만 아니라 개인적 위기(가족 문제, 부모 소외)에 노출된 학생들에게 즉각적인 지원과 도움이 절실히 필요합니다. 이를 위하여 평소에 지지적이고 긍정적인 학교 분위기와 돌봄 공동체로서 학교의 위기 예방이 더욱 중요하고 의미 있다고 여겨집니다.

이 책은 학교 공동체의 구성원으로서 성인(교사와 교직원)들이 학생을 위한 체계적인 위기대응을 할 수 있도록 돕고자 구성되었습니다. 아직 우리나라 학교에는 학교에서 일어나는 다양한 재해와 위기에 대응할 수 있는 매뉴얼이 준비되어 있지 않은 경우가 많으므로, 이 책을 통하여 필요한 정보를 얻고 체계적인 인식을 갖추는 것은 의미 있는 일이라고 생각됩니다. 특히 이 책에서 제시한 바와 같이 교사와 학교 상담자가 학생들에게 닥칠 수 있는 1차적 위기, 2차적 위기, 3차적 위기를 이해하고 준비할 수 있는 정보와 가이드라인에 대하여 다시 한 번 살펴보는 기회가 되길 기대합니다.

이 책을 내놓기까지 많은 분의 도움이 있었습니다. 한국아동청소년상담학회 위크숍과 집단프로그램을 직접 참여하고 운영해 준 서울대학교 WITH Lab. 연구원들, 그리고 정성 어린 손길로 책을 만들어 준 학지사 임직원 여러분께 진심으로 고마운 마음을 전합니다. 특히 워크숍에 참여하여 우리에게 귀한 배움의 기회를 제공해 준 교사와 상담사들을 기억하고자 합니다. 마지막으로 지속적으로 동참해 준 독자 여러분께 깊은 감사를 드립니다.

2013년 관악산 연구실에서
오름 김동일

powered by WITH Lab. (Widen InTellectual Horizon):
Education and Counseling for Children-Adolescents with Diverse Needs

저자 서문

필요성과 목적

위기와 적응으로 구성되는 리질리언스(resilience, 회복탄력성)의 측면에서 보면, 스트레스가 높은 어려운 시기에 아동과 청소년은 적절한 지시, 안정 그리고 돌봄을 얻기 위해 중요한 자원(외적 지원)으로서 성인을 찾고 의지한다(Johnson, 1998). 이러한 지원은 극도의 위기 상황뿐만 아니라 더 중요하게는 학습을 가능하게 하는 안전하고 지지적인 일상생활을 위해 필요하다. 그러나 이러한 지원을 정서적인 응급조치로만 한정 지으면 종종 학교 장면에서 아동과 청소년을 전체적으로 이해하고 다루는 부분이 간과될 수 있다.

이 책은 학교의 '모든' 성인, 즉 정신건강 전문가, 교사, 교직원이 학생을 위해 전체적이고 체계적인 정서적 응급조치를 취할 수 있도록 고안되었다. 우리는 다양한 위기개입의 정보, 전략, 자원뿐만 아니라 기본적인 위기대응 기술, 즉 어떻게 반응할지, 무엇을 말할지, 무엇을 해야 할지를 제시한다. 즉, 전체 교직원 연수와 훈련을 위한 아이디어로서 이 책을 준비하였는데, 이는 학생의 정서적 요구를 보다 잘 충족시키기 위해서는 '모든' 성인이 준비되어야 한다는 목적이 있다.

학교기반 정신건강 서비스

지난 10년 동안, 위기개입을 포함하여 아동의 정신건강 요구를 충족시키려는 문제는 학교기반 정신건강 전문가들의 책임으로 급부상했다(Brock, Sandoval, & Lewis, 2001; Johnson, 2000). 아동의 서비스 접근성을 증가시키기 위해, 전문가들은 '그들이 있는 곳까지' 아동과 가족의 욕구를 찾아가는 서비스를 수행하도록 촉구한다(U.S. Department of Health and Human Services, 2000).

공립학교에서 정서적 지지를 제공해야 한다는 압력은 다양한 정치적 · 사회적 · 개인적인 가족 요소에서 비롯된다. 첫 번째이자 가장 중요한 것은, 학교는 아동과 청소년이 정서적 건강을 중요하게 보살핌 받는 곳이라는 것이다. 아동과 청소년을 위한 정신건강 서비스의 75%는 공립학교 현장에 제공된다(Burns & Hoagwood, 2002). 대부분의 18세 이하 청소년은 깨어 있는 시간 중 약 1/3을 학교에서 보내기 때문에 학교라는 틀 안에서 위기개입 서비스를 제공하는 것은 자연스럽고 적절하다. 학교 정신건강 전문가들은 학교의 편리하고 자연스러운 지지체계를 손쉽게(automatically) 연결할 수 있다는 장점이 있다. 그럼에도 '손쉽게'라는 단어는 많은 아동에게 정신적 충격을 준 사건이 일어난 다음에 위기개입을 할 때의 어려움을 지나치게 단순화시킨다. 더욱이 문제가 되는 것은 개인적 어려움을 경험하는 학생들을 적절하게 지지하기 위해 매일 전문적 자원과 정신건강 서비스가 매우 많이 필요하다는 것이다.

학생의 문제, 특히 공격성이나 과잉행동(hyperactivity)과 같이 보다 가시적인 '행동화'는 교사에게 명백히 보인다. 따라서 교사는 학생의 행동적 · 감정적 문제의 위험 신호를 가장 빨리 알아차릴 수 있는 사람이다. 교사와 교직원은 개입을 정의 · 실행 · 관찰할 때 전문가의 조력에 의존한다. 교사는 학생의 학업적 요구를 충족시키기 위해 그들을 도우며, 교내 정신건강 서비스는 가정과 지역사회의 자원이 되어 왔다. 가족과 교사가 학생의 문제행동 기저의 정서적 문제를 이해하면, 그들은 학생의 학업 수행과 건강한 사회적응을 격려하는 적절한 개입을 도울 수 있다.

다양한 요소가 아동의 정신건강 서비스 요구에 영향을 미친다. 국립 아동건강 및 인간발달 연구소(The National Institute of Child Health and Human Development, 2003)에서는 『미국의 아이들: 2003 웰빙의 핵심 국가 지표(*America's Children: Key National Indicators of Well-Being, 2003*)』라는 제목의 출판물에서 다음의

정보를 제공했다. 미국 아동의 약 16%는 빈곤하게 살고, 36%는 부적절하고 소란스러우며 안전하지 않은 집에서 살며, 18%는 적절한 영양 섭취를 할 수 없는 빈곤한 상태로 살아간다. 아동과 청소년의 약 6%는 건강관리를 전혀 하지 못하고, 28%는 한부모가정에서 살며, 4%는 부모 없이 산다. 또한 14세 이하 아동의 약 25%는 그들이 학교에서 돌아왔을 때 부모나 성인의 보호 없이 지낸다. 사회적 안녕의 또 다른 지표에서 보면, 심각한 범죄의 약 20%는 청소년이 저지른다.

이러한 놀라운 사실은 아동의 요구를 충족시키는 노력이 매우 힘들다는 것을 인정하게 해 준다. 학교는 특히 현대사회의 부정적인 힘의 영향을 너무 많이 받는다. 학교는 학업을 가르치는 것 외에 점점 다른 일까지 책임지고 있는데, 예를 들면 미취학 아동을 위한 서비스, 종일반 유치원, 방과후 프로그램, 그리고 아동에게 아침 · 점심 · 간식 먹이기 등이 있다. 그럼에도 이러한 도전에 맞서서, 가르치고 돕는 직업을 가진 이들은 이러한 질문을 계속한다. "우리가 어떻게 도울 수 있을까? 우리가 긍정적인 변화를 가져올 수 있는가?"

4,700만 명의 학생들에게 오직 9만 명의 학교 상담자와 3만 명의 학교심리사가 있을 뿐이다. 이와 같이 학교의 정신건강 전문가의 수는 제한되어 있는 데 비해 아동의 수는 많기 때문에, 거대하고 다양한 학생의 정신건강 수요를 충족시켜야 하는 자원은 한도에 도달했다.

학생들의 정서적 요구를 전문가들이 모두 맞춰 줄 수 없기 때문에, 우리는 학교의 모든 성인이 최소한의 준비로 학생들의 기본 정서를 지지할 수 있도록 도울 것을 제안한다. 기본적인 정서적 응급조치를 제공하기 위해 학교 내의 모든 성인을 훈련시킨다는 아이디어는 응급 상황에서 즉각적인 의료 수요를 감당하기 위해 일반인을 훈련시키는 적십자사의 전략과 비슷하다. 일반인들이 복잡한 의료 과정을 수행하도록 훈련받지도 않았고 훈련받은 제한된 범위 외의 행동을 기대받지도 않지만, 그들은 응급조치 과정으로 한 사람의 삶을 살릴 수 있고, 또 그렇게 한다. 이와 같이 학교에서 성인이 만약 적절히 훈련을 받는다면 스트레스와 트라우마를 경험하는 학생들에게 기본적인 정서적 지지를 제공할 수 있다.

다른 학교 위기 관련 출판물과는 다른 이 책의 독특한 특징은 학교 전체 교직원을 위한 정보와 훈련 가이드라인을 포함하고 있다는 점이다. 교사, 보조교사

(teaching assistants), 행정 직원(secretarial staff), 버스기사 등 모두를 훈련시킬 수 있다. 매일 학생과 상호작용하는 성인들이 준비되어 있다면, 더 강하고 더 지지적인 학교 환경을 제공하고, 리질리언스를 강화하며, 학생들이 스트레스를 받는 상황에서 부정적인 영향을 완화할 것이다(APA Task Force on Resilience, 2002).

구체적인 목표

위기개입을 다루는 책에서는 대개 아동에 대한 내용을 최소한으로 다루고, 학교에 대해서도 별로 다루지 않으며, 오히려 성인의 요구를 충족시키는 데 초점을 두어 왔다. 그러나 지난 수십 년간 학교 위기개입에 대한 관심이 증가해 왔고, 이런 주제를 다루는 출판물은 괄목할 만큼 많아졌다. 그러나 이러한 위기개입 책과 훈련 프로그램은 유용하기는 하지만, 학교 체제 내에서 '모든 성인'이라는 광범위한 대상을 독자로 하지는 못하고 있다. 학술적인 책과 훈련 자료는 전문가의 언어로 되어 있으며, 학교 전체의 위기개입과 개입 프로그램을 효과적으로 적용하기 위해 중요하고 실제적인 '어떻게 하는지'에 대한 정보는 종종 빠져 있다. 게다가 대부분의 위기개입 훈련 자료는 보다 일반적으로 일어나는 상황보다는 심각하게 큰 사건이나 시선을 끄는 상황에 초점을 두고 있다.

이 책의 목표는 모든 교직원이 정서적인 응급조치를 취할 수 있도록 준비시키는 것이다. 이는 심각한 위기만을 위해서뿐만 아니라 도움의 손길이나 경청이 필요한 학생들을 위한 것이다. 정서적 지지가 보다 넓은 토대를 가진다면 어려운 시기를 통해 학생들이 변화하는 것을 격려할 수 있다.

이 책의 정보는 '모든' 교직원에게 위기개입에 대한 기본적 이해를 제공하는 것을 목표로 한다. 지지적 · 포괄적 · 긍정적인 학교 분위기를 촉진하고, 다양한 배경의 학생들을 위한 효과적인 위기개입을 제공하며, 정서적 지지를 제공하는 데 기본적인 의사소통 기술을 사용하고, 지역사회 정신건강 전문가 · 부모 · 매체와 의사소통을 하며, 학생의 대처 기술을 강화시키기 위해 아동문학을 이용하고, 소진(burnout)을 피하기 위한 전략 등이 포함되어 있다.

이 책은 학생에게 무엇을 말하고, 무엇을 하며, 언제 그들을 정신건강 전문가에게 의뢰할 것인지에 초점을 맞추는 교직원 훈련 활동에 중요한 부분을 할애했다. 보다 구체적으로 말하자면, 제공되는 정보는 어렵고 충격적인 시기 동안 학생의 이야기를 주의 깊게 듣고, 학생, 부모/보호자, 교사, 학생의 정서적 요구에 관련된 다른 전문가와 의사소통을 하기 위해 교직원을 훈련하는 것이 목적이다.

제5장 '특정 문제를 가진 학생 돕기'에서는 우울, 불안, 만성질환, 친구 문제, 이혼, 부모 문제, 약물 남용, 금전적 어려움, 자살, 슬픔과 상실에 대한 애도 등의 구체적인 주제에 대해 보다 세부적으로 접근한다. 또한 최소한의 사전 준비로 쉽게 수행할 수 있는 학급 활동을 위한 아이디어와 자원을 제공한다. 제시된 이야기와 활동은 학생이 겪는 일반적인 어려움을 중심으로 하였으며, 빠르고 쉬운 전달을 위해 명확하게 개요를 설명하였다. 이러한 자원은 학생의 대처 기술을 강화하고 지역사회의 소속감과 지지를 격려하여 교사와 교직원을 돕는다.

예상 독자

이 책은 학교 전체 구성원들에게 초점을 두고 있다. 우리의 의도는 학교 심리 전문가, 학교 상담자, 사회복지사, 교사, 교직원들이 사용할 교수 자료와 기본적인 위기개입 전략을 제공하는 것이다. 위기개입을 위한 모든 교직원의 훈련을 강조한다는 것은 이 책이 교육행정, 교사 교육, 학교심리, 사회복지, 학교상담을 포함한 학교기반 전문가들을 위한 대학의 관련 프로그램에서 활용되는 실용적인 가이드가 된다는 뜻이다. 보충자료와 강의자료를 참고하면 학교기반 전문가들이 교직원 연수 기획과 교직원 훈련 실행을 하는 데 도움을 받을 수 있다.

차 례

Chapter 1

위기개입이란

위기개입: 개요

학생과 교직원의 위기극복과 조절을 위해 즉각적인 정서적 응급처치를 받는 것은 중요하다. 신속한 치료와 지원의 긍정적 효과를 과소평가해서는 안 된다. Eric Lindemann(1944, 1979)은 1942년 보스턴에 있는 코코넛 그로브 나이트클럽 방화 사건을 통해 이러한 점에 대한 대중의 관심을 모았다. 하버드 대학교와 예일 대학교의 풋볼 게임이 끝난 뒤 가족들이 모여 자축하고 있었던 추만원의 나이트클럽에서 화재가 발생했다. 화염은 빠르게 건물을 집어삼켰고, 500명에 가까운 사람들이 목숨을 잃었다. 전문의, 응급구조대원, 간호사, 정신건강 전문가, 종교 지도자 그리고 지역 봉사자들이 생존자와 사망자들의 가족을 위해 긴급 구호와 후속 조치를 함으로써 도움을 주었다. Lindemann은 이러한 즉각적 지원이 생존자들의 애도 과정과 그들의 상실에 순응하도록 돕고, 궁극적으로는 그들이 새로운 삶에 적응하도록 도움을 주는 데 용이하다는 점에 주목하였다. 이러한 신속한 개입

Melissa Allen Heath, Dawn Sheen, Ellie L. Young, & Bart Lyman

은 훗날 부적응적 삶으로 인한 고통을 줄여 주는 것으로 나타났다.

특히 아동과 관련된 위기개입의 또 다른 예로는, 1976년 캘리포니아 차우칠라에서 복면을 쓴 3명의 남성이 스쿨버스에 타고 있던 26명의 아동을 납치한 사건을 들 수 있다. 납치범들은 버스기사와 아이들을 총으로 위협하면서 버스를 사막으로 몰아갔다. 그리고 협곡에 세워 둔 먼지가 가득한 트레일러에 아이들을 태웠다. 아이들은 납치되어 구조되기까지 27시간 동안 트레일러에 남겨져 있었다. 아이들이 가족에게 돌아온 후에, 모든 사람은 즉각적으로 아이들의 신체적 상태에 집중하였다. 매우 다행스럽게도, 아이들은 외적으로는 상해를 입지 않은 것으로 나타났다. 모두가 그 사건을 과거의 일로 덮어 두기를 원했다. 그리고 그들은 납치가 일어나기 전과 같은 삶을 살고자 했다. 아이들 중 누구도 위기개입 상담을 받지 않았다. 4년 후, Terr(1983)는 그 아이들을 지속적으로 추적 조사하였는데, 대부분의 아이들이 외상적 사건과 관련하여 정서적 어려움을 경험하고 있다고 보고하였다. 특히 높은 수준의 불안과 악몽이 존재했다. Terr는 그 아이들의 해결되지 않은 트라우마(외상)는 그들이 구조된 후에 즉각적 위기개입이 없었기 때문일 가능성이 가장 크다고 설명하였다. 그녀는 연구에서 신체적 안녕(well-being)보다 더 초점을 맞추어야 할 필요가 있는 것에 대해 강조하였다. 즉, 장기적인 정서적 어려움을 피하기 위해서는 정서적 안녕에 초점을 두는 것이 중요하다는 것을 역설하였다.

나이트클럽 방화 사건과 스쿨버스 납치 사건에서의 위기개입의 대조적인 결과처럼, 피해자의 회복의 차이는 자원봉사자나 전문가를 통해 즉각적인 정서적 도움을 받았는지에 따라 결정되는 것으로 보인다. Lindemann(1979)의 관찰에 기초하여, 코코넛 그로브 나이트클럽 비극의 장기적인 부정적 영향은 긴급 정서적 지원의 제공으로 크게 줄일 수 있었다고 결론 내릴 수 있다.

위기의 정의와 개입의 수준

위기란 무엇인가? '위기'란 개인 혹은 집단에 때때로 예고 없이 발생하거나 처음에 압도되는 위협으로 괴롭게 하는 상황이나 사건이다. 급박한 위기의 발생으로 뒤따르는 어려움을 다루기 위해서는 개인이나 집단이 즉시 이용할 수 있는 양보다 더 많은 양의 자원이 필요하다. 간단히 말해서, 수요는 늘 공급보다 더 많다.

학교 상황에서 위기는 학생과 교직원에게 위협으로, 손실로, 그리고 혼란을 야기하고 안전을 위협하는 외상적인 자극으로 노출되어 있다. 위기는 많은 학생과 교직원에게 영향을 줄 수도 있고, 작은 집단이나 개인에게 제한될 수도 있다. 학교 차원의 트라우마는 자살, 자동차 사고, 폭행 사건, 학교 총기 사건, 폭탄 위협, 갱단 활동, 자연재해, 의료적 긴급 상황 또는 지역적 · 국가적 재난 등을 포함할 수 있다. 작은 집단이나 개인의 위기는 이혼, 비탄, 상실, 괴롭힘 당하는 것, 약물 남용, 각종 남용(정서적 · 신체적 · 성적), 그리고 만성 혹은 급성 질병 등을 포함할 수 있다.

학과 시간 중에 발생한 위기는 질서와 보통의 일상적인 학생의 생활을 망쳐 놓는다. 공포와 혼란이 확산되고, 심지어 훈련된 전문가의 원조 능력조차 상황에 압도된다. 많은 학생과 그 가족이 도움을 주어야 하는데, 한 명의 학교 사회복지사, 학교 상담자 혹은 학교 심리학자가 위기 상황에 있는 수백 혹은 수천 명의 학생과 성인에게 제공하는 개별화된 '정서적 응급처치'를 기대하는 것은 현실적이지 않다.

위기개입 계획에서 여러 가지 비극에 영향을 받고 있는 개인이 몇 명인가를 고려하는 것이 중요하다. 학교 위기 상황에 적합한 요구를 준비하기 위해서 학교에 있는 모든 성인에게 기초적 훈련이 제공되어야 한다. Brock과 동료들(2001)은 위기대응 계획은 "위기개입을 수행할 수 있는 개인적 역량 없이는 소용없다."(p. 52)라고 언급하였다. 관리자와 정신건강 전문가가 위기대응 계획을 만들고 훈련의 필요를 고려할 때에는 세 단계(초기, 2차, 3차)의 위기개입을 준비하고 계획해야 한다(Caplan, 1964).

'초기 개입'은 예방적인 노력으로, 이는 ① 위기 경향성 약화시키기, ② 발생한 위기 사건에서 비롯되는 외상의 범위와 심도를 줄이기, ③ 스트레스원에 대항할 수 있도록 대처 기술들과 부정적 영향에 맞설 수 있는 힘을 강화시킬 수 있도록 돕기가 포함된다. 학교의 좋은 분위기와 안정감을 높이기 위한 학교 차원의 어떤 프로그램에서는 받아들이기 어려운 행동들, 예를 들면 약한 친구 괴롭히기, 성적 괴롭힘, 폭력 그리고 마약 등을 목표로 할지도 모른다. 또 어떤 프로그램들에서는 긍정적인 접근을 택할 수도 있다. 친사회적 행동들, 예를 들면, 학생 리더십 향상, 성격 개발, 시민의식, 사회봉사, 멘터링, 동료 중재 그리고 갈등해결 기술 등을 목표로 할 수도 있다. 대부분의 프로그램은 개인의 책임을 강조하고, 돌봄을 강화시키며, 포괄적으로 학교의 긍정적 분위기 조성에 초점을 맞춘다.

비록 예방이 모든 학교 위기대응 계획에 중점 요소가 되어야 하지만, 대부분의 위기대응 계획은 '2차 개입', 즉 위기의 급진적 측면을 주로 다룬다. 위기대응 계획 윤곽은 위기 상황 동안 즉각적 요구를 채워 줄 수 있는 에너지와 자원을 체계화하고 전략을 짜는 것이다. 이러한 계획 윤곽 서비스는 학교 정신건강 전문가와 개별 학교 혹은 학군에 속한 다른 스태프들로 구성된 위기 팀에 의해 자주 제공된다. 또한 상담자와 지역의 다른 전문가들도 학교위기 팀의 구성원으로 참여하기도 한다.

학교 체제 밖의 상담자와 전문가들도 위기개입, 특히 대규모의 사고와 같은 경우에 도움을 줄 수 있으나, 관리자들은 일반적으로 '외부인'에게 맡기는 것이 염려된다고 말한다(Johnson, 2000; Poland, Pitcher, & Lazarus, 1999). 학교 체제 안에서 일하는 사람들은 외부 전문가들이 학교와의 접촉 문제로 어려움을 겪는다는 점에 주목한다. 비록 그들의 의도가 좋을지라도, 외부의 서비스는 학교에 지나치게 참견하고 과잉 반응한다. 그리고 제대로 조정하지 못한다는 인식을 줄 수도 있다. 외부 전문가와 학교 간에 끈끈한 관계가 있지 않고 서비스가 적절하게 조정되지 않는 한, 외부의 도움은 혼란을 가중시키고 이미 어려운 상황에 어려움을 더 증가시키며, 궁극적으로 교직원의 좌절, 무기력 그리고 무능 등의 감정을 조장한다(Weinberg, 1989). 게다가 잘 알지 못하는 외부 전문가들이 정서적 지원을 할 때, 학생들은 그들에 대한 신뢰감이나 안정감에 위협을 느낄지도 모른다.

많은 대중은 학교 총기 사건, 폭발물 위협, 자연재해 등과 같이 방송을 통해 보도된 극적인 모습들에 관심을 보이지만, 피해자들의 정서의 큰 변화 수준을 다루기 위한 2차 개입은 매우 중요하다. 학교 차원의 주요한 위기들에 더해, 학생들 또한 개인적 위기 상황에 도전받고 있다. 가족 문제, 질병, 부모의 이혼, 애완동물의 죽음, 괴롭힘 등과 같은 문제로부터 말이다. 이러한 개인적 문제들은 학교 총기 사건처럼 대규모의 파괴적 사건과 비교하면 중요하지 않은 것처럼 보이지만, 그러한 문제들은 학교에서 발생한 사건의 많은 부분을 차지한다. 따라서 교사와 교직원은 날마다 학생들의 정서적 지원을 도와야 한다.

위기 상황에서의 즉각적 욕구가 채워지고 나면, 초기의 충격과 압도적 부담은 위급 상황 때보다 점점 줄어든다. 그러나 어떤 학생들은 지속적인 도움을 필요로 할지도 모른다. '3차 개입'은 오래 걸리는 만성적인 정서적 욕구를 가진 이들을 목표로 한다. 이 단계에 대한 극단적 예는 학교 총기 사건이 일어난 후에 몇 주 동안의 예방에 대한 사후 노력을 들 수 있다. 3차 개입은 직접적으로 비극에 영향을 끼친 것들뿐만 아니라 그 주변의 것들 중 안정화 지원이 필요한 것들까지로 확장된다. 지지적 상담은 초기 비극을 넘어서 극복, 적응, 치료와 같은 것들에 초점의 영역을 확장한다. 지속적인 지원은 상실감을 가진 학생들이 비극의 초기 충격을 넘어서 움직일 수 있도록 돕는다.

게다가 지속적으로 하는 지지적 상담은, 학생들과 매일 함께 일하는 교사나 교직원들 또한 장기적으로 정서적 지원을 제공하는 데 중요한 역할을 하도록 한다. 학생들의 정서적 필요는 무시될 수 없다. 위기 후 학생들의 지속적인 욕구에 대한 이해와 반응은 학습을 극대화하기 위한 적절한 교육법이기에 또한 중요하다.

예방: 지지적 · 수용적 · 긍정적 학교 분위기

사건 발생 후 후속 조치를 계획하는 데 많은 에너지를 쓰는 것보다, 학교는 위기 예방에 더 많은 에너지를 쏟아야 한다. 학교 전체가 나서기만 한다면 예방이 가장 효과적인 방안이다. 예방에 대한 기초 작업은 기본적인 것들, 그리고 돌봄의 자세를 가진 모범적인 성인들에 의한 따뜻하고 수용적인 환경의 개발이라는 기본적 원칙을 포함해야 한다. 돌봄은 다양한 방법으로 행해질 수 있다. 한 가지 간단한 방법은 매일 아침 학생들에게 인사를 하는 것이다. 텍사스에 있는 한 중학교에서는 '교장 선생님과의 시간'이라는 것을 매일 아침 가진다. 교장은 교내방송으로 모든 학생에게 새로운 배움을 시작하는 하루를 환영하는 메시지를 열정적으로 보낸다. 학생들에게 인사를 하고 난 후, 교장은 좋은 하루를 시작하는 데 활력이 되는 짤막한 이야기를 들려준다. 교장은 유명한 시리즈인 『내 영혼을 위한 닭고기 스프』에 나올 만한 감동적인 이야기를 들려준다. 교장이 읽어 주는 대부분의 이야기는 1분 정도로 짧지만, 학생들의 강인함과 생활방식을 개발할 수 있도록 동기를 북돋아 주는 데 초점이 맞춰져 있다. 학생들과 교직원들을 위한 교장의 열정과 진정성 있는 관심은 학교에 깊숙이 스며들었다.

당신이 학교에 들어갔을 때, 당신은 즉각적으로 학교의 '특성', 교장의 리더십, 그리고 학생과 교직원의 특성에 대해 느낀다. 학교의 특성은 학교 건물의 외형적 모습보다 훨씬 더 깊은 무언가다. 예를 들면, 교장과 교직원들이 학교에 들어오는 학생들과 방문객들에게 인사를 하면 '여유로움'이 느껴진다. 시간을 들여 학생들의 이름을 외우고 개별적으로 인사를 하는 것은 긍정적인 학교 분위기, 즉 학교의 단합과 학생의 배움을 위한 편안하고 안전한 토대를 강화하는 분위기를 만드는 데 크게 기여한다. 또한 긍정적인 학교 분위기는 부정적인 외부적 영향을 완충하는 규율과 체계라는 '우산'을 제공한다. 학교 분위기는 복합적인 변수에 영향을 받는다. 변수의 범위는 신체적 도움 등과 같은 외부적 요소부터 태도나 학생 · 교직원의 내부적 가치까지 다양하다. 개인의 다름에 대한 존중과 감사가 있는 이상적인 학교 분위기가 수용과 포용적인 편안한 분위기를 만든다.

학교를 벗어나 지역사회 차원의 지원을 증가하자는 제안은 학생의 학업적 성과물을 전시하기, 학생 작품으로 건물을 장식하기, 성취에 대해 시각적으로 축하하기, 학교의 가치와 목표와 관련한 배너를 붙이기, 학교와 지역사회 행사 게시판에 알리기, 그리고 교사와 학생의 관심과 활동 조명하기 등의 활동을 포함한다.

명확히 제시되고 정의되며 실시되는 규칙들은 학교의 안전과 질서에 매우 중요하다. 그러나 긍정적인 학교 분위기는 더 큰 집단의 맥락 속에 있는 개인을 위한 관리와 보호의 부드러운 측면도 포함한다. 학교의 성인들은 힘과 통제에 있어서 리더 위치에 있지만, 학교 리더십은 독재적이어서는 안 된다. 효과적인 리더십은 행정가와 교사, 교직원, 학생과 학부모 간의 협력을 지원해 줘야 한다. 학교와 개인의 복지를 위한 공동체 의식, 참여, 공동 책임은 모두 긍정적인 학교 분위기를 만들어 준다.

긍정적인 학교 분위기를 증진시키기 위한 전략을 시행하는 학교들은 많은 이득을 얻는다. 이러한 학교에 근무하는 교사들은 더 높은 직업만족도와 학생들의 문제행동의 감소를 보고한다(Guin, 2004). 최근 연구들은 학교가 긍정적인 분위기를 조성할 때 학생들이 자기 자신과 타인에 대한 더욱 긍정적인 존중감을 경험하게 된다고 보고한다(Ross & Lowther, 2003). 또한 이 학생들은 증진된 소속감과 또래, 교사, 행정가에 대한 긍정적인 태도를 가지게 된다. 학교에 대해 소속감을 가지고 있는 학생들은 중퇴하거나 비행행동을 할 경향이 더 낮다.

실제로 긍정적인 학교 분위기는 여러 방법을 통해 키울 수 있다. 학생들의 이름을 외우는 것, 개별적으로 인사하는 것, 학생들이 건물이나 교실에 들어올 때 웃어주는 것 외에도 다음과 같은 방법으로 학생들에 대한 관심을 보여 줄 수 있다.

- 따돌림과 성추행과 같은 문제들을 다루는 학교 전체 예방 프로그램
- 다양성과 개인차에 대한 존중감을 촉진시키는 학교 교육과정과 발달적인 지도 활동
- 학교 전체와 교실의 규칙을 규정하고 개선하는 것에 대한 학생들의 참여
- 모범적인 시민의식과 학업 성취, 개근, 봉사활동, 발전을 위한 노력 조명하기와 같은 학생 성공에 대한 칭찬
- 학교 전체의 성과를 자축하는 포스터
- 학생의 학업 결과물을 교실이나 복도, 식당에 전시하기
- 공동 장소와 교실을 청소하는 것에 대한 책임을 나누어 갖기
- 학생의 성취나 적절한 행동을 강조하는 통신문 보내기
- 학교와 지역사회를 발전시키기 위한 기회들을 제공하는 교실 봉사 프로젝트
- 지역사회, 학교나 개인적인 불행한 사건에 대응하는 계획적인 활동

긍정적인 학교 분위기를 조성하는 것은 집단적 노력이 요구되므로, 한 명의 행정가가 혼자서 해낼 수 있는 것이 아니다. 학교의 특성에 맞는 창의적인 아이디어를 자유롭게 나누고 시행하는 것은 학교의 긍정적인 분위기를 알맞게 조절하는 데 매우 중요하다. 그리고 가장 중요한 것은 이러한 전략적 계획 후 실천과 상

호적 책임이 따르는 것이다. 학교 분위기를 개선시키기 위한 계획을 실시한 다음 그것을 모니터링하고 평가하는 노력은 처벌과 폭행 사건의 빈도를 확인하는 것과 교사와 직원의 이직률 등을 추적하는 것을 포함한다. 학교 분위기에 대한 추가적인 피드백은 학부모, 학생, 교사와 교직원들로부터 비공개적으로 수집되거나 설문조사를 실시함으로써 얻을 수 있다. 또한 학업성취도, 지각률, 중퇴율, 과제완성도, 학부모회 참여도 등의 다른 자료들도 수집될 수 있다.

개인 수준에서는 특정 학생이나 집단 구성원들의 성과를 학교 심리치료사나 상담자가 모니터링할 수 있다. 형식적이거나 비형식적인 확인 사항들로부터 자료들을 분석하는 것은 장기간 동안의 학생 발달에 대한 정보를 제공해 준다. 특별교육이 필요한 학생들의 경우에는 그들의 개인 학업계획서나 행동개선 계획서에서 명시된 행동 목표를 통해 발전을 확인할 수 있다.

따돌림과 괴롭힘을 해결하기 위하여

교육적이고 보호적인 환경을 개발하는 데 더욱 많은 노력을 전략적으로 들이는 것은 학교가 학생과 가정의 중요한 요구들을 더욱 효과적으로 충족시킬 수 있도록 준비시켜 준다. 모든 성인과 학생이 이런 분위기를 조성하는 데 초점을 두는 것이 매우 중요하다. 학교는 학생과 교직원에게 느낌이 좋은 곳이어야 한다. 학교 전체적인 차원에서 할 수 있는 것은 따돌림과 괴롭힘 같은 특정 행동들을 목표로 삼는 예방적 프로그램을 운영하는 것이다.

따돌림은 한 명 이상의 학생들이 다른 학생을 육체적 · 심리적 · 성적으로 장기간 괴롭히는 형태의 공격이다. 이런 대인관계 맥락에서는 권력의 불균형이 있는데, 이것은 가해자가 피해자보다 더 크고 힘이 세며 나이가 많은 것을 통해 볼 수 있다. 일반적으로 왕따 사건들은 누군가에 의해 자극되는 것이 아니다. 가해자는 복수를 할 수 없거나 하지 않을 것 같은 학생을 선택한다. 따돌림과 성추행은 학교에서 자주 일어난다. 성추행을 당했다고 보고하는 학생들은 15%(Olweus, 1993)에서 80%(American Association of University Woman, 2001) 정도다. 이러한 사건의 빈도는 행동의 심각성이나 행동에 대한 정의에 따라 달라지지만, 모든 괴롭힘은 긍정적인 학습 환경을 방해한다.

어떤 학생은 다른 학생들보다 좀 더 쉽게 괴롭힘을 당할 수 있다(Kupersmidt & Dodge, 2004; Olweus, 1993). 그들은 소극적 집단과 자극적 집단으로 나뉜다. 소극적인 피해자들은 외롭거나, 친구가 없거나, 육체적으로 약하거나, 혹은 성인들에게 과잉보호를 받고 있다. 자극적인 피해자들은 다혈질이거나 불안해하거나 조그만 일에도 반응을 많이 하거나 가해자를 향한 실패한 복수 경험이 있는 아이들이다. 이렇게 괴롭힘이나 따돌림의 목표가 되었던 아이들의 거의 75%가 또 다른 아이들을 괴롭히고 따돌리는 것은 매우 중요한 시사점이다. 초등학교에서는 어린 학생들이 나이 많은 학생들에게 괴롭힘을 당하는 경우가 많지만, 중학교에서는 또래 학생들에게 괴롭힘을 당하는 경우가 많다.

따돌림 행동에는 성별 차이가 나타난다(Olweus, 1993). 피해자를 육체적으로 괴롭히는 경우는 남성이 여성보다 3~4배 더 높다. 괴롭힘 사건의 65%가 남성 가해자들이다. 그리고 80%의 남성 피해자들은 다른 남성에게 괴롭힘을 당했다. 즉, 남성이 남성을 괴롭힌다. 하지만 따돌림 가해자들에 대한 편견을 가지지 않는 것이 중요하다.

괴롭히는 행동에서의 성별 차이는 아직까지 논란이 되고 있다. 최근 연구는 육체적인 공격으로 다른 사람들을 괴롭히는 사건에서 여성의 비율이 증가되고 있음을 보고했다(Putallaz & Bierman, 2004). 하지만 여성들이 다른 사람들을 육체적으로 괴롭힐 수 있을지라도, 남성들보다는 육체적인 방법으로 따돌림을 가하지는 않는다. 여성들은 오히려 관계적인 공격을 사용하는데, 놀림, 비웃기, 소집단에서 제외시키기, 소문 퍼뜨리기, 무시하기, 왕따 취급하기 등을 포함한다. 남성들 또한 또래의 의견을 변경하거나 비행 활동에 함께 참여하자고 꼬드길 때 이러한 관계적 공격을 사용한다.

중학교에 입학하면서 따돌림 행동의 빈도는 감소하지만, 반면에 성추행 사건들은 증가한다(Yoon, Barton, & Taiariol, 2004). 실제로 나이와 성별을 막론한 모든 학생이 개인적으로 성추행을 경험하거나 간접적으로 관찰하는 방식으로 성추행에 노출되어 있다.

좀 더 거시적으로는, 성추행이라는 것은 따돌림의 하위 항목이다. 즉, 피해자가 불편하거나 공격적으로 느끼는, 원치 않거나 환영되지 않는 성적 행동이나 말로 설명될 수 있다. 가해자는 피해자를 통제하고 수치심을 주려 한다. 성추행의 예는 적절하지 않은 접촉하기, 엉덩이 때리기, 꼬집기, 성적으로 자극적인 다른 사람을 스쳐 지나가기, 동성애자라고 부르기(예, 게이, 레즈비언, 호모), 성적 행동하기, 성적인 그림을 화장실에 그리기, 성적 농담 · 이야기 · 소문을 얘기하기, 포르노 사진 보여 주기와 성상납도 성추행의 표현으로 간주된다.

미국 대학여학생연합(American Association of University Women, 2001)에서 시행한 전국적인 설문조사 결과에 따르면, 거의 같은 숫자의 남자 및 여자 아이가 성추행을 당했다고 밝혔다. 하지만 성추행의 유형에 대해서는 다르게 보고했는데, 여자아이들은 더 많은 육체적 성추행(부적절한 접촉, 브래지어 당기기 등)을 경험하며 이것들을 성인들에게 당했다고 보고하였다.

보고된 다수의 사건들은 식당, 복도, 방과후 학교 등에서 이루어졌는데, 성인들이 같이 있었으나 관찰하지는 않았던 장소에서 발생했다고 보고되었다. 이런 괴롭힘의 희생자였던 학생들은 자신이 연약하고 안전하지 못하다고 보고하였다. 하지만 이러한 수치심을 교사나 부모에게 이야기하는 것은 어렵다. 남학생의 경우, 여성에게 당한 성추행을 보고하는 것은 더 큰 어려움이다. 우리의 문화 안에서 남성은 이런 유형의 관심을 즐긴다는 고정관념을 가지고 있다. 학생이 성추행을 보고하는 경우에도 성인은 이러한 사건들을 무마하려고 하고, 가해자가 장난치거나 나쁜 의도는 가지지 않았을 것이라 말해 준다. 실제로, 중학교에서는 이러한 성적인 말이나 행동들이 너무나도 일반적으로 일어나기 때문에 많은 교사가 학생들이 성장하는 데 정상적이라 생각한다.

가해자는 주로 더 약한 사람을 공격하기 때문에 장애를 가진 학생들은 자주 주된 피해자가 된다. 심지어, 학생들은 청소부나 버스기사, 식당 직원, 보조교사와 같이 학교에 있는 힘이 없는 성인들까지 괴롭힐 수도 있다.

교직원들은 아이들에게 '따돌림과 괴롭힘은 수용될 수 없다.'는 매우 강렬한 메시지를 전해야 한다. 따돌림과 괴롭힘을 줄일 수 있는 실질적인 제안은 다음과 같다.

- 문제의 심각성을 확인하기 위해 괴롭힘과 따돌림을 관찰하고 평가한다.
- 교사, 교장 등을 적극적으로 참여시킨다. 학생 행동강령에 따돌림과 괴롭힘에 관한 반대 규율들을 포함시킨다. 수용되지 않는 행동들을 명확하게 알려 주고, 특히 따돌림과 괴롭힘에 대해서는 절대로 수용될 수 없다는 것을 알려 준다.
- 학교 전체 프로그램을 돌린다. 즉, 모든 교직원과 교사가 가해자와 피해자에 대한 적절한 행동과 태도를 시범적으로 보여 주는 방법에 대한 훈련이 필요하다. 더 구체적으로, 따돌림에 대해 어떻게 반응할 것인지에 대한 훈련이 필요하다. 학생의 부적절한 행동을 무시해서는 안 된다.
- 인기 많은 교사와 학생 리더를 선택하여 그들의 좋은 행동과 따돌림에 대한 반응을 부각시킨다.
- 괴롭힘과 따돌림에 대한 정보를 알린다.
- 가해자와 피해자를 구분해서 상담 서비스를 제공한다. 가해자에게는 사회기술 훈련을 제공해 주고, 피해자에게는 자기주장 훈련을 한다.
- 예방과 개입 시 부모를 참여시킨다. 하지만 가해자와 피해자의 부모를 함께 두지는 않는다.
- 집단행동에 대한 감독을 증가시킨다(학교 시작 전후, 쉬는 시간, 이동 시간, 식사 시간).
- 화장실은 한 번에 한 학생들만 가도록 한다. 복도 감시자를 선별하여 화장실에서 일어나는 일들을 관리하고 자주 확인한다.
- 모든 학생에게 학생 및 교직원이 존중감을 보여 주기를 기대하고 격려한다.
- 외톨이 학생들을 체크한다.
- 장애를 가진 학생들처럼 위험에 좀 더 노출될 만한 학생들에게 추가적인 관리와 보호를 제공한다.

학교 전체 단위로 진행되는 개입은 사전에 학교의 필요에 맞게 세밀하게 계획되어야 한다. 교직원 및 학생들에게서 그들의 염려에 대한 피드백을 구하는 것이 좋다. 즉, 따돌림이 모두에게 중요한 문제라면 따돌림 행동에 초점을 맞추어 개입을 할 수 있다. 이 장의 마지막 부분에 나와 있는 행동 체크리스트는 어떤 행동이 문제가 되고 있고 어디에서 발생되고 있는지를 알아볼 수 있도록 구성되어 있다. 〈활동지 1-1〉 '문제행동: 무엇이, 언제, 얼마나 자주 발생하는가'를 참고하도록 한다.

교직원 연수를 위한 추천 학급 활동

- 이 장의 마지막 부분에 첨부된 〈강의자료 1-4〉를 살펴보라. 〈보충자료 1-3〉 '폭력'을 교사들에게 나누어 주고 학교 내 폭력을 방지하는 전략에 대해 의논한다.
- 이 장의 마지막 부분에 첨부된 〈강의자료 1-1〉을 보면서 따돌림에 관한 주요한 사항들을 살펴보라. 〈보충자료 1-1〉을 교사들에게 나누어 준다.
- 〈강의자료 1-2〉를 살펴보라. 〈보충자료 1-2〉를 사용하여 각 A.W.A.R.E.N.E.S.S 단계를 9개로 잘라 낸다. 교사와 교직원들을 9개 집단으로 나누고, 각각의 집단에게 하나의 단계씩 주라. 각 집단은 약 5분간 집단원들과 각각의 단계에 대해 토론하고, 각 개념의 사례에 대해 브레인스토밍해야 한다. 5분 뒤에 한 명의 교사가 각 집단의 대변인으로서 1분 동안 집단에서 토론한 것을 요약한다.
- 『어떻게 해야 할지 아무도 몰라요(*Nobody Knew What to Do*)』를 읽으라. 그리고 따돌림 문제를 감소시키기 위한 전략을 토론하라. 『어떻게 해야 할지 아무도 몰라요』에 대해서 이 장 마지막에 제공한 〈독서치료 요약 1-1〉을 공유하라.
- 학급 활동을 통해 아이디어를 재검토하라.
- 학급 활동의 학습 계획을 따르는 것을 모델로 하라. 교사는 수업 중에 이 활동을 하도록 장려받을 것이다.

학급 활동: 누가 왕따를 만드는가

준비물

'가해자' '피해자' '방관자'라고 적힌 3장의 큰 종이, 펜 3개

절 차

- **토론:** 학급 토론으로 학생들에게 왕따가 무엇인지 정의하게 하라. 왕따 상호작용과 관련 있는 역할의 개념(가해자, 피해자, 방관자)을 소개하라.
- **집단 활동:** 학생들을 세 집단으로 나누고, 각각의 집단은 왕따와 관련된 한 가지 역할을 맡는다. 이 집단에서 학생들은 자신들에게 부과된 역할이 가진 공통된 특성에 대해 브레인스토밍을 해야 한다. 이름이 붙어 있는 적당히 큰 종이에 특징을 적는다. 활동이 끝나면 전체 학급 단위로 각각의 역할의 특성을 돌아본다.
- **집단 활동:** 각 집단에서 학생들이 참여한 역할에 대해 비웃는 말을 적게 하라. 그러고 나서 각 집단은 그것을 학급에서 발표한다. 비웃는 말을 본 다음, 학생들은 그 역할(가해자, 피해자, 방관자)을 확인해야 한다.
- **대안 활동:** 학생들에게 비웃는 말을 쓰게 하는 활동의 대안 활동은 역할극을 의해 미리 쓴 비웃는 말을 학생들에게 제공하는 것이다. 학급 전체와 함께 특징과 정의를 재검토하고 마친다.

비웃는 말의 예

- 사례 1

  가해자: 점심시간에 일부러 왕따를 당하는 아이를 밀어서 식판을 떨어뜨리게 한다.

  피해자: 괴롭히는 아이에게 밀려서 식판을 떨어뜨린다.

  방관자: 괴롭힘을 보지만 못 본 체한다.

- 사례 2: 또래들이 모여서 이야기하고 있다.

가해자: 오늘 그 여자애가 입은 거 봤어? 완전 바보 같았어!

피해자: (아이들에게 걸어가자, 왕따 가해자가 이야기를 멈춘다.) 얘들아, 안녕? 잘 지내?

방관자: (가해자가 한 무례한 말을 못 들은 것처럼 행동한다.)

학급 활동: 성희롱은 무엇인가

목표

학생들은 성희롱의 의미와 그에 적절하게 반응하는 법을 배울 것이다.

- 주의: 어떤 학생들은 성희롱의 피해자나 가해자였을지도 모른다는 것을 유의하라. 문제는 진정으로 정직하게, 그러나 민감하게 다루어야 한다.
- 엉킨 팔 게임: 제5장 '팀워크 활동'(p. 158)을 참고하라.
- 쓰기 활동: 학생들에게 활동하는 동안 무엇을 느꼈는지 쓰게 하라. 그들에게 다음과 같은 질문의 반응을 쓰게 하라. "이 활동을 하면서 당신의 개인적인 공간은 어떤 영향을 받았나요? 당신은 편안했나요, 불편했나요? 그 이유는 무엇인가요?"
- 짝 토론: 쓰기 활동이 끝나면 학생들이 짝과 함께 자신들의 반응을 이야기하게 하라.
- 학급 토론: 각 학생들의 반응에 대해 토론하게 한다. 자원 학생이 자신의 의견을 공유하도록 촉진하라. 한 개인에게 편안한 것이 다른 사람을 불편하게 만들 수도 있다는 것을 학생들이 알도록 도우라. 한 개인에게 재미있는 것이 다른 사람에게는 재미있지 않을 수 있으며, 특히 그것이 해가 될 때는 더욱 그렇다는 것을 알려 주라. "가끔씩 다른 사람들이 말하거나 무언가를 하는 것이 당신을 불편하게 만드는 것이 있을 것입니다. 그 예를 적어 봅시다."라고 설명해 주라.

  사람들이 성희롱을 통해 다른 사람을 불편하게 할 수 있다는 것을 지적하

라. "성희롱이 무엇인가?"라고 묻고 성희롱이라고 생각되는 행동 목록을 보여 주라. 〈강의자료 1-3〉 '성희롱'을 참고하라. "만약 누군가가 당신을 안았는데 당신은 그것이 싫다면, 어떻게 하겠는가?"라고 물어보라.

학생들에게 목록을 떠올리게 하고, 누군가 불편한 포옹을 할 때 가능한 역할극을 연습하는 방법을 생각하게 하라.

- 요약: 학생들에게 핵심을 강조하라. 만약에 학생들이 성희롱을 당하면, 그것은 아이들의 잘못이 아니며 교사가 도울 수 있다는 것을 강조하라.

감정적 스트레스와 트라우마(외상)에 대한 학생들의 반응

스트레스와 트라우마에 대처하는 방식은 개인마다 다양하다. 반응은 여러 가지 요소에 의해 좌우되는데, 나이, 성별, 과거 경험, 가족의 지지, 안정성 그리고 사건의 심각성과 관련이 있다. 아동과 관련하여 종종 간과되는 또 다른 변수는 기질에 대한 변수다. 어떤 아동은 선천적으로 보다 반응적이고 흥분을 잘하지만, 어떤 아동은 매우 순응적이며, 또 어떤 아동은 변화를 수용하는 데 어려움을 겪는다.

트라우마의 특징은 아동과 청소년의 반응에도 영향을 미친다. 다음과 같은 요소가 반드시 고려되어야 한다.

- 트라우마의 종류
- 아동이 트라우마에 노출 혹은 재노출되는 시간
- 아동의 일상에 대한 트라우마의 침입 정도
- 트라우마에 대한 노출의 직접성과 간접성

예를 들어, 만약에 아동이 트라우마 사건을 직접 보고 듣고 겪었다면, 그 영향은 다른 사람으로부터 트라우마에 대해 간접적으로 듣는 것보다 훨씬 더 클 것이다.

아동의 반응에 지대한 영향을 미치는 또 다른 요소는 아동이 트라우마를 예방하거나 회피하는 것에 대한 개인 통제력의 수준이다. 예를 들어, 만약에 아동이 자신을 아무 힘이 없는 수동적인 희생자라고 느낄 경우, 그 아동은 트라우마 때문에 오랫동안 괴로워할 것이다. 통제력을 되찾는 것이 아동을 치료하는 핵심 요소다. 아동을 수동적인 입장에서 능동적인 입장으로 이동시키는 것은, 아동으로 하여금 힘을 갖게 해 준다. 치료에서는 희생자 역할에서 성공적으로 벗어나게 하고 개인의 통제권을 갖는 위치에 있게 하는 것이 매우 중요하다.

트라우마와 스트레스에 개인이 어떻게 반응하는지를 이해하는 것은 중요하다. 〈표 1-1〉은 연령과 자연적인 성숙에 기반한 일반적인 반응 목록이다.

트라우마에 노출된 당신의 자녀를 돕는 것은 일반적으로 보다 큰 지지, 관심과 양육을 제공하는 것이다. 약속을 지키는 것은 아동이 일상의 안전함을 느끼게 해 준다. 취학 전 아동은 담요나 음식, 마실 것을 제공하는 것과 같이 물리적인 요구를 만족시키는 것에 긍정적으로 반응한다. 게다가, 아동들은 부모와 보호자로부터

표 1-1 스트레스와 트라우마에 대한 반응

주의: 일반적인 행동의 변화를 관찰하세요.

모든 학생은 연령에 무관하게 다음과 같은 부분에서 어려움 혹은 변화를 겪는다.

- 미성숙한 행동으로 퇴행
- 복통과 두통에 대한 불만
- 과민한 반응, 쉽게 흥분하거나 쉽게 깜짝 놀라는 것
- 공격적인 행동에 대한 분노 폭발

취학 전	초등학교	중 · 고등학교
벌벌 떠는	짜증내고 불평하는	수줍은, 고립된
우는	과도한 공포와 걱정	과도한 공포와 걱정
짜증내는	슬픔, 울음	슬픔과 우울
불만족하는	죄의식과 자기비난	지나친 부끄러움과 죄의식
엄지손가락 빨기	요구가 많은	부주의하고 위험한 행동
오줌 싸기	관심받기를 원하는	감정을 행동으로 표현하는
자제되지 않는 것	산만한	반항적인
안전하지 않은	몽상에 잠기는	성적 하락
의존이 강한	집중하기 어려운	성격 변화
지나치게 활동적인		감정 회피
시끄럽고 과민 반응하는		자기몰두
		기괴한 유머

부가적인 지지와 포옹을 필요로 한다. 또한 이들에게는 다른 시설(거처)을 만들 필요가 있을지도 모른다. 즉, 트라우마 노출에 따르는 수면 문제와 악몽 때문에, 아동들은 부모나 보호자 가까이에서 자기를 원할지도 모른다. 커져 버린 공포와 걱정 때문에, 그들은 침대 머리맡에 불이 켜져 있기를 원할지도 모른다.

어린 아동이 트라우마를 겪은 뒤에, 부모와 교사는 분노 폭발, 울화, 비명 지르기, 짜증, 다른 사람에 대한 공격성 등의 아동의 행동 문제를 다루는 데 어려움을 겪을 수도 있다. 부모, 양육자 그리고 교사는 인내심이 필요하다. 아동에게 부가적인 시간과 공간을 주어서 행동에 대한 통제권을 되찾도록 해야 한다. 혼란스러운 자극과 불확실성을 제한함으로써 아동이 안전함을 느끼도록 도와주라. 최대한 많이, 아동의 환경이 안정을 찾도록 해야 한다.

초등학생은 취학 전 아동을 위해 만든 것과 같은 시설을 요구하는 경우가 많다. 그러나 그러한 시설은 논리적 추론에 인지적으로 반응하고 그들의 감정을 잘 이해할 수 있도록 보다 잘 갖춰져야 한다.

사건과 상황에 대한 아동의 설명이 대개 환상과 마술적인 생각에서 비롯된 것이라 하더라도, 상황을 기본적인 용어로 설명하는 것은 초등학교 시기의 아동들에게 효과적이다. 커져 버린 공포, 걱정 및 분노 감정에 더하여, 이러한 아동들은 죄책감을 느끼거나 걱정을 많이 한다. 그들은 위기나 트라우마의 원인이 자신이 아니라는 것을 재확인받고 싶어 한다. 또한 다른 사람들이 자신을 지지하기 위해 있고 자신은 혼자가 아니라는 것을 재확인받고 싶어 한다.

청소년은 자신만의 정체성을 개발시키는데, 정체성 중 많은 부분은 타인이 자신에 대해 어떻게 지각하는지에 기반을 둔다. 그들은 또래의 승인을 구하며, 자기보다 더 어린 아동들의 지지를 찾는다. 청소년은 자신의 감정을 보다 잘 지각하고 있다. 트라우마를 경험한 뒤에, 몇몇은 위험한 운전을 하거나, 비행행동에 가담하거나, 금지 약물(illicit drugs)을 복용하거나 알코올을 마시거나, 물건을 훔치거나, 상대를 가리지 않고 성적 행동을 하는 것처럼 매우 위험하고 반항적인 행동에 가담함으로써 감정적인 고통을 회피하려 할 수도 있다. 또 어떤 청소년들은 내부로 향해서, 강한 수치심을 느끼거나 다른 사람에게서 멀리 떨어지는 것을 선택한다.

청소년을 위한 개입은 그들의 자기통제력과 독립의 요구를 존중해야 한다. 선택권을 토론하고 물음에 솔직하게 답하는 것은 신뢰를 쌓는 데 있어 존중과 도움이 중요한 요소임을 알게 해 준다. 청소년은 집단의 지지와 집단 활동에 긍정적으로 반응한다. 그러므로 치료적인 개입은 청소년이 지지적인 또래 집단에서 소속감을 느낄 때 가장 효과적이다. 고립감을 감소시키는 것은 감정적 치료의 중요한 단계다.

트라우마에 대한 반응의 성별 차이는 연령에 따라 더욱 명확하다. 남학생은 여학생보다 울음이나 히스테리에 덜 민감하게 반응한다. 트라우마를 다룰 때, 남학생은 농담을 더 자주하거나 더 불손해 보이거나 훨씬 기괴한 경향이 있다. 예를 들어, 1993년에 화재로 텍사스 주 웨이코(Waco)의 한 종교 시설이 파괴되었다. 그 화재로 약 77명의 남성, 여성, 아동들이 죽었다. 지역 뉴스는 몇 주 동안 그 이야기를 보도했다. 전국의 TV 채널로 화재 사진과 파괴된 시설의 모습이 반복해서 방송되었다. 지역 학교에 다니는 남학생들은 이 재난으로 농담을 했다. 예를 들어, "WACO 글자가 상징하는 게 뭘까? '우리는 우리 스스로를 전부 요리한다(We All Cook Ourselves).'"라는 것이다. 이러한 무분별한 농담에 화가 난 교사들은 학생들을 꾸짖었다. 그러나 교사와 교직원은 죽음과 트라우마에 대해 농담을 하는 청소년들에게 참을성 있게 대해야 한다. 성인에게는 이런 행동이 미성숙해 보이더라도, 비극을 대처할 때 유머를 활용하는 것은 청소년의 정상적인 반응이며, 특히 남학생에게는 더욱 그러하다. 울거나 히스테리를 보이는 것뿐만 아니라 이런 행동도 스트레스 시기에 지지와 관심을 찾기 위한 적응적인 대처행동으로 보아야 한다. 교사는 이런 종류의 유머에 동정심을 가지고 반응해야 한다. 다음과 같은 문장을 포함하여 말하는 것이 절적한 반응이다. "가끔 우리는 비극을 받아들이기 어려울 때가 있어요. 그래서 우리는 농담을 하고 웃지요. 왜냐하면 무엇이 일어났는지 생각하는 게 너무 큰 상처가 되기 때문이에요."

연령에 상관없이 모든 학생은 구조화되고 예측 가능한 환경으로부터 도움을 받는다. 학생은 자기 삶의 안정을 위해 성인에게 의존한다. 일상적인 학교생활은 아동 및 청소년을 편안하게 해 준다. 학교생활에 집중하면 걱정과 스트레스로부터 큰 안도를 느낄 수 있다. 교사와 교직원은 단순성과 예측 가능성에 대한 요구에 민감해야 한다. 일상적인 삶을 계속 유지하고, 필요하다면 시설을 갖춤으로써 스트레스를 감소시킬 수 있다.

읽기 자료 추천

American Association of University Women. (2001). *Hostile hallways: Bullying, teasing, and sexual harassment in school.* Washington, DC: Authur. (Available from *www.aauw.org*).

Elias, M. J., & Zins, J. E. (Eds.). (2003). *Bullying, peer harassment, and victimization in the schools: The next generation.* New York: Haworth Press.

Garrity, C., Jens, K., Porter, W., Sager, N., & Short-Camilli, C. (2004). *Bully-proofing your elementary school: Teacher's manual and lesson plans* (3rd ed.). Longmont, CO: Sopris West. (Ordering information: Sopris West, ISBN 1-57035-922-9, Product Code: W58683)

Olweus, D. (1993). *Bullying at school: What we know and what we can do.* Malden, MA: Blackwell.

Stein, N., & Sjostrom, L. (1994). *Flirting or hurting? A teachers' guide on student-to-student sexual harassment in schools (grades 6-12).* Washington, DC: National Education Association.

WGBY TV(Producer). (1996). *Flirting or hurting: Sexual harassment in schools* [VHS video]. (Available from GPN, P.O. Box 80669, Lincoln, NE 68501-0669; phone: 800-228-4630, fax: 800-306-2330)

Yoon, J. S., Barton, E., & Taiariol, J. (2004). Relational aggression in middle school: Educational implications of developmental research. *Journal of Early Adolescence, 24,* 303-318.

웹사이트

www.aauw.org/ef/harass/pdf/completeguide.pdf

Harassment-Free Hallways: How to Stop Sexual Harassment in School: A Guide for Students, Parents, and Schools (2004). 미국 여대생연합회에서 발행하는 성희롱 · 성폭력 예방 간행물

www.ed.gov/about/offices/list/ocr/checklist.html

이 사이트는 학교에서 일어나는 학대를 확인하는 체크리스트를 포함한다. 정보와 자료는 시민권 부서(Office of Civil Rights)에서 제공한 것이다.

활동지 1-1

문제행동: 무엇이, 어디서, 얼마나 자주 발생하는가

피드백 제공자: ____________ 학생, ____________ 교사, ____________ 직원
날짜: ____________

다음 표에 제시한 행동들이 학생에게 얼마나 자주 발생하고, 어디서 발생하는지를 1에서 4까지로 기록하시오.

1 = 이번 주에는 전혀 나타나지 않았음
2 = 이번 주에 1~2회 나타났음
3 = 이번 주에 3~4회 나타났음
4 = 이번 주에 4회 이상 나타났음

	신체 폭력	언어 폭력	관계 폭력	행위 문제
복도				
교실				
식당				
화장실				
휴게실/운동장				
방과 전				
방과 후				
등교 중				
하교 중				
버스				

행동 유형:

① **신체 폭력**은 때리기, 발차기, 밀기, 떠밀기, 꼬집기, 붙잡기, 할퀴기, 상처 내기를 포함한다.
② **언어 폭력**은 화내며 소리 지르기, 험담하기, 협박하기, 욕하기, 욕을 섞어 화내기를 포함한다.
③ **관계 폭력**은 의도적으로 누군가를 제외하거나 피하기, 누군가를 감정적으로 상처 주기 위해 험담하기, 누군가의 명성을 손상시키기 위해 그 사람에 대한 얘기를 과장하거나 꾸미기를 포함한다. 특히 학생들은 이런 말들을 한다. "나는 네 친구가 될 수 없어" "나는 너를 좋아하지 않아."
④ **행위 문제**는 학교 규칙을 깨기, 성인의 지시를 무시하기, 지시 사항을 따르는 것에 대해 무례하게 거절하기, 학교 규칙에 대해 불평불만하기, 도둑질하기를 포함한다.

출처: Melissa Allen Heath and Dawn Sheen (2005). Guilford Press의 허락하에 게재함.

보충자료 1-1

따돌림

학생들은 학교에서 상당히 많은 시간을 보낸다. 효과적으로 학습하기 위해 그들은 안전하고 지지받고 있음을 느낄 필요가 있다. 따돌림은 대부분의 학교에서 일반적으로 일어나는 일이다. '신체적 · 심리적 · 혹은 성적 학대가 오랫동안 지속되면 폭력'으로 간주된다. 따돌림은 학교의 사회적 환경에 영향을 줌으로써, 학습하는 장소를 두려운 분위기로 만들어 안전함을 갈구하게 만든다. 학교 안에 있는 성인들이 따돌림의 역동을 알아채고 따돌림 행동을 중단시키도록 중재를 실시하며, 학생 개개인에게 관심을 기울임으로써 학생들이 안전하도록 노력하는 것이 매우 중요하다.

가해자
- 과거에 따돌림을 당한 적이 있는가?
- 교묘하고 충동적이며 공격적인가?
- 공감하는 능력이 부족함
- 그들이 믿을 수 없거나 되받아치지 않을 사람들을 선택하기
- 피해 학생들보다 신체적으로 더 강한가?
- 구성주의적 문제해결력 부족

따돌림으로 보이는 것은 무엇인가?
- 신체적: 때리기, 밀기, 꼬집기 등
- 언어적 · 관계적: 괴롭히기, 비웃기, 보복적 험담 등

방관자
- 따돌림을 방관하면서 아무것도 하지 않음으로써 따돌리는 행동을 강화시키는 학생

목 표
- 우울, 불안, 공포, 죄책감, 수치심을 더 크게 경험
- 종종 무기력감 느낌
- 안전함을 느끼지 못하기 때문에 학교 결석
- 학업 수행 저하
- 낮은 자존감
- 회피

피해자 행동의 두 가지 유형
- 수동적: 외로움, 사회적으로 제외됨, 신체적으로 약함, 예민함
- 공격적: 성난 기질, 불안한, 반응적

목표에 대처하는 방법
- 문제해결: 문제를 경감시키고 해결하기
- 반응적인: 문제를 유지하고 증가시키기(더 일반적임)

출처: Melissa Allen Heath and Dawn Sheen (2005). Guilford Press의 허락하에 게재함.

보충자료 1-2

괴롭힘 줄이기

교직원 연수 자료

- **학생의 안전을 위해 보살핀다:** 학생은 학교에서 중요한 대부분의 시간을 보낸다. 학생은 안전과 지지받음을 느낄 때, 학습에 집중할 수 있다. 괴롭힘은 대부분의 학교에서 일반적으로 일어난다. 이러한 괴롭힘의 부정적인 결과는 학생의 학업 능력에 영향을 준다. 괴롭힘은 또한 학교의 사회적 환경에 영향을 주어 학습을 하는 장소를 두려운 분위기로 만들어 학생들이 안전함을 찾게 만든다. 학교 안에 있는 성인들은 괴롭힘 행동에 대해 보다 민감해지고, 이를 중단시키도록 중재를 실시하며, 학생 개개인에게 관심을 기울이면서 학생의 안전을 보장하는 것이 긴급해졌다.
- **행동을 관찰한다:** 학교는 학생이 또래와 상호작용하는 사회적 장소다. 교직원은 교실 안팎에서 학생의 행동에 주의를 기울이는 것이 필수적이다. 가해 학생은 성인이 주위에 없을 때 다른 사람을 괴롭힌다. 예를 들어, 여학생이 더 작은 남학생을 괴롭힌다면, 남학생은 화로 반응할 것이다. 만약 교사가 그 남학생의 방어적인 행동에만 주목한다면, 그는 벌을 받을 것이다. 교사의 관점에 따라 여학생의 책임은 없어진다. 피해 학생은 너무 두려워서 아무것도 말하지 않는다. 괴롭힘은 학교의 모든 성인이 학생들 사이의 부적절한 상호작용을 찾아낼 때 예방할 수 있다.
- **심각성을 평가한다:** 괴롭힘 행동이 발견되었을 때, 성인은 그 행동이 얼마나 심각한지 평가해야 한다. 남학생은 종종 장난으로 '싸운다.' 발달적으로 적절한 다툼과 괴롭힘을 분별하는 것은 필수적이다.
- **피해 학생과 가해 학생을 의뢰한다:** 학생이 괴롭힘 행동을 저질렀을 때, 정서적 이슈들이 종종 포함된다. 피해 학생과 가해 학생은 각각 학교에서 정신건강 전문가들과 따로 이야기함으로써 도움을 받을 수 있다.
- **참여를 촉진한다:** 학교에서의 괴롭힘을 막기 위해, 전체 학교 공동체가 참여하여야 한다. 학교 관리자부터 개별 학생들까지 괴롭힘을 방지하기 위한 연합된 노력은 필수적이다. 또한 부모 참여는 괴롭힘을 줄이는 중요한 요소다. 교직원, 학생, 부모가 함께 작업할 때, 괴롭힘은 중단될 수 있다.
- **학생을 교육한다:** 모든 학생은 누군가가 자신을 돌보고 있음을 알 필요가 있다. 종종 사랑하기 가장 어려운 학생들이 도움을 가장 필요로 한다.
- **다양성을 격려하고 존중하는 모델이 된다:** 성인은 학교에서 긍정적인 역할 모델이 될 수 있다.

피해 학생은 자신을 다른 사람들과 다르게 느끼기 때문에 종종 또래로부터 사회적으로 수용되지 못한다. 교사는 학생의 배경이나 개인 특성에 상관없이 모든 학생을 사랑하고 수용하는 모델이 될 수 있다. 학생은 다양성을 존중하고 두려움의 원인보다는 학습의 기회로 다양성을 바라보도록 배워야만 한다.

- **정보를 공유한다**: 알아차림은 예방의 중요한 부분이다. 교사가 훈련되어 있으면 교사는 구조화된 수업에서 학생들과 정보를 공유할 수 있다. 또한 학생들은 교실 기술들을 준비하고 가르치는 데 참여할 수 있다. 학생들이 괴롭힘과 학대를 인식하게 되면, 괴롭힘 행위를 더 잘 보고할 수 있다. 괴롭힘은 종종 성인의 감독을 벗어났거나 감독이 매우 적을 때 일어나기 때문에, 철저한 감독은 괴롭힘을 예방하고 중단시키는 또 다른 전략이다.
- **사회적 기술 훈련을 보충한다**: 많은 피해 학생과 가해 학생은 적절한 사회적 기술이 부족하다. 사회적 기술을 교실에서 학습하게 될 때, 교사는 학생들에게 다양한 맥락에서 새롭게 익힌 기술들을 연습할 기회를 제공할 수 있고, 다른 상황에도 적절한 행동을 일반화시킬 기회를 제공할 수 있다. 증가된 자각과 민감성은 괴롭힘 행동을 감소시킬 수 있다.

출처: Melissa Allen Heath and Dawn Sheen (2005). Guilford Press의 허락하에 게재함.

보충자료 1-3

폭 력

폭력을 다루는 최선책은 미리 예방하는 것이다. 그러나 폭력 사건이 발생한 후에는 다음 사항을 기억하여 대처한다.

예방하기

- **학생의 이름을 알아둔다:** 매일 학생들과 인사를 나누고 그들에 대해 알아가도록 한다. 특히 그들의 관심사에 관해 이야기를 나눈다.
- **학생의 믿음직한 감독관이 된다:** 제대로 지도를 받은 학생은 폭력과 관련된 문제를 거의 일으키지 않는다. 학생은 항상 관리 감독을 받아야 한다. 반면, 성인이 거의 없고 많은 학생이 집단을 이루고 있을 때 문제를 일으키는 경우가 많다. 싸움과 폭력은 감독받지 않거나 최소한의 감독을 받는 상황에서 가장 빈번히 발생한다.
- **일관되고 공정한 모습을 보인다:** 학교 규칙을 따르도록 한다. 학생은 무언가 불공평하거나 규칙이 일관되지 않다고 느낄 때 더 많이 싸우곤 한다. 학교 규칙은 기본적 틀과 안전을 제공한다. 따라서 규칙을 잘 알고 이를 지키도록 해야 하며, 왕따나 괴롭힘 등에 대해서는 지체 없이 규칙을 적용하여 다룬다는 것을 학생에게 보여 준다.
- **학생의 말에 귀를 기울인다:** 당신이 경청할 때 학생은 당신이 얼마나 신경을 쓰고 있는지 알 수 있을 것이다. 누군가가 자신을 진심으로 아끼고, 자신의 말에 귀를 기울이고 있다고 느낄수록 학생은 싸움에서 멀어지게 된다.
- **항상 주의한다:** 항상 눈과 귀를 열고, 싸움에 관한 '소문'이 돌 때에는 당신의 슈퍼바이저에게 염려되는 점을 알리는 것이 좋다. 학생의 싸움에 대해 우려하고 있다면 이를 교장에게도 알릴 필요가 있다. 폭력으로 이어질 수 있는 상황은 최대한 예방해야 한다. 학생에게 신뢰를 받는 교사가 누구인지 알아 두고, 걱정이 되거나 도움이 필요한 상황이 닥쳤을 때 이들에게 도움을 요청하는 것도 좋다.

상황에 대응하기

싸움이 일어났다면, 어떻게 대응하고 무엇을 할 것인지 알아두도록 하자.

- **싸움을 말리기 위해 덩치가 큰 학생들 사이에 끼지 않는다:** 물론 유아들을 말리는 것은 가능하겠지만, 나이가 많고 덩치가 큰 학생들 사이에 끼어들었다가는 다치기 쉽다.
- **제대로 훈련받기 전에는, 싸움을 말리기 위해 학생을 완력으로 잡거나 제지하지 않는다.**

- **구경꾼을 없앤다**: 싸움을 구경하는 학생들을 돌려보내야 한다. 이는 다른 이들을 안전하게 하고, 청중 효과를 제거하기 위함이다.
- **차분해야 한다**: 큰 소리로 말하는 것을 삼가고, 평소의 대화 톤을 유지하도록 한다. 시소 효과를 기억하자. "학생의 목소리가 커질수록 당신의 목소리는 부드러워져야 하며, 학생이 빨리 말할수록 당신은 더 천천히 말해야 한다."
- **즉시 도움을 요청한다**: 학생들끼리 싸움이 벌어지거나 한 학생이 다른 학생에게 위협이나 상해를 입힐 가능성이 있다면 교무실에 전화해서 지원을 요청할 필요가 있다. 전화기가 없다면 학생에게 교무실에 전달하도록 시켜야 한다. "문제가 있어요. 도움이 필요합니다."라는 메시지를 미리 준비해 두는 것이 좋다. 당신과 슈퍼바이저, 그리고 교장은 사전에 미리 이러한 메시지를 준비해 두도록 한다.
- **시간을 벌기 위해 노력한다**: "네가 하는 말을 들어보고 싶구나. 난 네 말에 귀 기울일 준비가 되었단다. 무슨 일이 있었는지 내게 말해 주렴."과 같은 말을 한다.
- **학생의 이름을 불러서 그로 하여금 당신이 경청하고 있다는 것을 알게 한다**: 학생을 진정시키고 이야기를 하도록 하자. 다음과 같이 말하는 것이 도움이 될 것이다. "이야기를 들어보고 싶구나. 함께 대화해 보자꾸나. 나는 네 입장에서 이야기를 들어보고 싶어."
- **학생을 위협하거나 소리 지르지 않는다.**
- **학생을 잡아당기거나 잡으려고 하지 않는다**: 언제나 학생의 몸에 손을 대지 않는 것이 최선책이다. 뒤로 물러서서 학생과의 충분한 거리를 두도록 한다. 학생에게 무력을 행사하려고 하는 것은 금물이며, 학생과의 언쟁이나 싸움 또한 마찬가지다.

출처: Melissa Allen Heath and Dawn Sheen (2005). Guilford Press의 허락하에 게재함.

강의자료 1-1

따돌림

지속적으로 이루어지는
신체적 · 정신적 · 성적 학대 등과
관련된 공격성

누가 관련되는가

- **가해자**: 마음에 들지 않는 누군가에게 신체적으로나 언어적으로 공격함으로써 자신의 힘을 보여 주고자 하는 학생
- **피해자**: 따돌림을 당하는 학생
- **방관자**: 따돌림을 방관하면서 아무것도 하지 않음으로써 따돌리는 행동을 강화시키는 학생

어떤 식으로 나타나는가

신체적 따돌림: 때리기, 밀기, 꼬집기 등

심리적 따돌림기: 괴롭히기, 조롱하기, 따돌리기, 험담하기 등

무엇을 할 수 있는가

A.W.A.R.E.N.E.S.S.를 증가시킴으로써 집단 괴롭힘을 줄이기

출처: Melissa Allen Heath and Dawn Sheen (2005). Guilford Press의 허락하에 게재함.

강의자료 1-2

A.W.A.R.E.N.E.S.S. 향상을 통한 (집단) 괴롭힘 감소 전략

A: 학생들의 안전을 우선하라. (Advocate)

W: 행동을 주시하라. (Watch)

A: 심각성을 평가하라. (Assess)

R: 피해자와 가해자를 전문가에게 의뢰하라. (Refer)

E: 개입을 확인하라. (Ensure)

N: 학생들을 보살피라. (Nurture)

E: 다양성을 존중하도록 격려하라. (Encourage)

S: 정보를 공유하라. (Share)

S: 사회성 기술 훈련을 제공하라. (Supply)

출처: Melissa Allen Heath and Dawn Sheen (2005). Guilford Press의 허락하에 게재함.

강의자료 1-3

성희롱

정의: 상대가 원치 않는 성적 행위로 모욕감과 불편감을 느끼게 함

어떤 식으로 나타나는가

- 부적절한 신체 접촉
- 더듬기
- 꼬집기
- 자극적인 성적 행동
- 야한 사진 등을 보여 줌
- 성적인 이야기
- 성적인 낙서
- 야한 농담
- 성적 제스처
- 성상납

※ **성희롱 등의 행위는 절대로 아동들이 성장하면서 보일 수 있는 '정상적인' 부분이 아니다.**

출처: Melissa Allen Heath and Dawn Sheen (2005). Guilford Press의 허락하에 게재함.

강의자료 1-4

폭력 예방
=
긍정적 학교 분위기

- 학생들의 이름을 알고 이를 불러 준다.
- 학생의 말을 경청한다

- 주의 깊게 살핀다.
- 공정하고 일관되게 행동한다.

지지와 배려

- 학생의 성공을 축하한다.
- 학생의 업적을 전시한다.

- 폭력 예방에 학생을 참여시킨다.
- 책임을 공유하도록 격려한다.

출처: Melissa Allen Heath and Dawn Sheen (2005). Guilford Press의 허락하에 게재함.

독서치료 요약 1-1

제목	어떻게 해야 할지 아무도 몰라		상	중	하
주제	괴롭힘	발달 수준	√		
저자	McCain, Becky Ray	언어와 쓰기 스타일	√		
출판년도	2001	묘사의 질	√		
출판사	Albert whitman & Company	삶의 경험	√		
주소	Morton Grove, IL	문제의 묘사	√		
ISBN	0-8015-5111-0	문제해결 과정	√		
가격	$14.95	대처 기술	√		
학년 수준	4~8세	인물 특성 묘사	√		
페이지	21	대화 및 의사소통 기술		√	
요약: 레이는 급우들로부터 괴롭힘을 당하는 아이다. 어느 날 레이의 친구가 이 사실을 선생님께 말하고, 교장 선생님과 선생님은 집단 괴롭힘을 막기 위해 노력한다. 이 책에서 전하고자 하는 주된 메시지는 "집단 괴롭힘은 절대 안 돼!"다.		정서적 자극의 적합성	√		
		인간 다양성에 대한 민감성	√		
		희망과 지지의 제공	√		

추천 활동

이 책을 읽은 후, 이야기를 바탕으로 역할극을 해 보자. 학생들이 맡을 역할은 피해자인 레이와 좋은 친구, 세 명의 방관자, 세 명의 가해자, 교사와 교장, 학부모다. 역할극을 마친 후, 괴롭힘을 당하는 사람이 어떤 느낌을 가질 수 있는지에 대해 토론하도록 한다. 또한 누군가가 괴롭힘을 당하는 것을 보았을 때에 할 수 있는 행동의 목록을 칠판에 적도록 한다. "괴롭힘은 절대 안돼!"라는 내용의 포스터를 만들어서 학급 출입문에 게시해 놓고, 모든 학생이 여기에 서명하도록 함으로써 학교에서 친구를 괴롭히는 행동이 절대 허용되지 않음을 보여 주도록 한다.

출처: Melissa Allen Heath and Dawn Sheen (2005). Guilford Press의 허락하에 게재함.

Chapter 2

위기에 대처하기

위기의 학교

다음에 나오는 학교 상담자의 이야기를 주의 깊게 읽어 보자.

"어느 초등학교의 월요일 아침에 일어난 일입니다. 교사들이 7시 30분에 출근해서 한 주를 시작하려고 준비하고 있는데, 이번 주에는 뭔가 달랐어요. 지난 일요일 저녁에 갑자기 교장 선생님이 돌아가셨어요. 교육청으로부터 이 소식을 전해 들은 사람들도 몇 명 있었지만, 대부분의 교사들은 출근할 때까지 이 사실을 알지 못하고 있었습니다."

"교감 선생님은 지역 교육청의 위기대응 팀과 전화를 하면서 상황을 정리하고 있었습니다. 학교 상담자와 몇몇 선생님들은 교사 휴게실에 모여 교장 선생님의 사망과 관련한 안내를 받고 있었어요. 대화는 짧고 조용히 이루어졌습니다. 교사와 교직원들은 침묵 속에서 눈물을 삼켰습니다. 몇몇은 학생들에게 교장 선생님의

Melissa Allen Heath, Dawn Sheen, Neil Annandale, & Bart Lyman

죽음에 대해 어떻게 설명해야 할지 적절한 방법을 고민하기도 했습니다만, 다른 이들은 대체적으로 멍해 있었고, 생각을 떠올리거나 집중하기 힘들어했지요. 참으로 힘들고도 긴 하루가 될 것 같았어요."

"학교 재학생은 646명이었고, 일과는 8시부터 시작되었어요. 학생들은 버스에서 내려 몇 분 안에 도착할 것입니다. 이제 누가 나서야 할까요? 허친스 교장 선생님은 늘 인터폰으로 등교하는 모든 아이들과 인사를 나눠 왔습니다. 그녀는 언제나 거기에 있었어요. 지난 8년간 매일 아침, 그녀는 학교에 등교하는 학생들과 인사를 나눴습니다. 학생들에게 교장 선생님은 국기 게양대나 식수대와 같은 학교의 한 부분이었어요."

"학교는 화재 상황에는 대비가 되어 있지만—화재 발생 시 모든 이가 학교 건물을 3분 22초에 탈출할 수 있다—교장 선생님의 갑작스러운 죽음에는 준비가 전혀 되어 있지 않았어요. 이 초등학교는 그러한 충격을 감당할 준비가 되어 있지 않았습니다. 모든 것이 슬로우 모션으로 움직이는 것 같았습니다. 어떠한 것도 현실로 느껴지지 않았습니다. 모든 것이 부조화스러웠으며, 익숙한 일상이 사라져 버렸습니다. 학교는 더 이상 예전과 같지 않았습니다."

"지역 위기대응 팀은 약속한 대로 8시에 도착했습니다. 그들은 교사들이 교실에서 사용할 수 있도록 보충자료를 가져왔는데, 그 내용은 죽음과 슬픔에 관한 것이었습니다. 그 자료는 도움이 되었는데, 교사들은 이 상황에서 활용할 수 있는 정보가 있다는 것 자체에 안도했어요. 교사들은 앞으로 무엇을 예상할 수 있는지, 무슨 말과 행동을 해야 하는지 알게 된 것에 고마워했습니다.

"끔찍했던 그 월요일 아침 이후로 7년간, 그리고 오늘까지도, 교사와 교직원은 엄청난 책임감을 느껴야 했던 그날의 기분을 기억하고 있습니다. 지역 위기대응 팀이 도움을 필요로 하는 모든 학생과 성인을 만날 수는 없었습니다. 하루가 끝날 무렵, 모든 사람이 정신적으로 무척이나 지쳐 버렸어요. 마지막 한 학생이 집으로 돌아가자 적막감만이 남았어요."

학교 위기대응 계획이란 무엇인가

만약 미리 대비해 놓지 않았다면, 학교에 위기 상황이 발생했을 때 학교의 안전과 안정성은 취약해진다. 즉, 학교 위기대응 계획은 혼란과 불안정한 상황에 대응하기 위해 비상 상황에서 활용할 수 있는 지침을 제공하여, 교직원이 책임져야 할 부분과 활용할 수 있는 자원을 조직하고 관리할 수 있도록 한다. 이러한 계획의 목표는 학교 공동체를 다시 안정화시키는 데 있다.

위기대응 계획의 효과성은 팀의 모든 인원과 계획이 협력하여 효과적으로 기능하느냐에 달려 있다. 명확한 위기대응 계획에는 두 가지 기본 요소, 즉 준비(preparation)와 실행(follow-through)이 포함된다. 준비 단계는 '사고' 발생 시 따라야 할 단계와 활용할 수 있는 전략을 미리 결정해 놓는 것이다. 위기 상황 발생 시 이러한 단계를 잘 따를 수 있도록 스태프를 준비시키는 것 역시 준비 단계에 포함된다. 실행 단계는 훈련된 스태프들이 실제로 자신들이 훈련받은 내용을 수행하며, 미리 명시된 위기대응 계획을 적절히 따르는 것이다.

모든 학교는 화재 상황 시 탈출 계획을 반드시 마련해 놓고 있어야 한다. 게다가 대부분의 위기대응 계획에는 다음과 같은 상황 발생 시에 활용할 수 있는 규약이 포함되어 있다. 자살, 죽음, 슬픔과 상실, 폭력성과 공격성, 학교 내에서의 무기 사용, 폭력의 위협, 학교 내에서의 총기 사용, 폭력 집단원의 움직임, 자연재해, 폭탄 테러의 위협, 불법 약물의 사용, 성적 · 신체적 학대, 지역적 · 국가적 참사, 비상 응급 상황, 학교 침입자 발생 그리고 기타 등등.

다시 기본적인 내용으로 돌아가자면, 위기대응 계획은 '만약 ~라면 어떻게 될까? 그렇다면 이렇게 하라.'를 미리 예상하는 것이다. 위기대응 계획에는 사람과 자원을 조직하고, 책임 사항 및 위계 체계를 정리하며, 혼란을 줄이는 내용이 포함되어 있다. 스태프에 대한 적절한 훈련과 세 단계로 짜인 위기중재 체계(예방, 위기 상황 발생 시 즉각적인 중재, 그리고 초기 위기 상황 종료 후 지원을 필요로 하는 사람들을 위한 추후 서비스)는 당사자들에게 자신감을 불어넣을 수 있다.

이상적으로는, 위기대응 계획은 그것을 활용할 당사자가 쓰기 편하도록 되어 있어야 할 뿐만 아니라, 잘 알고 있고 접근하기가 쉬운 것이어야 하며, 현실적이고, 각각의 학교 상황에 잘 맞춰진 것이어야 한다. 이를 위해서는 사용되는 언어 및 의사소통 장벽에 대해 미리 고려해야 하며, 학생과 지역사회의 다양한 요구도 헤아려야 한다. 그리고 교사와 교직원의 자원과 능력을 효과적으로 활용하는 방안에 대해서도 고려해야 한다. 위기대응 계획은 교사와 학교, 지역사회의 변화하는 요구에 맞춰 유연하고 적응적으로 기능할 수 있어야 한다.

위기대응 계획에 흔히 생길 수 있는 문제들

위기대응 계획이 학교 일상의 필수적인 부분을 포함시키지 않을 때 문제가 생기곤 한다. 지역사회 수준에서 만들어진 계획은 각각의 학교 상황의 세부적인 내용에 대해서는 제대로 포함시킬 수 없다. 학교 건물의 배치, 입구와 출구, 교직원의 능력, 학교의 특성과 다양성, 의사소통과 관련된 요구, 지역사회 서비스에 대한 접근성, 학교 리더십의 강점과 약점 등이 학교에 관한 세부 사항에 포함된다.

교사와 교직원은 해당 지역의 위기대응 계획이 준비되어 있는 것만으로 문제가 없을 것이라 여길 수 있다. 그러나 그들이 비록 지역의 위기대응 계획에 대해 알고 있다 할지라도, 실제로 학교에 위기 상황이 발생했을 때 그것을 어떻게 활용할 수 있을지, 무슨 일이 벌어질지 전혀 모르고 있을 수 있다. 이렇듯, 학교 내의 성인이 적절히 위기대응 계획에 대해 준비되고 훈련되어 있지 않으면, 그 계획은 효과성이 크게 감소된다. 학교 위기 상황이 발생했을 때, 무엇을 해야 할지 모르는 교사와 교직원은 오히려 혼란과 공포를 증대시킨다. 학생들은 교직원들의 혼란과 불안을 쉽게 눈치챈다. 그것은 안정과 지지를 위한 정신적 지주가 없는 것과 마찬가지다. 이러한 상황에서 학생들과 학교 전체는 매우 취약한 위치에 놓이게 된다.

학교는 자신들의 학교 상황에 적합한 위기대응 계획을 개발하기 위해 적극적인 노력을 기울여야 한다. 지역사회 수준의 위기대응 계획이 마련되어 있을지라도, 각각의 학교에 맞게 그 계획을 수정할 필요가 있다. 또한 학교는 지역사회 위기대응 팀이 제대로 기능하지 못할 때를 대비한 계획 역시 세워 두어야 한다. 이것은 학교가 전적으로 새로운 위기대응 계획을 세워야 한다는 것은 아니다. 오히려 학교는 지역 위기대응 계획을 확인한 후 필요한 부분을 수정하고 조정하라는 뜻이다.

학교 차원의 위기대응 계획을 개발 · 수정 · 보완할 때, 모든 직위의 학교 인사들을 대표할 수 있는 사람이 몇 명씩 반드시 포함되어야 한다. 최고 책임자부터 서비스직까지, 모든 사람이 학교 내의 요구에 대해 토론하는 데 적극적으로 참여할 수 있어야 한다. 이는 각각의 사람들이 자신이 어떠한 위치에 있고, 어떠한 부분을 책임지고 있으며, 어떤 경험을 하고 있는가에 따라 저마다 다른 관점을 가지고 있기 때문이다.

위기대응 계획은 쉽게 접근 가능하고 이해할 수 있는 형식으로 만들어져야 한다. 모든 교사와 교직원이 그것을 활용할 수 있도록 해야 할 뿐만 아니라, 그들이 책임져야 할 부분과 관련된 기본 훈련을 받아야 한다. 지속적인 토론을 통해 위기대응 계획을 '준비된' 상태로 만들 수 있으며, 준비되어 있다는 각자의 자각을 높일 수 있다.

위기대응 계획에 관한 지속적인 관심이 필요한 이유 중의 하나는 계획의 갱신 때문이다. 현재 상황에 맞는 수정과 갱신을 위해 노력하지 않는다면, 구식이 되어버린 정보에 의해 위기 중재가 어려워질 수 있다. 특히 비상연락망은 반드시 지속적으로 갱신되어야 한다. 이러한 부분은 사무를 보는 사람에게 그 책임을 맡도록 한다면, 쉽게 이루어질 수 있는 일이다.

위기대응 팀이란 무엇인가

위기대응 팀은 한 팀을 이루어 위기대응 계획에 기록된 의무를 수행하는 이들이다. 이 팀의 핵심 인사는 대개 학교 정신건강 전문가이며, 이들은 지역사회 전문가, 교사, 교직원의 지원을 받도록 되어 있다. 학교에는 대개 두 개의 위기대응 팀이 기능하게 된다. 즉, 지역 수준의 팀과 학교기반 팀이다. 위기대응 팀은 학생의 기본 요구, 즉 신체적 · 정신적 안녕감 두 가지를 고려하게 된다.

위기대응 계획의 세부적 책임은 위기 상황과 관련한 능력과 소질에 맞춰 각각의 사람들에게 구체적으로 할당되어야 한다. 위기 상황에 있는 학생과 가족의 요구를 충족시키는 데에는 다양한 능력이 필요하다. 교사, 교직원 그리고 학교 행정가들은 심폐소생술(CPR)이나 응급치료와 같은 응급의료 절차에 대해 훈련되어 있는가? 공동체를 대표하는 언어를 사용할 수 있는 사람은 누구인가? 불안한 상황을 안정시키기 위해 필요한 의사소통 기술이나 갈등해결 능력이 뛰어난 사람은 누구인가? 혼란의 한가운데에서도 침착함을 유지할 수 있는 사람은 누구인가?

각각의 사람들에게 책무를 할당할 때 위기 상황과 관련된 그들의 능력뿐만 아니라, 학교와 학생에 대해 어느 정도의 책임을 행사할 수 있는지, 위기 상황에 얼마나 빨리 대응할 수 있는지, 학교 상황은 얼마나 잘 알고 있는지를 고려해야 한다. 위기 중재와 관련된 일들은 다양한 수준의 책임감을 필요로 한다. 위기 상황에서 통제력이야말로 핵심적인 부분이다. 누가 학생을 통제할 것인가? 학생들이 누구에게 지시를 받도록 해야 할 것인가? 일반적인 학교 상황에서는 교장이 가장 높은 수준의 통제력을 갖는다. 그리고 교사는 교장의 지휘하에 있게 된다. 위기대응 계획에 힘의 위계가 명시되어 있으면, 위기 상황에 더 효과적으로 기능할 수 있게 된다.

위기대응 팀을 조직하고 책무를 할당할 때에는, 책임뿐만 아니라 가용성(availability, 즉시 현장 투입 가능성, 기동력)도 고려해야 한다. 위기 상황이 발생했을 때 학생들과 가장 많이 같이 있을 것 같은 사람은 누구인가? 가장 빨리 위기 상황에 도착할 수 있는 사람은 누구인가? 위기대응 계획에 교사와 교직원을 포함시키는 가장 주된 이유가 바로 가용성이다. 교사는 대개 학생들과 같이 있는데, 현실적으로 위기 상황이 발생했을 때 교사와 교직원이야말로 그 문제를 해결할 확률이 가장 높은 사람들이다.

위기대응 팀을 조직하고 계획을 수립할 때 고려해야 할 또 다른 요소는 학생 및 학교와 친숙한 사람을 선택해야 하는 것이다. 학교의 구성원들은 누구를 친숙하게 느끼며 신뢰하는가? 학교가 어떻게 기능하는지 잘 아는 사람은 누구인가? 학교의 배치를 잘 아는 사람은 누구인가? 학교 정책과 조직에 대해 잘 아는 사람은 누구인가?

더 구체적으로 언급하자면, 지역 수준 위기대응 팀을 조직할 때에는 학교와 공동체의 독특한 요구가 고려되어야 한다. 이 팀은 해당 지역의 문화와 언어를 대표할 수 있어야 한다. 또한 위기대응 팀에는 통역자가 포함되어야 한다. 적절한 준비와 관리만 이루어진다면, 보조교사를 포함한 모든 학교의 교직원이 잠재적 후보가 될 수 있다.

위기 상황 시 지원 과정에서 생길 수 있는 어려움도 고려해야 한다. 숙련된 전문가, 특히 소수집단과 유대감을 형성하고 있는 사람이 부족한 경우, 재정적 자원이 부족한 경우, 영어를 사용하지 않는 집단과의 의사소통을 위한 통역자가 부재한 경우, 단기 체류하는 일부 가족과 직접 연락이 어려운 경우, 전화기가 없는 집, 교통수단으로의 접근성이 떨어지는 경우 등이 이러한 어려움에 포함된다.

학교 위기 상황 시의 통제와 조직

사람과 자원을 조직하는 것이 위기대응 계획의 핵심적인 기능이다. 특히 대규모의 사고가 발생했을 때, 지위체계가 반드시 조직되어 있어야 한다. 사고 지휘체계(The Incident Command System: ICS)에는 관리(manage), 계획/정보(planning/intelligence), 작전(operations), 운송(logistics), 재정(finance)의 다섯 가지로 업무가 구분되어 있다(Johnson, 2000). 학교 체제 내에서는 대개 교장이 최고 관리 책임을 맡아 지휘를 내린다. 또한 학교 경비 책임자와 언론 담당자가 관리 업무에 참여한다.

교사와 교직원은 일반적으로 계획, 정보 그리고 운송의 업무를 담당하게 된다. 그들은 위기 상황이나 비상 상황에 대한 정보를 수집하고, 자료와 정보를 교장 혹은 학교 경비 책임자와 공유하여 비상 상황 대응에 지원한다. 교사와 교직원은 학생의 요구, 응급의료 상황을 바로 그 자리에서 해결하고 지원할 뿐만 아니라, 학생을 대피시키거나 제재 절차를 밟기도 한다.

사무직, 식당 직원, 행정 직원와 같은 관리직이나 보조 직원은 교장과 행정직을 도와서 사고 지휘체계의 운송 기능을 지원할 수 있다. 이들은 자원과 자료를 조직하여 다른 위기대응 인력에게 그러한 자원이 공급될 수 있도록 도울 수 있다. 또한 문을 개폐하고, 학생과 위기대응 팀원들에게 식자재를 공급하며, 집단상담과

회의를 위한 공간을 준비할 수 있다. 물품 공급을 위한 잡무, 청소 지원, 응급 상황을 위한 물품 수집 등의 일 역시 그들이 담당할 수 있다.

교실의 비상물품

교사가 구급상자와 배낭을 교실에 비치하는 것 역시 위기 상황 대응에 도움이 된다. 각 교사들은 담당 학급에서 필요로 할 물품들을 신중히 고려하여 준비해야 한다. 구급상자에는 비상약, 담요, 음식과 물이 포함되어야 한다. 대피를 해야 할 경우를 대비한 배낭 역시 마련되어 있어야 한다. 배낭에는 손전등, 기본적인 비상약, 학급의 비상연락망, 시리얼바, 물, 아이들이 좋아하는 책, 호루라기, 편평한 판, 연필, 책 그리고 무전기나 휴대폰이 포함되어야 한다. 초록색과 붉은색 두 가지 종류의 색으로 표시를 해 둔다. 초록색 종이가 붙은 표지판은 모든 학생이 대기하고 있다는 신호를 멀리 있는 교장에게 보낼 수 있는 것이고, 붉은색 종이가 붙은 표지판은 실종된 학생이 있거나 도움이 필요할 때 사용할 수 있다.

성인의 역할과 책임

교사와 교직원은 위기 상황에서의 역할에 대해 생각할 때 소방 훈련을 떠올린다. 기본적으로 화재가 발생했을 때 어떻게 건물을 탈출해야 하는지는 모두가 안다. 그러나 불행하게도, 대부분의 교사와 교직원은 학교의 위기관리 방안에 대해서는 알지 못한다. 주요 사건에 대한 대부분의 위기대응이 지역의 위기관리 팀에 상당히 의존하고 있긴 하지만, 모든 교사와 교직원은 자기 학교에 특화된 위기대응 계획에 대해 익숙해져야 한다.

그러나 심지어 위기대응 계획이 교사와 교직원용으로 만들어졌다 하더라도, 그들의 의무를 수행하는 방법뿐만 아니라 그들의 의무에 대한 훈련이 대부분 제공되지 않는다. 위기대응 계획은 흔히 다른 누군가의 책임으로 여겨진다. 훈련과 교육을 받지 못한 교사와 교직원은 도움을 주는 것에 대해 자신감이 없다. 위기가 발생했을 때, 그들은 다른 이들이 도움과 지시를 줄 것이라고 기대하며, 위기 상황에서 자신들이 어떻게 도움을 줘야 하는지 알지 못한다. 그들은 위기대응 계획이 위기관리 팀을 위한 것이라 생각한다. 이러한 인식은 반드시 바뀌어야 한다. 학교에서 모든 성인은 위기 예방과 중재에 반드시 참여해야 한다.

이상적으로, 모든 교직원과 자원봉사자는 위기개입 시 도움을 줄 준비가 되어 있어야 한다. 적절한 훈련을 통해, 학교의 모든 성인은 위기의 영향을 방지하거나 축소시킴과 동시에, 학생들에게 감정적 지원을 제공할 수 있어야 한다. 학교는 모든 위기개입 단계에서 학교 내 구성원들, 특히 학생과 직접적으로 함께 일하는 교직원들의 준비에 투자해야 한다.

매일매일 교사와 교직원은 학생의 감정적 필요를 다루는 최전방에 있다. 교사와 교직원은 즉각적이고 적절한 감정적 지원을 제공하기 위해 무엇을 말하고 무엇을 해야 하는지 반드시 알아야 한다. 위기 상황에서 학생들에게 도움을 줄 때 필요한 기본적인 지시 사항이 있다(이 장의 마지막에 제공한 〈강의자료 2-1〉 '위기대응 기술' 참조). 위기 상황에서 가장 먼저 수행되어야 할 의무는 손바닥 위에 있다. 그것은 침착하라는 것이다. 침착함은 구성원이 명확하게 생각하고 부드럽고 천천히 이야기하도록 돕는다. 학생은 자신의 안전과 안정의 정신적 지주인 성인에게 의지한다.

성인들을 학생을 반드시 안심시키고, 경청하며, 관찰하고, 보고하며, 통제해야 한다.

- **안심**: "내가 널 위해 여기 있어. 널 바라보고 있어. 우리는 이 상황에서 모두 함께야."
- **경청**: 말하기보다는 많이 듣는다.
- **관찰**: 행동을 관찰한다. 정보를 모으고 문서화한다.
- **보고**: 중요한 상황들(극단적 행동, 안전 문제, 학대, 자살에 대한 언급)에 대해 상급자/전문가에게 보고한다.
- **통제**: 통제력을 가지고, 당황하지 않는다. 당신의 역할을 알고 그에 대한 책임을 진다.

각 교사와 교직원은 자신이 명령체계의 어디에 위치하는지 반드시 알아야 한다. 위기대응 계획을 다시 확인하고 자신에게 어떤 의무가 적합한지 결정해야 한다. 당신의 상급자나 관리자와 함께 이러한 의무들을 명확히 한다. 일반적으로 교직원과 교사의 책임은 다음의 주요 4개 영역과 관련되어 있다.

- 안전을 위해 탈출하기: 건물을 탈출하기(예: 화재 훈련)
- 건물 안에 머무르기: 건물 안에서 은신처를 찾기(행동 제재)
- 학생을 안전하고 평온하게 보호하기: 즉각적 필요에 대한 도움, 혼란 줄이기, 질서 유지
- 의사소통하기: 상급자와 관리자에게 학생의 필요에 관한 정보를 제공, 교장과 전문가의 지시 사항에 귀 기울이기, 학생 및 학부모와 의사소통하기

역할극은 교직원과 교사가 위기개입을 위해 필요한 기술들을 연습하는 데 도움이 된다. 역할극을 활용한 위기대처 기술 교육에 관한 개요는 다음과 같다.

① 기본 정보 제시
② 실연 또는 비디오를 활용하여 모범 행동 교육
③ 시나리오 수립
④ 역할극과 기술 연습
⑤ 건설적인 피드백 공유
⑥ 정보의 가공과 논의
⑦ 요점 정리, 이해 여부 체크

실전에서의 위기대응 계획

한 교사가 공유한 다음의 이야기는 한 학교의 실전 위기대응에 대해 묘사하고 있다.

"추운 11월의 어느 날이었어요. 쪽지 시험을 보기 위해 학생들이 연필과 종이를 꺼내면서 3교시가 바로 시작되었죠. 갑자기 그들은 시험을 치를 위기를 모면했어요. 예상치 못한 화재 경보가 울렸거든요. 그것은 계획된 훈련이 아니었고, 저는 그걸 무시해야 할지, 따라야 할지 고민했어요. 예전의 훈련들을 돌이켜 보면, 저는 훌륭하게 학생들을 밖으로 안내하고 미리 정해진 장소에 줄을 세웠어요. 한 학생은 하얀색 비상물품 통에서 우리의 방 번호가 적힌 밝은 핑크색 종이 깃발을 꺼내 들었어요. 복도에 들어서자마자, 우리는 문을 향해 무리 지어 있는 학생들 속에서 자리를 찾기 위해 분투했어요."

"밖으로 나가자 찬 공기가 얼굴에 부딪혔어요. 밝은 핑크색 종이 깃발이 번호 순대로 나란히 줄지어 있었고 그 뒤로 각 교실에 속한 학생들이 서 있었어요. 각 학생들이 온순하게 줄을 서 있는 모습을 보고 잘했다고 말하고 싶었지만, 상황이 그렇지 않았어요. 이 상황에서 어떻게 행동해야 할지 모르는 호기심 많은 8학년 학생 무리가 친구들을 찾기 위해 자기 반을 떠나려 했어요. 교사들은 이 혼란과 혼동을 제어하기 위해 고군분투했어요."

"각 교사들은 자신들의 물품 통을 열어 반 학생들의 명렬표를 꺼냈어요. 학생들을 확인했고, 연락을 담당한 학생은 지휘 본부(크고 굵은 글씨로 '지휘 본부'가 프린트된 밝은 핑크색 깃발로 표시된)로 메시지를 전달했어요."

"교사로서, 위기 상황에서 침착함을 유지하는 것은 매우 중요해요. 학생들은 무슨 상황이 일어나고 있는지를 내게 물으며 내 주변에 무리 지어 있었어요. 다른 학생들은 그들의 가장 친한 친구의 육촌의 부모가 좋아하는 애완동물의 주인이 말해 줬는데, 학교의 다른 편을 무너뜨리는 화재가 정말 일어났다고 주장했어요. 그 루머들을 확인해 주는 것처럼 보이는 연기가 공기 중에 소용돌이쳤어요. 저는 정보가 확인되면 사실들에 대해 안내될 것이라며 학생들을 안심시키고, 루머를 잠재우기 위해 최선을 다했어요."

"동시에 학생들은 차가운 가을 공기가 옷깃을 스며들자 열을 내기 위해 점프를 하기 시작했어요. 저는 재빨리 불어로 지시 사항을 소리치기 시작했어요. 학생들은 곧 달리기, 점핑, 돌기, 가리키기, 노래 부르기에 동참했어요(친구들에게 즐거움을 주고 자기 자신의 불안을 해소하기 위해). 내 하얀 비상물품 통에 없었던 한 가지는 학생들이 몰입할 수 있는 놀거리였어요. 그들은 곧 저의 지시 사항을 따르는 것에 지루해했고, 그래서 저는 번잡한 게임인 'Pierre Dit'('사이몬 가라사대' 게임)를 담당하는 학생을 지정했어요."

"그 게임에 빠져 있는 동안, 저는 몇몇 학생들이 여름 반바지와 티셔츠를 입고 떨고 있다는 것을 알아챘어요. 그들은 거의 얼어 붙어 있었어요. 다행스럽게도, 난 교실을 빠져나오면서 내 책상 옆에 쌓여 있던 스웨터와 담요를 챙겨 나왔어요. 나는 학생들에게 이것을 주어 함께 걸치게 했어요."

"주위를 둘러보니 몇 발짝 떨어져서 우리 부서 다른 교사에게 이야기하고 있는 우리 부장을 보았어요. 그녀가 이야기를 끝내고는 내게로 와서 학교의 다른 쪽에 있는 교실에서 화재가 발생했지만 진화되고 있다고 전했어요. 우리는 방화 관리자가 와서 우리에게 앞으로 무슨 일이 벌어질지에 대해 알려 주기를 기다리고만 있었어요. 그녀는 우리가 학생들을 집으로 귀가시켜야 할지 여부를 알기 전까지 최대한 학생들을 바쁘게 만들라고 지시했어요."

"저는 학생들에게 이 소식을 공유하기 위해 'Pierre Dit' 게임을 잠시 중단시켰어요. 학생들은 집에 일찍 갈지도 모른다는 소식을 듣자, 전체가 들뜨기 시작했어요. 첫 화재 경보가 울린 지 대략 한 시간이 지났어요. 학생들은 지루해졌고, 점심시간이 다가오자 배고파하기 시작했어요. 나는 학생들이 느끼고 있는 감정을 불어 다섯 문장으로 쓰라는 과제를 내줬어요. 비상물품 통에서 연필과 종이를 꺼내 나누어 갖고, 각 학생들은 무언가 보상을 기대하며 재빨리 과제를 끝냈어요. 다행히도 저의 물품 통에는 학생들에게 나누어 줄 작은 사탕이 충분히 있었어요."

"시간이 지나면서 학생들은 더욱 춥고 배고파졌어요. 교사들은 무전기를 갖고 있는 주변의 위기관리 팀 스태프들을 통해 자주 지시 사항을 전달받았어요. 각 지시 사항을 통해 집에 일찍 갈 확률이 높아지는 듯하자 학생들은 더욱 들떴어요. 결국 우리는 학생들을 교감 선생님이 메가폰을 잡고 있는 지휘 본부 주변으로 이동시키도록 지시받았어요. 그는 학생들이 들었을 수 있는 모든 루머를 잠재우며 학생들에게 상황에 대해 간략히 설명했어요. 오직 한 교실만이 심각한 피해를 입었지만, 학교의 난방 배관을 통해 연기가 들어갔기 때문에 방화 관리자는 건물 안에 있는 것은 안전하지 않다고 선언했어요. 그가 학생들이 귀가할 것이라 알리자

환호가 터져 나왔어요."

"학생들이 다시 조용해지자 그는 학생들에게 예정 상황을 설명했어요. 학교 안에 재빨리 들어가 중요한 물품들(예: 집 열쇠)을 교실에서 가져오도록 한 반씩 보내기로 했어요. 학생들은 정해진 통로를 통해 다니게끔 하고, 학교의 다른 부분으로 가지 말라고 당부했어요. 버스들이 학교 앞에 대기할 예정이었어요. 교사들은 학생들이 모두 버스를 탔거나 귀가했는지 확인하는 책임을 맡았어요. 학부모들은 지역의 주요 라디오 방송국을 통해 자녀들이 버스를 탄 곳의 반대편에서 만나도록 안내를 받았어요. (그곳에는 학부모가 주차하고 대기할 만한 큰 주차장이 있는 백화점에 있었다.) 학교의 안내 직원들은 비상연락망을 통해 학부모들에게 상황을 알렸어요."

"학생들을 해산시키고 나서 우리는 재빨리 교실에 들렀다가 학교를 지나 버스로 갔어요. 내 학생 중 한 명이 나를 보고 이렇게 말했어요. '우리 부모님은 동네에 계시지 않고, 전 할아버지, 할머니와 지내고 있어요. 그들은 딱 한 블록 거리에 사세요. 거기로 걸어 가도 될까요?' 저는 그를 보고 말했어요, '너 반바지랑 티셔츠 하나밖에 안 입었구나! 그러다 얼어 죽을지도 몰라!' 그는 나를 뚫어져라 바라보다 눈을 굴리며 말했어요, '저, 두 시간 동안 밖에 서 있기만 했어요. 제 생각에 괜찮을 것 같아요.' 나는 뭐라 말할 수가 없었어요. 그가 옳았어요. 나는 그가 누구이고, 어디로 가고 있는지에 대해 허가서를 써 주고 그를 보냈어요. 학생들은 버스에 타거나 부모를 만나 안전하게 집으로 갔어요."

"학교에 돌아와 보니, 위기관리 팀 스태프들은 문 앞에 서 있었어요. 방화 관리자는 얼마나 오랫동안 학교가 안전하지 않을지에 대해 확신하지 못했어요. 비상연락망은 우리가 학교에 와도 괜찮을지를 알려 주기 위해 다음 날 아침에 사용될 예정이었어요. 우리는 비상대책위원회에서 나중에 보고를 듣기로 했어요. 교사들은 지쳤고, 이른 퇴근에 대해 감사했어요. 그날 밤, 신문 첫 장에서 학교의 기사를 찾기 위해 신문을 펼쳤어요. 기자는 교장 선생님이 입고 계시던 핑크색 셔츠와 카키 팬츠를 포함해서 그 장면을 자세히 묘사했어요."

"다음 날, 교장 선생님은 무슨 일이 일어났었는지 학생들에게 전하며, 그의 셔츠는 연어색이었고, 바지는 카키색이 아니라 비싼 양복 바지였음을 모두가 알도록 확실히 말씀하셨어요. 교장 선생님의 핑크색 셔츠에 대한 명성은 후에 직원 회의에서 농담거리가 됐어요."

"몇 달 뒤, 우리의 교장 선생님은 생신을 맞이했어요. 생신 4일 전에, 교감 선생님은 우리가 얼마나 교장 선생님을 좋아하는지 교장 선생님께 알리고 싶다고 학생들에게 말했어요. 학생들은 교장 선생님께 존경을 표하기 위해 교장 선생님의 생신에 핑크색 셔츠를 입도록 요청을 받았어요. 그날이 왔고, 복도는 핑크색 바다가 됐어요. 학생들은 교장 선생님의 생신을 축하하기 위해 하나가 됐어요. 화재가 일어났던 하루는 매우 길었고 학교 복구에 많은 비용이 들었지만, 경험을 통해 얻은 단결은 값을 매길 수가 없었어요."

다양한 배경을 가진 학생들을 위한 효과적인 위기개입

위기 상황에서 학생의 특별한 필요를 충족시키기 위해서는, 서비스를 기획하고 적용할 때에 민감성과 기술이 요구된다. 개인의 성격, 강점, 필요에 대한 민감성은 인간의 다양성과 문화적 · 사회적 영향에 대한 이해에서 비롯된다. 이러한 이해는 위기가 어떻게 개인 또는 집단에 영향을 미칠지, 우리가 문제를 어떻게 규명할지, 우리가 어떻게 학생과 가족들과 함께 위기에 개입할지에 관한 인식에 직접적으로 영향을 미친다. 다음의 사건은 문화적으로 다양한 학생들에게 위기개입을 제공할 때 발생하는 중요한 도전들을 묘사한다.

스톡턴 교정 총기 사건

1989년 1월 17일 캘리포니아 주 스톡턴(Stockton)의 한 교정에서 발생한 총기 사건은 학교에서 일어난 비극으로 초래된 혼란과 파괴에 국제적인 관심이 집중된 사건으로, 다양한 공동체를 적절하게 지원할 수 있는 섬세한 지원 체제의 부족에서 일어난 사건이었다(Armstrong, 1991). 아침 쉬는 시간 동안 AK 47 반자동 소총으로 무장한 한 괴한이 운동장에서 놀고 있던 아이들을 대상으로 무차별 난사를 벌여 5명의 사망자를 발생시켰다. 교사 1명과 29명의 학생들은 이 사고로 중상을 입게 되었다. 이 사건은 클리블랜드 초등학교에서 일어난 사건인데, 대략 970명의 학생들이 다니고 있었고, 그중 70% 가까이는 동남아시아 지역 학생들이었다. 학생들의 부모들 대부분은 영어를 사용하지 못했다.

클리블랜드 초등학교에 임명된 학교 심리학자 Armstrong은 아이들을 찾기 위해 필사적으로 모여든 공포감에 휩싸인 학부모들의 아비규환을 묘사하였다. 언어의 장벽 때문에 학부모들과의 의사소통은 어려운 일이었다. 경찰과 구급대원들이 확인되지 않은 아이들까지 병원으로 이송한다는 것을 부모들이 알게 되었을 때 공황은 더 커지게 되었다. 몇 시간 동안 학부모들은 아이들이 안전한지, 실종되었는지, 부상을 입었거나 사망했는지 확인할 수 없었다. 이러한 불행한 사건은 결과적으로 민족적 · 문화적 · 언어적으로 다양한 학교와 공동체에 응급 정신건강 서비스를 제공하는 데 급진적인 변화를 불러일으켰다.

James와 Gilliland는 "위기개입이 쉽지 않을 때, 문화적 둔감성은 상황을 훨씬 더 어렵게 만든다."(2001, p. 26)라고 말했다. 또한 Romualdi와 Sandoval(1995)은 "다문화 학생들과 가족들은 종종 더 많은 도움을 필요로 한다. 따라서 위기서비스 공급자들은 이러한 트렌드를 적절하게 반영해야만 한다."(p. 309)라고 말했다.

현재 학교의 인구통계 정보

민족적 다양성

북아메리카 지역의 학교에서 나타나고 있는 인구통계 정보의 변화는 적절한 정서적 응급처치를 지원할 때에 학생들의 문화적 민감성을 반영하고 있다. 국가교육통계청(NCES, 2002)의 보고에 따르면, 2000~2001년에 공립학교에 등록된 4,700만 명의 유아 · 청소년 중 대략 40%는 유색인종—아프리카계 17%, 히스패닉계 16%, 아시아계/태평양 섬 주민 4%, 미국 본토인/알래스카 원주민 1%—으로 구성되어 있다. 유색인종 학생들은 6개 주(캘리포니아, 하와이, 루이지애나, 미시

시피, 뉴멕시코, 텍사스)에서 백인 학생 수보다 많고, 워싱턴 DC와 같은 도심 지역들은 소수인종 학생들이 백인 학생 수보다 많다(NCES, 2002).

학생들과 극명하게 대비되는 것은 교사들의 84%가 유럽계 미국인으로 구성되어 있다는 사실이다. 단지 9.9%의 교사들만이 아프리카계 미국인이고, 5.4%가 히스패닉계다(U.S. Census Bereau, 2002). 특수교육 분야에서 소수자 교사들의 부족은 더욱 명백한데, 9.7%의 아프리카계 교사와 2.4%의 히스패닉계 교사가 분포되어 있다(U.S. Census Bereau). 학생과 교사 간의 비율의 불일치보다 더욱 큰 문제는 학교 상담자의 95% 이상이 유럽계 미국인이라는 점이다(Curtis, Grier, Abshier, Sutton, & Hunley, 2002; Hunley, Walker, & Baker, 1999).

언어적 다양성

다양한 학생의 요구를 만족시키는 데 더욱 어려운 사실은 9백만 명 가까운 학령기 아동들—전체 미국 학생의 17%—이 집에서는 영어 외의 언어를 사용한다는 것이다(U.S. Census Bereau, 2001). 이러한 경향은 캘리포니아 주와 텍사스 주에서 특히 더 심한 편이다. 예를 들어, 2000~2001년 언어 조사에 따르면, 캘리포니아 주의 610만 명 학생 중의 25%가 집에서 영어가 아닌 언어를 사용하고 있다고 한다.

2000~2001년 학기에는 필요한 영어 교사의 1/3이 적절한 훈련과 자격을 갖춘 전문가로 구성되었다(National Center for Educational Statistics, 2002). 국립학교 상담자연합회(NASP)의 보고에 따르면, 영어 교사가 부족한 현상과 유사하게 협회의 10% 교사만이 영어 외의 언어를 유창하게 구사할 수 있다(Curtis et al., 1999).

영어 외의 언어를 구사하는 학생들에게 서비스를 제공하는 일은 끝없이 늘어나고 있는 다양한 언어 사용자들에 의해 복잡한 일이 되어 가고 있다. 시카고의 공립학교의 학생들은 대략 200개 언어를 구사하는 것으로 나타났다(Bracken & McCallum, 1998; Pasko, 1994). 50개 이상 언어가 사용되고 있는 학교들의 예로 플로리다 주의 팜비치, 텍사스 주의 플라노, 일리노이 주의 데스플레인즈, 테네시 주의 녹스빌 등이 있다(Bracken & McCallum, 1998).

다문화 요구를 수용하는 서비스

문화적 민감성은 위기개입을 포함하여 서비스 제공의 모든 영역에 적용되어야만 한다. 위기의 아동과 가족들에게 서비스를 제공할 경우 문화적 민감성과 다양한 요구에 대한 자각은 특히 중요하다. 다문화 학생들의 요구에 들어맞는 위기개입을 인식하고 지원하는 것은 학교 공동체에서 제공되는 서비스의 질에 긍정적인 영향을 줄 것이다.

다문화 학생들에게 효과적이고 민감한 정서적 응급 지원을 제공하기 위해 정신건강 전문가, 교사, 교직원, 행정가들은 이들의 다양성 이슈와 걱정에 대한 개인적 이해와 자각을 증진시킬 책임을 갖는다. 이러한 학교 위기개입에 대한 책임성은 형성 단계 동안 다문화 특성과 요구를 고려하고 협력하도록 한다.

학생들의 독특한 요구를 이해하는 일은 다문화 학생 및 청소년이 또래와 학교, 가족, 공동체와 세계와의 관계에서 어떻게 기능하는지를 아는 것에서 출발한다. Sue와 Sue(2003)는 정체성의 발달을 위한 삼원 다이어그램을 사용한다. 가장 안쪽의 원에는 개인 수준으로 개인에게 독특한 특성으로 구성된 유전적 요인과 삶의 경험 등이 포함된다. 다음 수준은 집단 수준으로 "사회적 · 문화적 · 정치적 특성"(p. 13) 등을 공유하는 사람들 간의 유사성을 포함하는 것이다. 마지막으로, 일반적인 수준은 모든 사람에게 공통적인 요소로 구성된 것을 말한다.

자아정체성의 집단 수준은 문화적 다양성의 함의를 이해하는 데 특히 중요하다. Sue와 Sue(2003, p. 7)는 사회화와 문화적 집단에 참여하는 것은 어떤 상황이나 사건을 인식하고 해석하는 방식을 형성하는 데 '강력한 영향을 주고, 세계관에도 영향을' 미칠 수 있다고 설명하였다. 국가자살예방전략(National Strategy for Suicider Prevention)에 따르면, 문화는 "사고, 의사소통, 행동, 관습, 신념, 가치와 인종, 문화, 믿음, 사회 집단의 제도를 포함하는 인간 행동의 통합된 패턴"이라고 정의된다(U.S. Department of Health and Human Services, 2001, p. 197).

미국의 공립학교에서 문화적 다양성의 개념을 이해하는 것과 더불어 변화하는 인구통계 정보는 개별 학교와 공동체에서 효과적인 위기개입을 계획하고 공급하는 데 대한 문화적인 인식을 높인다. 이러한 정보는 국가적으로 혹은 주별로 민족적 · 언어적 다양성을 안내하는 최신 정보를 공급하는 국가교육통계청(nces.ed.gov/)의 연례 자료를 통해 얻을 수 있다. 정보는 또한 지역 학군과 개별 학교 수준 모두에서 지역의 문화적 다양성에 대한 빠른 정보를 제공한다는 측면에서 유용하다. 학교들은 전형적으로 '무료급식' 비율이나 언어 및 민족 비율을 포함한 학군의 통계 자료를 제공한다.

다문화 요구 조사의 계획과 실행

문화적으로 다양한 대상들에 대한 위기개입의 두 번째 단계는 학교와 공동체의 요구 조사를 하는 것이다. 개별화된 특정 집단에 반응하는 것은 그들의 요구와 자원을 아는 것에서 출발한다. 요구 조사는 아마도 다음의 질문을 포함할 것이다.

- 학교와 집에서는 어떤 언어를 사용하는가?
- 학군에서는 어떤 문화가 지배적인가?
- 이 문화에서 사람들은 위기에 어떻게 대처하는가?
- 그들의 자연적인 대처 기술은 무엇인가?
- 어떤 자원이 존재하고 어느 조직들이 위기 동안 소집되고 활용되는가?

추가적인 것이지만 종종 간과되는 변인은 종교적 신념이다. 신념체계는 가족이 위기를 어떻게 인식하는지, 그들이 그것을 어떻게 다루고, 좀 더 중요하게는 정신건강 전문가로부터 어떻게 도움을 구하고 받아들이는지에 대한 중요한 함의를 갖는다. 신념체계와 영적 요구의 이해의 중요성에 관해 논하면서, Pedersen(2003)은 1999~2000년 동안 타이완에서 일어난 지진으로 인한 사건을 통해 생존자들이 위기 상담자들에게 보인 태도에 대해 언급하였다. 위기 정신건강 서비스의 제공에도 불구하고, 상담 처치에 대한 요구는 없었다. 사실상, Pedersen은 희생자들이 '상담에 관심이 없는' 사람들이었고, '치료받는' 것을 '문제를 악화시키는 것'으로 보았다고 말하였다(p. 397). 생존자들은 전문적 상담을 요청하고 받기보다는, 가족들의 죽음을 둘러싼 영적 이슈들을 해결하기 위해 승려들이 진행하는 의식을 요구하였다. 이러한 점은 전통적 정신건강 서비스의 대안들이 고려되고 탐색되어야 함을 의미한다.

상담자는 다양한 배경을 가진 개인들이 위기를 어떻게 느끼고 처리하는지에 대한 차이점을 인식할 때 처치를 제공하는 데 있어 조직적 차원에서 변화를 제시할 수 있다. 문화적 배경을 이해하고 가족, 친구, 공동체의 자연적 지지체계를 보충하는 처치를 제공한다면 좀 더 건강하고 생산적인 결과를 낼 것이다.

교직원 훈련 활동: 학생들의 문화적 다양성에 대한 민감성

교직원은 〈보충자료 2-1〉 '미국 학교 내 다양성'(이 장의 끝 부분 참조)에 있는 정보를 가지고 논의할 수 있고, 학생들의 다양성에 대한 국가통계를 가지고 비교할 수 있다. 목표는 모든 교직원이 이러한 질문에 대해서 대답할 수 있는 능력을 갖추는 것이다.

- 우리 학교 학생들의 민족적 세부 정보는 무엇인가?
- 우리 학교에서는 얼마나 많은 언어가 사용되고 있는가?
- 우리 학교를 대표하는 종교적 신념은 무엇인가? 위기에 대처하기 위해 학교는 성직자들을 어떻게 참여시킬 수 있을 것인가?
- 위기 시에 학교에서는 전화기가 없는 부모와 어떻게 연락할 것인가?
- 위기개입 시 학교는 다양한 배경을 가진 학생들을 위한 시설을 어떻게 마련할 것인가? 특별한 지원이 필요한 학생과 가족들에 대해 확인하라.

교직원 훈련 활동: 우리 학교의 위기대응 계획 검토하기

목표

교직원들이 학교 위기대응 계획에 익숙해지기
제안: 지역사회 위기대응 팀 또는 학교 위기대응 계획의 책임자를 초청하기

준비물

종이와 연필
〈보충자료 2-2〉 '학교 위기대응 계획에 대한 질문들'(이 장 끝 부분 참조)
학교 위기대응 계획

가능하다면 모든 구성원에게 위기대응 계획의 복사본을 제공하라. 여의치 않다면, 각 집단당 하나씩 나누어 주라.

지침

- 5명씩 한 집단으로 나누라
- 각 집단에 연필, 종이, 학교 위기대응 계획, 〈보충자료 2-2〉를 나누어 주라.
- 다음의 지침을 소리 내어 읽으라. "〈보충자료 2-2〉의 '학교 위기대응 계획에 대한 질문들'에 대답하시오. 각 질문당 1점씩입니다. 학교 위기대응 계획에 언급되지 않은 질문에 답을 하면 점수는 두 배가 됩니다. 가장 높은 점수를 얻은 팀이 이기는 것입니다. 활동 소요 시간은 15분입니다."
- 가장 많은 점수를 얻은 집단을 정하고 모두에게 알리라. 정답이 무엇인지 논의하라.
- 요약: "학교 위기대응 계획에 대한 기본적인 이해가 중요합니다. 위기대응 계획에 적합한 당신의 역할과 책임이 무엇인지 알아야 합니다."

과제

"자신에게 적용할 수 있는 위기대응 계획 정보에 주목하시오."

교직원 훈련 활동: 위기 시나리오 역할극

목표

문제해결 기회를 제공한다. 역할극은 교직원 각자의 책임이 무엇이고 학생이 위기에 처했을 때 무엇을 해야 하는지를 생각해 보게 한다. 또한 이 활동은 교직원들이 학교 위기대응 계획에 익숙해지도록 돕는다.

준비물

종이와 연필
〈보충자료 2-3〉 '위기 시나리오 역할극'(이 장의 끝 부분 참조)
학교 위기대응 계획

가능하다면 모든 구성원에게 학교 위기대응 계획의 복사본을 제공하라. 여의치 않다면, 각 집단 당 하나씩 나누어 주라.

지침

- 5명씩 한 집단으로 나누라(역할극을 소규모로 진행하면 참여자들이 편안하게 참여할 수 있을 것이다).
- 각 집단에 연필, 종이, 학교 위기대응 계획, 〈보충자료 2-3〉을 나누어 주라.
- 다음의 지침을 소리 내어 읽으라. "역할극 시나리오를 읽어 보시오. 관련 정보가 제공될 것이지만 이 정보는 제한적인 것입니다. 2분 동안 역할을 정하고 역할극을 해 봅니다. 완벽하게 할 필요는 없습니다. 역할극이 끝나면 자신의 선택에 대해서 논의해 봅시다. 잘 진행되었던 세 가지, 역할극에서 특히 어려웠던 것 한 가지를 찾아봅시다. 어떤 점이 이러한 상황을 다루기 어렵게 만드는 것일까요?"
- 역할극 마지막에 질문들을 다시 살펴보라.
- **요약**: 역할극이 끝나면 다음과 같이 요약한다. "학교 위기대응 계획에 대한 기본적인 이해가 중요합니다. 위기대응 계획에 적합한 당신의 역할과 책임이

무엇인지 알아야 합니다."

• 과 제

"당신의 학교 위기대응 계획을 다시 살펴보라. 다음과 같은 상황을 도와주는 데 있어 당신의 책무를 목록으로 작성하라. 학교 출입 차단, 화나서 울고 있는 학생 돕기, 학생의 자살 언급에 대응하기, 학대를 보고하기 등"

다음에 제공되는 정보는 역할극 이후의 논의를 도울 수 있을 것이다.

유의점: 위기 상황에서 당신이 여유로운 시간을 가질 수 없는 것은 당연합니다. 역할극은 '자기에게 맞는 방법'을 생각할 수 있는 기회를 제공하고, 위기 상황에서 발생할 수 있는 긴급함, 강렬한 느낌을 경험할 수 있도록 합니다.

역할극 1: 당신은 초등학교 행정 직원이다. 당신은 최근(3주 전) 자동차 사고를 겪었던 학생(토미)과 함께 이야기를 하고 있다. 토미는 단지 가벼운 부상을 당했지만, 아버지와 어린 여동생은 심각하게 부상당했고 사고 직후 죽었다. 토미는 상담실에서 울고 있다. 당신이 이 상황에서 어떻게 반응할지 역할극을 하라. 다음의 질문을 생각해 보자.

- 당신의 반응에 영향을 줄 수 있는 어떤 정보들이 이 시나리오에 생략되어 있는가? 학생의 나이가 고려해야 할 중요한 요소다. 조력자로서 당신의 반응에 영향을 줄 수 있는 또 다른 요소는 이 학생을 얼마나 잘 알고 있는가 하는 것과 현재 울음을 촉발시킨 요소가 무엇인가 하는 것이다. 또한 시간대를 고려하는 것이 중요하다. 하루가 끝나 가는 시간이라면 학생이 무사히 집에 갈 수 있도록 준비시키는 것이 중요하다. 하루가 시작하는 시간이라면 교실로 돌아가는 것을 돕도록 해야 한다.
- 사무실 공간이 얼마나 어수선하고 시끄러운가? 아마도 당신은 전화를 받느라, 또는 다른 학생들이나 교사들을 돕느라 바쁠 수 있다. 당신이 행정 직원이므

로 상담자나 도울 수 있는 다른 성인에게 도움을 요청해도 된다는 것을 알아야 한다. 화를 내거나 우는 학생은 자신의 프라이버시가 지켜지지 않는다는 것에 압도될 수도 있고, 다른 사람들이 "무슨 문제 있니?"라고 묻는 것에 당황할 수 있다. 또 다른 한편으로, 바쁜 사무실 공간에서 다른 사람들의 주목을 즐길 수도 있다.

- **이 학생을 진정시키기 위해서 할 수 있는 전략은 어떤 것이 있는가?** 토미의 이야기를 듣는 것이 중요하다. 토미는 혼자가 아니며 당신이 토미를 위해 거기에 있음을 알려 주라. 이때 제4장에서 언급한 기본적 경청 기술을 사용하라.
- **만약 토미가 진정되어 우는 것을 멈추고 다시 교실로 돌아간다면, 당신은 토미가 사무실을 방문한 것에 대해서 다른 사람에게 알릴 필요가 있을까?** 교사나 상담자가 토미의 최근 상황을 지속적으로 아는 것은 중요하다.
- **토미가 진정되지 않고 계속 운다면 당신은 어떻게 해야 할까?** 토미의 문제를 해결하는 것은 당신의 책임이 아니다. 토미의 이야기를 잘 들어주고 지지를 보내면서 도울 수는 있지만, 심각한 문제에 대해서는 아니다. 당신이 해야 할 일은 비슷한 상황의 다른 학생과 마찬가지로 토미를 상담자에게 의뢰하는 것이다.
- **이 학생을 학교 정신건강 전문가(상담자, 사회복지사, 학교 심리학자)에게 의뢰할 것인가?** 만일 울음이 강렬하고 당신이 제공할 수 있는 이상의 추가적인 도움을 필요로 한다면, 토미를 전문가에게 의뢰하라. 정서적 어려움을 겪고 있는 학생에 대해서는 당신이 관찰한 것을 교사나 상담자에게 항상 알려 주어야 한다.

역할극 2: 당신은 중학교 교사다. 지금은 오후 3시다(학교 종료 벨이 울려서 학생들이 빠져나간 직후). 14세인 3명의 여학생들이 교실로 와서 당신에게 제시카가 "더 이상 삶의 의미가 없다고 생각한다."라고 말해서 그들이 제시카를 걱정하고 있다고 말한다. 제시카의 친구들은 그녀가 계속적으로 더욱 내성적이 되어 가며 지난 달 내내 슬퍼 보였다고 말한다. 교사로서 당신은 무엇을 할 것인가? 다음의 질문을 고려하자.

- **교사로서 제시카의 친구들에게 어떤 충고를 할 것인가?** 친구들끼리 서로 배려하

고 돕는 것은 중요하다. 하지만 심각한 일일 경우에는 성인이 도울 필요가 있다. 그러므로 성인에게 걱정하고 있는 것을 표현해야 한다. 상담자에게 말하고, 제시카의 부모나 보호자를 부를 것이라는 점을 이 학생들에게 알리라. 제시카에게는 이런 친구들이 있어서 정말로 행운이라는 점을 알게 하라. 또한 어떤 사람이 제시카만큼 우울해져 있다면 그건 다른 친구들이 줄 수 있는 것보다 더 많은 도움이 필요할지도 모른다는 점을 알게 하라. 이후 그 주에 제시카의 친구들을 체크하는 것이 중요하다. 필요하다면 상담자에게 이 친구들을 만나서 도움을 줄 수 있도록 요청할 수 있다.

- 학교 위기대응 계획에서는 학생이 자살 암시를 했을 때 교사가 무엇을 하라고 말하는가? 이러한 상황에서 어떻게 하는 것이 적합할지 결정하기 위해 학교 위기대응 계획을 읽으라. 만일 학교 위기대응 계획이 이런 중요한 정보를 포함하고 있지 않다면 학교 정신건강 전문가와 이야기하고, 학생이 자살에 대해 이야기했을 때 교직원이 무엇을 해야 할지 명확하게 하라.
- 제시카와 그녀의 부모/보호자와 좋은 관계를 맺고 있는가? 부모나 보호자의 비상연락망이 사무실에 있는가? 교사와 부모가 관계가 좋을 때, 문제 발생 시 부모에게 전화하기가 훨씬 더 쉽다. 교사는 부모에게 전문적인 도움을 받도록 권할 수 있다. 학생 안전에 문제가 있을 때에는 반드시 부모에게 알려야 한다.
- 학교 정신건강 전문가와 연락할 수 있고, 문제를 이야기할 수 있는가? 학교 정신건강 전문가는 이와 같이 어려운 상황에서 도움을 제공한다. 교사는 학생으로부터 자살 암시의 말을 들었을 때 반드시 상담자에게 이러한 우려를 표현해야 한다. 상담자가 같은 건물에 없으면 교장에게 이러한 상황을 보고해야 한다. 자살 암시는 즉각적으로 주목해야 한다. 자살 암시는 절대로 무시되어서는 안 된다.
- 만일 학생이 벌써 학교를 떠났다면, 당신은 어떻게 해야 하는가? 정신건강 전문가가 건물에 있는지 확인해야 한다. 이러한 상황은 즉각적 주목이 필수적이다. 만일 상담자나 학교 심리학자가 건물에 없으면 학교 위기대응 계획의 지침을 따라야 한다. 위기대응 계획에 긴급연락 번호 같은 것이 있을 수 있다. (긴급 번호는 전화번호부에도 적혀 있다). 학생이 말한 것에 대해 가능한 한 빨리

부모나 보호자에게 알려야 한다.

읽기 자료 추천

Athey, J., & Moody-Williams, J. (2003). *Developing cultural competence in disaster mental health programs: Guiding principles and recommendations.* Rockville, MD: U.S. Department of Health and Human Services.

Brock, S. E., Sandoval, J., & Lewis, S. (2001). *Preparing for crisis in the school: A manual for building school crisis response teams* (2nd ed.). New York: Wiley.

Canter, A. S., & Carroll, S. A. (Eds.). (1999). *Crisis prevention and response: A collection of NASP resources.* Bethesda, MD: National Association of School Psychologists.

Johnson, K. (2000). School crisis management: *A hands-on guide to training crisis response teams* (2nd ed.). Alanmeda, CA: Hunter House.

Pitcher, G. D., & Polnad, S. (1992). *Crisis intervention in the schools.* New York: Guilford Press.

Poland, S., Pitcher, G., & Lazarus, P. J. (1999). Best practices in crisis intervention. In A.S.Canter & S.A.Carroll (Eds.), *Crisis prevention and response: A collection of NASP resources* (pp. 69-86). Bethesda, MD: National Association of School Psychologists.

웹사이트

nces.ed.gov/

국가교육통계청(National Center for Education Statistics: NCES)

보충자료 2-1

미국 학교 내 다양성

학생들의 민족적 다양성

미국 학생들 중 40%가 유색 인종이다.

- 17% 아프리카계 미국인
- 16% 히스패닉계
- 4% 아시아계/태평양 섬 주민
- 1% 미국 본토인/알래스카 원주민

6개 주(캘리포니아, 하와이, 루이지애나, 미시시피, 뉴멕시코, 텍사스)에서 유색 인종의 학생 수가 유럽계 미국인 학생 수를 넘어섰다.

교사들의 민족적 다양성

- 84% 유럽계 미국인
- 9.9% 아프리카계 미국인
- 5.4% 히스패닉계

특수교육 내 교사들의 민족적 다양성

- 87% 유럽계 미국인
- 9.7% 아프리카계 미국인
- 2.4% 히스패닉계

학교 정신건강 전문가들의 민족적 다양성

- 학교 심리학자의 95%는 유럽계 미국인
- 10%는 다른 언어로 말함

학생들의 언어적 다양성

집에서 영어 외에 또 다른 언어를 사용하는 학생들

- 미국 학생들의 17%
- 캘리포니아 학생들의 25%

학교 내에서 사용하는 언어 수

- 시카고 학교에서는 200개의 언어 사용
- 플로리다 주 팜비치, 애리조나 주 템피, 텍사스 주 플라노, 일리노이 주 데스플레인즈, 테네시 주 녹스빌에서는 50개 이상의 언어 사용

출처: Melissa Allen Heath and Dawn Sheen (2005). Guilford Press의 허락하에 게재함.

보충자료 2-2

학교 위기대응 계획에 대한 질문들

- 위기대응 계획은 어디에 게시되어 있는가?
- 모든 교사가 교실에 위기대응 계획의 안내문을 가지고 있는가?
- 위기대응 계획이 마지막으로 개정된 시기는 언제인가?
- 학교의 전반적 위기 상황 동안에 이 학교 내 어떤 사람(들)이 책임을 지는가?
- 어떤 종류의 위기가 학교 위기대응 계획에 포함되어 있는가?
- 특별히 당신에게 명시된 임무가 있는가?
- 출입 통제 시 당신의 의무는 무엇인가?
- 출입 통제 시 관리인의 의무는 무엇인가?
- 당신의 학교는 비상연락망을 가지고 있는가? 만약 가지고 있다면, 그것은 어떻게 작용하는가? 비상연락망은 최신 것인가?
- 당신의 학교는 위기대응 팀이 있는가? 만약 있다면, 위기대응 팀에 누가 참여하는가?
- 의심되는 학대를 보고하는 것에 대한 언급이 위기대응 계획에 포함되어 있는가?
- 만약 뉴스 기자들이 학교 위기에 관해 취재한다면, 누가 그것에 관해 기자들과 이야기를 해야 하는가?
- 학교 위기대응 계획에서 자살에 대해 언급하고 있는 학생을 의뢰하는 것에 대한 정보를 제공하는가?
- 의료적 응급 상황일 때 누가 돕는가?
- 현재의 위기 상황에 대하여 교직원들이 경계태세를 갖추게 하기 위한, 교장이 사용하는 내무 비밀 단어나 보안 암호 단어가 있는가?
- 위기대응 계획은 자연재해에 관한 모든 정보를 포함하는가?(예: 홍수, 토네이도, 지진)

출처: Melissa Allen Heath and Dawn Sheen (2005). Guilford Press의 허락하에 게재함.

보충자료 2-3

위기 시나리오 역할극

내용: 위기 상황 동안 일반적으로 당신은 충분한 시간을 가지고 있지 않다. 이 활동에서 역할극은 당신에게 '당신의 입장에서 생각할' 기회를 제공하고, 문제를 해결하며, 위기 상황과 연관된 감정의 즉시성과 강도를 경험하기 위해 고안되었다.

역할극 1

당신은 초등학교 행정 직원이다. 당신은 최근(3주 전) 자동차 사고를 겪었던 학생(토미)과 함께 이야기를 하고 있다. 토미는 단지 가벼운 부상을 당했지만, 아버지와 어린 여동생은 심각하게 부상당했고 사고 직후 죽었다. 토미는 상담실에서 울고 있다. 당신이 이 상황에서 어떻게 반응할지 역할극을 하라.

생각해 볼 문제들:

- 당신의 반응에 영향을 줄 수 있는 어떤 정보들이 이 시나리오에 생략되어 있는가?
- 사무실 공간이 얼마나 어수선하고 시끄러운가?
- 이 학생을 진정시키기 위해서 할 수 있는 전략은 어떤 것이 있는가?
- 만약 이 학생이 진정되어 우는 것을 멈추고 다시 교실로 돌아간다면, 당신은 이 학생이 사무실을 방문한 것에 대해서 다른 사람에게 말할 필요가 있을까?
- 만약 이 학생이 진정되지 않고 계속 운다면 당신은 어떻게 해야 할까?
- 이 학생을 학교의 정신건강 전문가(상담자, 사회복지사, 학교 심리학자)에게 의뢰할 것인가?

역할극 2

당신은 중학교 교사다. 지금은 오후 3시다(학교 종료 벨이 울려서 학생들이 빠져나간 직후). 14세인 3명의 여학생들이 교실로 와서 당신에게 제시카가 "더 이상 삶의 의미가 없다고 생각한다."라고 말해서 그들이 제시카를 걱정하고 있다고 말한다. 제시카의 친구들은 그녀가 계속적으로 더욱 내성적이 되어 가며 지난 달 내내 슬퍼 보였다고 말한다. 교사로서 당신은 무엇을 할 것인가?

생각해 볼 문제들:

- 교사로서 제시카의 친구들에게 어떤 충고를 할 것인가?
- 학교 위기대응 계획에서는 학생이 자살 암시를 했을 때 교사가 무엇을 하라고 말하는가?
- 제시카와 그녀의 부모/보호자와 좋은 관계를 맺고 있는가? 부모/보호자의 비상연락망이 사무실에 있는가?
- 학교 정신건강 전문가와 연락할 수 있고, 문제를 이야기할 수 있는가?
- 만약 학생이 벌써 학교를 떠났다면, 당신은 어떻게 해야 하는가?

과제: 당신의 학교 위기계획을 다시 살펴보라. 다음과 같은 상황을 도와주는 데 있어 당신의 책무를 목록으로 작성하라. 학교 출입 차단, 화나서 울고 있는 학생 돕기, 학생의 자살 언급에 대응하기, 학대를 보고하기 등.

출처: Melissa Allen Heath and Dawn Sheen (2005). Guilford Press의 허락하에 게재함.

강의자료 2-1

위기대응 기술

도와주기

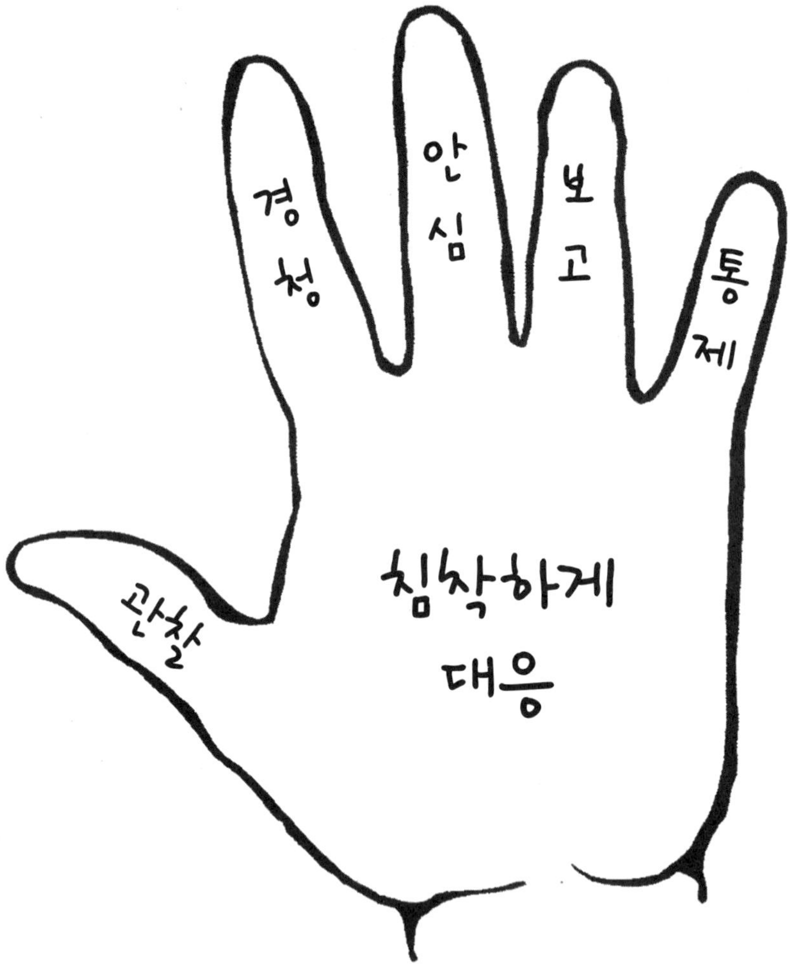

출처: Melissa Allen Heath and Dawn Sheen (2005). Guilford Press의 허락하에 게재함.

Chapter 3

의사소통

어떻게 듣고, 무엇을 말하며, 어떻게 반응하는가

정서적 지지를 제공하는 기본 기술

학생 및 성인에게 정서적 응급처치를 제공하는 것은 어떻게 효과적으로 의사소통을 할지를 아는 것과, 가장 중요한 어떻게 들을지를 아는 것으로 구성되어 있다. 좋은 의사소통 기술은 상담자나 심리학자의 것만이 아니다. 이러한 기술들은 학생들을 지지하는 데 매일 사용된다.

이 장에서는 효과적인 의사소통 기술들에 대해 다시 언급한다. 이러한 기술들 중 몇 가지는 쉽기 때문에 별다른 설명이 필요하지 않다. 그러나 어떤 기술들은 어렵기 때문에 더 많은 추가적 설명이 필요하다. 좋은 의사소통 기술은 정서적 응급 처치가 필요한 학생들을 지지하고 강화시키기 위한 방법을 제공한다(만약 당신이 교직원 훈련에 관한 의사소통 기술을 살펴보고자 한다면, 이 장의 끝 부분에 있는 〈강의자료 3-1〉 '바람직한 경청의 기본 요소'를 이용하시오).

가장 기본적인 경청 기술 중 하나는 '공감'이다. 사람들은 공감을 종종 잘못 이해하곤 한다. 어떤 사람들은 공감과 동정을 동일하다고 생각한다. 하지만 '동정'은 당신이 그 사람을 측은하게 여기는 것을 의미한다. 동정은 당신의 정서적 에너지를 소모시킨다. 그러나 공감은 사람들에게 힘을 준다. 이는 타인에 대해, 그리고 그들이 어떻게 생각하고 느끼는지에 대해 이해하기 위해 애쓰고 있다는 것을 의미한다. 공감은 다른 사람을 측은하게 여긴다는 감정을 포함하지 않는다. 당신이 어려움에 처한 다른 사람들을 도와줄 때—그 상황이 얼마나 심각한지는 중요하지 않다는 것을 기억하라—그 사람은 그 일을 딛고 일어설 힘을 얻음으로써 더 강하질 수 있다. 아동은 믿을 수 없을 만큼 회복력이 강하다. 공감은 다른 사람으로 하여금 자신이 배려받고 있고 이해받고 있다고 느끼도록 도와줄 것이다.

집중하여 경청하고 학생에게 당신의 온 관심을 집중시킴으로써 '당신의 관심을 보여 주라.' 학생의 눈높이에 위치하라. 즉, 학생의 진술을 반영하는 이해심 있는 표현을 하며 반응하라. 반영적인 진술은 당신의 방식에 맞추어야 하지만, "정말 힘들었겠다."나 "OO가 지금 이 순간 힘든 시간을 겪고 있구나."와 같은 표현을 포함할 수 있다. 때때로 당신의 관심과 우려는 당신이 사용한 실제 단어들보다는 당신이 그것을 '어떻게' 말하는지에 의해 더 잘 설명된다.

좋은 의사소통 기술의 또 다른 특성은 '정직함'이다. 무엇을 말하는지와 어떻게 반응하는지에 대해 정직하다는 것은 신뢰를 쌓기 위한 장기적인 방법이다. 학생들은 위선과 허위를 매우 민감하게 탐지한다. 사람이 진실할 때 건강한 관계를 지지하는 신뢰의 바탕이 형성된다.

종종 학생들이 위기 상황에 있을 때, 그들은 고립감과 외로움을 느끼고, 누군가가 자신의 걱정을 떨쳐 버리고 '자신감'을 가질 수 있도록 도와주기를 원한다. 따라서 "너는 혼자가 아니야."나 "나는 너를 위해 여기 있어."와 같은 말로 안심을 시켜야 한다. 특히 학생의 개인적 문제를 다룰 때는 학생과 연결되어 있음을 느낄 수 있게 하는 것이 필요하다. 고립감을 감소시키고 학생을 학교생활에 참여시키는 제안들로는 다음과 같은 것들이 있다. 점심시간을 위한 친구 집단 만들기, 학생이 상담자에게 도움을 받을 수 있도록 훈련시키기, 학생을 위한 멘터링 프로그램 제공하기, 특별한 요구를 가진 학생을 도와주기 위해 학생 자원봉사자 활용하기, 모든 학생이 학교 활동에 소속되어 있음을 느낄 수 있는 학생 지원망 제공하기,

학생들의 지원과 상호작용을 증가시키기 위한 학교계획위원회에 학생 집단 포함하기 등.

전문가에게 의뢰하기

모든 교직원과 교사는 학생 문제를 상담자나 정신건강 전문가에게 의뢰하기 위한 지침을 숙지하여야 한다. 학생이 자기 자신이나 다른 사람들의 안전을 위협할 정도로 위험한 상황에 있을 경우, 만약 그 학생이 당신에게 그것을 비밀로 지켜 달라고 했을 경우라 할지라도, 당신은 그 사례를 전문가에게 의뢰해야 한다. 또한 극단적인 행동이나 비정상적인 행동을 보이는 학생은 정신건강 전문가에게 의뢰되어야 한다.

의사소통 기술 강화시키기

만약 당신이 의사소통 기술을 강화시키길 원한다면, 피해야 할 말이 있다. 그것은 "나는 네가 무엇을 말하고자 하는지 다 안다."라고 말하는 것이다. 아무도 다른 사람의 고통을 전부 이해하지는 못한다. 인간 개개인을 모두 특별하며 한 개인으로서 여겨져야 한다. 그러나 "나는 당신이 무엇을 경험하고 있는지 이해하려고 노력하는 중이다."라고 말하는 것은 적절하다.

'넘겨짚기(one-upping)'는 피해야 한다. 즉, 그 학생의 경험을 추론하여 최소화시킨 개인의 이야기를 말하는 것을 피해야 한다. 다시 말하면, 아픔과 고통에 관한 당신의 이야기는 학생의 상황보다 더 심각하다. 다른 사람을 도울 때 당신의 개인적인 이야기는 하지 않는 것이 좋다. 상대방은 자신의 이야기를 들어줄 좋은 경청자를 필요로 하지, 설교나 세세한 경험을 이야기하려는 사람은 원하지 않는다.

부적절한 경계를 조심한다. 적절한 정서적 거리를 지키고 지나치게 개입되는 것을 피하는 것이 좋다. 부적절한 경계의 적신호는 평정을 잃는 것, 학생이 당신에게 지나치게 의지하게 두는 것, 학생이 정서적 문제나 가족 문제를 상의하기 위해 당신의 집으로 전화를 하게 내버려 두는 것, 학생을 보호하기 위해 보고되어야 하는 비밀을 유지하는 것(예: 자살 언급, 학대 문제) 등을 포함한다. 비밀을 끝까지 지키겠다고 약속하지 '마라.' 학생의 복지와 안전은 비밀 유지보다 더 중요하다. 때때로 성인은 자신에게 커다란 고통을 야기한 과거의 개인적 경험 때문에 부적절한 경계를 보인다. 이들은 학생의 문제와 지나치게 동일시하여 자신의 균형감각을 잃게 된다. 관계의 경계를 설정하는 것이나 더 광범위한 지원을 요구하는 학생에게 전문적인 도움을 받게 하는 것은 매우 중요하다.

위기에 처한 학생에게 귀 기울이기: 기본적인 경청 기술

유의점: 다음의 내용은 현직 교사와 교직원을 대상으로 한 프레젠테이션 형식으로 구성될 수 있다. 이 장의 끝 부분에 정보 요약의 용도로 〈보충자료 3-1〉을 제공하였다. 〈활동지 3-1〉과 〈활동지 3-2〉는 이 훈련에 포함된다.

학생들은 종종 교사나 교직원에게 자신의 실망감이나 염려를 나눈다. 화가 나거나 감정적일 때, 학생들은 자신이 신뢰하는 누군가에게 이야기를 하는 것에 더 편안함을 느낄지 모른다. 비록 교사나 교직원이 훈련받은 상담자는 아니지만, 그들은 좋은 경청자가 되어 줄 수 있다. 교사와 교직원이 학생들의 지지자가 될 수 있도록 준비시키기 위해서는, 그들에게 경청의 기술을 가르치는 것이 중요하다. 다음의 기술들에 관한 개관은 그들이 학생들에게 더 좋은 지원을 제공하는 데 도움이 될 것이다.

위 치

학생들이 편안하게 느끼도록 돕는 것은 중요하다. 당신이 그들과 바로 여기에 함께 있다는 메시지를 전달하기 위해 당신의 눈높이를 학생에게 맞추도록 한다.

그들 가까이에 머무르되, 적절한 개인 공간은 주어야 한다. 또한 학생들의 다양성에 민감해야 한다. 어떤 학생은 권위자 혹은 성인에게 존경심을 보이기 위해서 눈 맞춤을 피할 수 있다. 그러나 어떤 상황에서는 불편하고, 두렵고, 불신감이 있기 때문에 눈 맞춤을 피할지도 모른다.

어떤 학생은 앉아서 이야기하는 것이 편할 수 있지만, 어떤 학생들, 특히 남학생들은 복도나 운동장을 거닐면서 이야기하는 것을 더 편안하게 느낄 수 있다. 학생이 손으로 잡을 수 있는 고무공(stress ball), 특별한 볼펜 또는 다른 작은 물건을 가지고 있으면 좋다. 활동적인 학생들은 손을 바쁘게 놀리면, 불안에 의한 긴장이 줄어들고, 이야기하는 것을 좀 덜 꺼려하게 된다.

신체언어

경청을 하기 위해서 성인은 걱정되는 마음을 비우고 학생이 무슨 말을 하고 행동을 하는지 집중할 수 있어야 한다. 듣는 사람은 ① 자기 스스로의 표정과 몸짓을 인식하고 있어야 하고, ② 침착함을 유지해야 하며, ③ 학생의 상황에 대해 과도하게 반응해서는 안 된다.

성인은 학생의 신체언어를 통해 근심의 조짐이나 말과 행동 간의 불일치 등을 인식할 수 있어야 한다. 신체언어라는 비언어적 메시지를 관찰하는 것은 학생의 말을 경청하는 것만큼 중요하다.

영화 〈이보다 더 좋을 순 없다(As Good as It Gets)〉는 위기 상황에서 어떻게 사람들이 과도한 반응을 하는지를 보여 주는 좋은 예시다. 영화는 병실에서 시작된다. 예술가 사이몬은 침실에 누워 있고, 붓고 멍이 든 그의 얼굴은 일그러져 있으며, 검은 실로 꿰맨 십자 모양의 상처가 나 있다. 그의 친구 재키가 방으로 걸어 들어온다. 그러나 그녀는 아직 사이몬의 상처의 심각성을 깨닫지 못한다. 그녀는 방에 들어와 긍정적인 모습을 보이기 위해 노력하며 사이몬에게 쾌활하게 인사를 건넨다. "잘 지냈어, 대장?" 그녀는 사이몬이 누워 있는 침대 옆으로 걸어가 그의 얼굴에 상처가 있다는 것을 처음으로 발견한다. 그녀는 숨을 잘 쉬지 못할 정도로 흐느끼며 사이몬의 흉측한 얼굴에 경악한다. 사이몬은 그녀의 반응을 주의 깊게 바라본다. 그의 공포는 증가한다. "나는 아직 내 모습을 보지 못했어. 너의 반응으로 내 상태가 어느 정도인지 알 수 있을 것 같아……."라며 가느다랗게 시인한다. 그때, 예술품 딜러인 프랭크가 문을 열고 들어온다. 그는 사이몬의 얼굴을 본 후, 대화를 멈추고, 공포스러운 비명을 지르며 의자에 털썩 주저앉는다.

재키와 프랭크의 반응은 모두 극적이다. 이러한 예시는 다른 사람이 힘을 필요로 할 때 평온함을 유지하는 것이 얼마나 중요한지를 보여 준다. 영화의 이 장면의 끝에서 사이몬은 재키에게 거울을 달라고 요청한다. 그는 거울로 처음으로 자신의 얼굴을 천천히 그리고 슬프게 바라본다. 사이몬의 반응을 바라보는 재키의 얼굴에는 눈물이 흐른다.

◘ 비디오 클립 사용하여 신체언어 기술 보여 주기

교사 연수에서 〈이보다 더 좋을 순 없다〉 영화의 병원 장면을 보여 주기에 앞서, 이 영화의 간략한 줄거리를 알려 준다. 그리고 비디오 클립의 몇 가지 구체적 내용을 소개한다. 비디오 클립을 보여 주기 전 몇 가지 질문을 한다.

- 담당자들은 침착성을 유지하나요?
- 그들의 얼굴 표정을 어떻게 묘사할 수 있을까요?

동영상을 보여 주고 나서, 교사들에게 재키와 프랭크의 신체언어를 평가해 볼 것을 요청한다. 그리고 예상치 못한 상황에 대처할 수 있는 전략에 대해 토론하라. 어떻게 과민 반응으로부터 당신 자신을 통제할 수 있을까? 침착함을 유지하는 것의 중요성을 보여 줄 수 있는 예시를 생각해 보라.

극도의 스트레스 상황에서, 교사와 교직원은 침착함을 유지해야 한다. 그들의 지지는 학생들의 안정을 고정시키는 닻이 될 것이다. 아동을 담당하는 성인이 자신의 감정을 통제하지 못할 때, 위기 상황은 급속도로 악화된다. 학생들은 안전감을 얻기 위해 자기 곁에 있는 성인에게 의지한다.

언 어

위기 상황이나 개별 학생이 비협조하는 대화 상황 같은 긴장된 상황에서는, 성인이 학생에게 '어떻게' 말하느냐가 중요하다. 비록 어떤 경우에는 언성을 높여야 할 필요도 있지만, 부드럽고 침착한 목소리는 감정적 상황을 더 잘 가라앉히는 경향이 있다. 단어 하나하나를 강조하며 천천히 말하도록 한다. '시소' 규칙의 두 영역을 기억하라(〈강의자료 3-2〉 참조). 학생의 목소리가 커질수록 당신의 목소리는 부드러워져야 하고, 학생의 말이 빠를수록 당신의 말은 느려져야 한다.

학생이 통제 불능일 때, 성인은 통제를 유지해야 한다. 개인적으로나 학교 전반적으로 위기 상황에 처했을 때 학생들은 의지할 것을 찾는다. 따라서 성인은 믿을 수 있고 진실해야만 한다. 말은 중요하다. 학생의 경험을 타당화하는, 예를 들면 "정말 힘들겠구나." 혹은 "너에게 너무 어려운 시간이겠구나."와 같은 돌봄의 진술을 사용하라. 그리고 "넌 혼자가 아니야." 혹은 "내가 너를 위해 여기에 있어." 등의 말로 학생을 안심시키도록 한다.

행동 계획

학생을 수동적인 희생자 단계에서 주도적인 단계로 이끌어 주는 것은 중요하다. 학생과 이야기한 후에 다음과 같은 질문을 함으로써 학생이 다음 단계로 가는 것을 도울 수 있다. "지금 이 상태에서 우리는 어디로 갈까?" 만약 문제가 극단적이거나 상황이 전문적 주의를 요한다면, 학교 정신건강 전문가에게 조언을 구하는 것이 좋다. 이런 경우에는 "우리는 정말로 어려운 일에 대해 이야기했어. 네가 염려하는 것에 대해 상담자 선생님과 함께 좀 더 이야기해 보자."라고 말한다.

만약 정상적인 적응 문제이기 때문에 전문적 지원이 필요치 않다면 학생이 다른 친구나 성인과 이야기해 보도록 격려해 준다. "너의 걱정을 누구에게 털어놓을 수 있을까?"라고 물어보라. 항상 그들이 혼자가 아니라는 것을 알게 해 준다. 다른 누군가가 그들을 도울 수 있고, 또 도와줄 것이다.

후속 조치

학생과 이야기한 후에, 학생을 위해 당신이 앞으로도 함께할 것이라는 것을 알게 하는 것은 중요하다. 다시 만날 수 있는 시간과 장소를 합의하도록 한다. 당신은 "우리 내일 수업 마치고 다시 이야기하자."라고 말할 수 있을 것이다. 만약 학생의 문제가 심각하다면 당신은 학교 정신건강 전문가와 상의해야 한다. 상담자는 학생이 상담을 통해 유익을 얻을 수 있을지 혹은 부모에게 알려야 할지에 대한 결정을 도울 수 있다. 학교의 정신건강 전문가는 어려운 문제에 봉착한 교사와 교직원들을 돕기 위해 훈련받은 사람이다.

영화 〈고독한 스승(Lean on Me)〉은 행동 계획과 후속 조치의 좋은 예를 보여준다. 조 클라크 교장이 감정적인 학생인 카네사를 학교 복도에서 상담하는 장면을 보여 주는 비디오 클립은 교장이 어떻게 학생을 수동적인 희생자 역할에서 적극적인 문제해결자 역할로 발전하게 도와주는지를 보여 준다.

배경: 영화 〈고독한 스승〉은 뉴저지에 있는 이스트사이드 고등학교의 아프리카계 미국인 교장인 조 클라크의 실화를 바탕으로 제작되었다. 그는 엄한 사랑(tough-love)으로 교육하는 것을 옹호하는 사람이었다. 그의 리더십 아래 폭력, 범죄, 마약 그리고 낮은 학업 성적 등의 문제가 사라지고 학구적인 분위기가 형성되었다. 그의 좌우명은 "만약 네가 삶에서 성공하지 못한다면, 스스로를 탓하라." 였다.

이 비디오 클립은 정보 수집부터 구체적인 행동 계획과 후속 조치까지 진행하는 것을 보여 주는 훌륭한 예시다. 비록 교장은 엄하고 직설적으로 말하지만, 그는 학생 및 그의 가족과 오랫동안 알고 지낸 사이였다. 비록 그는 돌봄과 공감이 완벽한 사람은 아니었지만, 카네사가 자신의 껍데기를 깨고 이야기를 할 수 있게 효과적으로 이끌었다. 교장은 그녀를 이름으로 불렀다. 그들의 이전 관계를 상기시키며, "나는 너를 오랫동안 잘 알고 지냈잖니."라고 말한다. 그리고 그는 그녀의 강점에 주목하고, 똑똑한 소녀라고 말해 준다.

고작 몇 마디를 나누면서 그는 카네사의 마음에 있는 문제에 닿을 수 있었다.

카네사는 양부모의 집으로 갈 위험에 처해 있었다. 교장이 그녀와 그녀의 가족에 대해 알고 있었기 때문에 카네사는 교장을 신뢰했다. 카네사가 울 때, 그는 방향을 제시하였고, 문제를 해결하기 시작했다. 그는 카네사의 팔을 붙잡고, "나랑 함께 가자. 내가 어떻게든 해 보마."라고 지지해 주었다. 그는 카네사와 함께 곧장 상담자에게 갔다. 학생이 보는 앞에서, 클라크 교장은 상담자에게 학생의 정보가 들어 있는 파일을 꺼내 그녀와 이야기를 해 달라고 요청하였다. 그러고 나서 "끝나고 나에게 오렴."이라고 말했다.

다음 장면에서는 교장과 상담자가 카네사의 집을 방문한다. 어머니는 오랫동안 지역사회의 일원이었던 교장을 알아보았다. 비록 영화는 교장을 둘러싼 많은 논란을 부정하지는 않지만, 그가 학생들에게 최선의 것을 주길 원하는 것을 보여 준다. 카네사와 그녀의 어머니는 교장으로부터 지지를 받는다는 것을 느꼈다. 그는 학생이 이 위기를 잘 넘길 수 있도록 효과적으로 도왔다.

학교가 가족들과 긍정적인 교류를 지속적으로 하고 있을 때, 교직원은 문제를 가진 학생을 매우 효과적으로 도울 수 있다. 관계를 형성하는 데 시간을 들이는 것보다 더 좋은 방법은 없다. 매일 학생들과 만나는 것은 끈끈한 관계를 형성하고 지원의 확장된 기초를 설립하는 데 도움이 된다. 이러한 지원을 통해 학생은 자신의 심정에 관심을 가져주는 교사나 교직원에게 문제를 이야기하는 데 편안함을 느낀다. 매일 만남을 갖는 것 역시 행동 계획과 후속 조치를 만드는 데 좋다.

경청 기술 가르치기

짧은 비디오 클립을 보여 주는 것은 주요한 의사소통 기술을 가르치는 데 저렴하고 효과적이며 재미있는 방법이다. 다음에는 경청의 기술을 보여 주는 간략한 대화가 담긴 몇몇 비디오 클립을 제시하였다. 각 시나리오 안에서의 과장된 상호작용의 예시들은 경청 기술을 좀 더 쉽게 관찰하고 비판하도록 돕는다. 비디오 클립을 보기 전에 〈보충자료 3-1〉 '위기에 처한 학생에게 귀 기울이기: 기본적인 경청 기술'을 다시 보라. 이 자료는 경청 기술의 다섯 가지 기본적 요소를 나열하고 있다.

추가적으로 역할극과 기술에 대해 토론하여 배움의 과정을 확장시킬 수 있다.

성공적인 비디오 클립의 사용은 발표자의 발표를 조직하는 기술에 달려 있다. 교육을 하기 전에 각 비디오 클립이 때에 맞추어 나올 수 있도록 준비한다. 〈표 3-1〉은 비디오 클립이 시작하고 마치는 부분을 가리킨다. 클립을 보여 주기 전에, 배경지식으로 간단한 줄거리를 이야기해 준다. 주의 집중을 돕기 위해, 클립을 보여 주기 바로 직전에 주요한 부분을 알려 준다. 클립을 상영하고 나서 요점에 대해 간략하게 토론을 한다. 각 비디오 클립에서 묘사된 경청 기술을 평가하는 것을 돕기 위해, 〈활동지 3-1〉과 〈활동지 3-2〉를 제공한다. 이러한 활동지는 효과적인 경청의 주요한 관점을 쉽게 검토할 수 있게 체크리스트를 포함하고 있고, 추후 구조적인 논의할 수 있도록 돕는다.

표 3-1 경청 기술을 위한 비디오 클립 틀어 주기

비디오(클립의 길이)	클립 설명	시작	끝
이보다 더 좋을 순 없다 (As Good As It Gets) (60초)	병원 침대 장면, 얼굴에 상처를 입은 사이몬 영화 시작 후 20분 시점부터 클립이 시작된다. DVD로는 프레임 6/28의 24초 시점	재키가 병실에 들어온다. 사이몬은 침대에 누워 있다. 재키가 "좀 어때, 대장?"이라고 말하기 바로 전에 클립을 시작한다.	재키와 프랭크가 사이몬의 흉터가 난 얼굴을 보고 과잉 반응을 보인 후, 사이몬은 재키의 손거울로 자신의 얼굴을 들여다본다. 재키가 사이몬에게 거울을 준 후 바로 클립을 멈춘다.
고독한 스승 (Lean on Me) (70초)	교장과 카네사가 학교 복도에 있는 긴 의자에 앉아 있다. 영화 시작 후 45분 시점부터 클립이 시작된다.	복도에서 마약 거래인과 다툰 후, 교장은 다시 교장실로 돌아온다. 카네사는 교장실 밖에 있는 긴 의자에 앉아 있다. 교장은 복도 반대편에 앉아 있는 카네사를 보고는 교장실 문을 닫는다. 그들의 대화가 시작되기 바로 전에 클립을 시작한다.	교장은 상담자에게 카네사를 위해 무엇이 필요한지 알려 준다. 상담자가 "이리 오렴, 카네사."라고 말하면 바로 클립을 멈춘다.

굿바이 뉴욕, 굿모닝 내 사랑 (City Slickers) (105초)	미치와 필이 함께하는 텐트 장면 영화 시작 후 78분 시점부터 클립이 시작된다. DVD로는 프레임 14/16의 45초 시점	필은 깡패의 머리에 총을 겨눈 후, 텐트 안으로 들어간다. 미치가 필 앞에서 무릎 꿇고 있을 때 클립을 시작한다.	필이 "나는 혼자야……." 라고 말한 후, 두 남자가 텐트를 찾아와 대화를 중단시킨다. 필과 미치의 대화가 중단될 때 비디오를 멈춘다.
크리스마스 스토리 (A Christmas Story) (125초)	산타 무릎 위에 앉아 있는 랠피 영화 시작 후 68분 시점부터 클립이 시작된다. DVD로는 프레임 24/32	랠피는 산타와 이야기하고 싶어서 줄을 서고 있다. 랠피가 산타의 무릎 위에 앉을 차례가 오면 클립을 시작한다.	랠피가 크리스마스에 '진짜' 받고 싶어 하는 게 무엇인지 말한 후, 미끄럼틀 밑으로 밀어진다. 그가 미끄럼틀 밑으로 도착했을 때 멈춘다.
이보다 더 좋을 순 없다 (As Good As It Gets) (95초)	한밤중에 먹는 중국식 스프 영화 시작 후 56분 시점부터 클립이 시작된다. DVD로는 프레임 16/28의 30초 시점	맬빈은 한밤중에 중국식 스프를 사이몬에게 가져다준다. 맬빈은 사이몬의 문을 두드린다. 사이몬이 문을 열 때 클립을 시삭한다.	맬빈은 "이런 시간을 보낸 것은 참 잘한 거 같아요. 당신과 이야기할 수 있어서 좋았어요."라고 말한다. 맬빈은 일어나서 문밖으로 나간다. 사이몬이 혼자 벤치에 앉아 있을 때 클립을 멈춘다,

비디오 클립: 〈굿바이 뉴욕, 굿모닝 내 사랑〉

영화 〈굿바이 뉴욕, 굿모닝 내 사랑(City Slickers)〉에서는 세 친구들이 힘든 삶을 벗어나 소 떼를 몰며 휴가를 즐기기 위해 뉴멕시코 주로 간다. 뜨거운 날씨, 가혹한 상황, 그리고 비열한 깡패들이 그들을 미치기 일보 직전까지 가게 한다. 이 영화의 비디오 클립은 경청 기술의 좋고 나쁜 예를 둘 다 보여 준다. 특히 이 클립은 위기에 처한 사람이 들어야 할 두 가지의 메시지를 포함하고 있지 않다.

① 위기에 처한 사람이 어려움을 느끼고 있다는 것을 인정해 주는 것이 중요하다. 절대로 "별로 나쁘지 않네."라는 식으로 그의 감정을 경시하지 말라. 공감을 보여 주기 위해서는 감정의 타당화가 가장 중요하다. 좋은 청자는

"그거 정말 힘들겠다." 혹은 "지금 너한테 모든 것이 참 힘들겠구나."라고 말한다.

② 좋은 청자가 위기에 처한 사람에게 또 표현하는 중요한 메시지는 "너는 혼자가 아니야. 내가 널 위해 여기 있어."다. 많은 경우, 어려움을 겪는 사람은 소외감을 느끼고 혼자라고 생각한다. 그는 아무도 자신의 고통에 대해 관심이 없다고 느낄 수도 있다. 이런 감정들에 대항하려면, 청자는 "나는 널 위해 여기 있고 너에 대한 깊은 관심이 있어."라고 반드시 표현해야 한다. 개인이 지지받는다는 느낌을 받는 것이 중요하다.

이 비디오 클립에서는 모두가 지쳐 있다. 소 떼를 모는 것을 지휘하는 고압적인 사람들은 휴가 온 미숙한 이들을 괴롭힌다. 보통 온순하고 태도가 부드러운 필조차도 깡패들을 위협하고 분노에 가득 차서 한 깡패의 머리에 총을 겨눈다. 필은 깡패를 진압하고는 바로 그의 총을 들고 텐트 안으로 돌아간다. 그는 자리에 앉는다. 그의 두 친구들, 에드와 미치도 그를 따른다. 그들은 필에 대해 걱정한다. 그는 정신 쇠약증에 걸릴 것같이 보였다.

여기까지 영화를 보여 주라. 미치(Billy Crystal)가 필 바로 앞에 무릎 꿇고 앉는 부분부터 클립을 시작하라. 여기서 매우 강렬한 대화가 오간다. 처음에는 필이 자신은 괜찮다고 말을 하다가, 미치가 듣고 있자 필은 속마음을 털어놓는다. 필은 자신의 삶을 완전 엉망이라고 표현한다. 그는 총을 주시하며 말하다가 결국 울기 시작한다. 미치는 필을 위로하려고 노력한다. 필은 감정을 주체하지 못하고 그의 삶이 왜 그렇게 끔찍한지 구체적으로 이야기한다. 미치는 필에게 "그리 나쁘지 않네."라고 얘기한다. 대화의 끝 무렵, 필은 "나는 정말 혼자야."라고 말한다. 미치의 지지하는 반응 없이, 이 말은 침묵 속에서 대롱대롱 매달려 있다. 두 남자가 문 앞으로 오자 대화가 중단된다. 여기서 클립을 멈추라.

〈굿바이 뉴욕, 굿모닝 내 사랑〉의 클립은 〈활동지 3-1〉에 이미 평가가 되어 있다. 클립을 보여 준 후, 나머지 비디오 클립들을 어떻게 평가할 것인지를 보여 주기 위해 활동지에 나와 있는 논평을 검토하라. 경청 기술에 관해 긍정적이고 부정적인 점을 모두 논의하라. 무엇이 좋았는가? 무엇이 안 좋았는가? 그리고 두 약점—미치가 "별로 나쁘지 않네."라고 얘기했을 때와 필이 "나는 정말 혼자야."라고 말한 것에 대해 미치가 반응하지 않았을 때—에 대해 논의하라.

비디오 클립: 〈크리스마스 스토리〉

이 영화는 장난감 총(Genuine Red Ryder Carbine Action 200-Shot Lightning Loader Range Model Air Rifle: Red Ryder BB Gun)을 얻는 목적에 푹 빠져 있는 아홉 살짜리 랠피에 관한 것이다. 그의 부모를 포함한 안전지상주의의 어른들은 이 총이 안전하지 않다고 랠피에게 계속 상기시켜 준다. "잘못하면 눈 다친다."라는 말을 계속해서 듣는 그는 불만이 점점 쌓여 간다. 부모에게 몇 번이나 자신의 요청을 거절당한 후, 랠피의 마지막 희망은 산타에게 요청하는 것이었다.

비디오 클립은 산타에게 크리스마스에 무엇을 받고 싶은지 이야기하기를 간절히 기다리는 아이들로 꽉 찬 긴 줄에 랠피와 그의 동생이 서 있는 것으로 시작된다. 크리스마스 전야 9시였고 가게는 문을 닫는다. 요정들은 줄을 더 빨리 움직이게 하기 위해 아이들을 앞으로 잡아당겼다. 그들은 아이들에게 "움직여."라며 소리치고 꾸물거리지 말라고 지시했다. 겁이 난 아이들은 소리를 질렀다. 마침내 랠피의 차례가 왔다. 짜증 난 요정은 랠피를 계단 위로 끌어당겼고 산타의 무릎 위에 쿵하고 내려놓았다. 긴장이 가득한 장면이다. 이 〈크리스마스 스토리〉의 비디오 클립을 보여 주기 전에 다음 질문을 먼저 물어보도록 하라.

- 산타와 요정들은 랠피의 이야기를 어떤 식으로 들었는가?
- 산타의 안건은 무엇인가?
- 랠피가 산타에게 드디어 그가 크리스마스 때 무엇을 정말 원하는지 이야기했을 때 산타는 어떻게 반응하였는가?

클립을 보여 주라. 그리고 참여자들에게 〈활동지 3-2〉의 〈크리스마스 스토리〉 부분을 완성하게 하라.

비디오 클립의 개요: 이것은 랠피가 장난감 총을 가지게 될 수 있는 마지막 희망이었다. 요정들은 랠피를 보고 서두르라고 압박을 가한다. 산타는 되풀이하여 "호호호!" 우렁찬 소리를 내고 있다. 요정들은 다시 재촉한다. "서둘러. 가게가 문을 닫고 있잖아. 기다리는 사람들이 많아." 당황한 랠피는 자신이 크리스마스 때 무엇을 원하는지 잊어버렸다. 랠피는 혼란에 빠져 산타가 제안하는 것—미식축구 공—에 그만 동의하고 만다. 랠피는 곧 산타의 무릎 위에서 쫓겨나고 미끄럼틀 아래로 밀어진다. 산타를 향해 온 힘을 다해 "안 돼."라고 외치며 미끄럼틀 위로 올라가려고 한다. 그리고 그는 장난감 총을 원한다고 말한다. 랠피의 간절하고 희망에 가득 찬 요청에 산타는 랠피가 두려워하는 말을 무미건조하게 말한다. "잘못하면 눈 다친다. 메리크리스마스. 호호호." 산타는 자신의 부츠로 랠피의 얼굴을 밀어 버린다. 랠피는 "안 돼."라고 외치며 미끄러진다. 패배한 그는 미끄럼틀 아래에 있는 가짜 눈 위에 누워 있다.

산타와 랠피의 상호작용을 〈활동지 3-2〉에 나와 있는 다섯 가지 경청 기술을 생각하며 평가해 보라. 참여자들의 반응을 논의하라.

① 위치: 처음에 산타와 랠피는 같은 눈높이에 있었지만 랠피는 불편했다. 개인 공간이 충분하지 않았다—산타의 얼굴은 랠피의 얼굴 바로 앞에 있었다.

② 신체언어: 산타는 자신의 마음을 비우고 아이에게 집중하지 않았다. 그는 인내심이 없었고, 랠피를 재촉했다. 산타의 마음속에는 한 가지 생각—일을 마치는 것—밖에 없었다. 그는 랠피의 신체언어에 관심을 기울이지 않았다. 랠피는 긴장해서 자신이 무엇을 말하고 싶었는지도 잊어버렸다. 랠피에게 조금 더 말할 시간을 주는 대신, 산타는 랠피를 재촉하고 심지어는 미식축구공을 받으라고 대신 결정해 주기까지 했다.

③ 언어: 산타의 말은 성급했고 시끄러웠다. "호호호." 산타는 랠피의 긴장감이나 장난감 총에 대한 그의 간절함에 대해 공감을 보여 주는 배려 있는 언어를 사용하지 않았다. 산타의 언어는 "난 상관없어."라는 태도를 보여 주었다.

④ 행동 계획: 산타는 랠피를 위한 아무런 행동 계획이 없었다. 산타의 마음속에는 한 가지 생각—기다리는 아이들을 얼른 다 만나고 그날 밤 일을 마치는

것—밖에 없었다. 산타는 문제해결 전략에 도움이 되지 않았다.

⑤ **후속 조치**: 산타는 후속 조치에 대한 아무런 계획이 없었다. 그는 랠피에게 자신이 미래에 그를 위해 있어 줄 것이라고 말해 주지 않았다.

비디오 클립: 〈이보다 더 좋을 순 없다〉

이 영화 클립은 우울증을 갖고 살면서 느끼게 되는 절망감과 피곤함의 좋은 예를 제공한다. 이는 또한 좋지 않은 경청 기술의 예도 보여 준다. 비디오 클립을 보여 주기 전에 장면에 대한 간략한 배경을 설명해 주라.

배경: 새벽 3시 22분이다. 맬빈은 슬리퍼를 신고 아파트 복도를 가로질러 그의 이웃(사이몬)에게 중국식 수프를 가져다주러 간다. 사이몬은 우울해하고, 심각한 부상 후 요양을 하려고 집에 틀어박혀 있다. 몇 주 전 강도가 그의 집을 침입해 그에게 그런 부상을 입혔다. 치료비는 그의 통장 잔액을 축냈다. 그는 살아갈 이유가 없다고 느낀다. 이 두 남자가 서로 대화를 하는 것이 아니라 일방적으로 서로를 향해 말하는 모습을 관찰하라. 더 정확하게 말하자면, 그들은 그들 자신에게 말을 하고 있다. 그들의 대화는 평행선을 그리고 있었다.

사이몬이 문을 열 때 비디오 클립을 시작하라. 맬빈이 사이몬으로부터 어떻게 자신의 위치를 정하는지 살펴보라. 더 구체적으로는, 시선 마주침(eye contact)과 신체언어에 집중해 보라. 맬빈의 말도 주의 깊게 들어 보라. 배려 있고 안심시키고 지지하는 말로 사이몬의 어려운 상황에 대해 이해하고 인정하는 것을 보여 주고 있는가? 사이몬이 느끼는 고통을 반영하는 관심 어린 말을 하는지 잘 들어 보라. 그들의 대화가 어떻게 끝나는지도 살펴보라. 맬빈이 걸어 나가고 사이몬이 벤치에 혼자 앉아 있는 장면에서 비디오 클립이 끝난다.

클립을 보고 나서 〈활동지 3-2〉를 사용하여 적고 다음 사항을 논의하라.

① **위치**: 맬빈이 들어와서 사이몬과 함께 벤치에 앉아 그들 사이에 중국식 수프를 두었다. 같은 위치에 자리 잡았지만 맬빈은 앞만 주시하며 사이몬과 시선

을 마주치지 않았다.

② **신체언어**: 맬빈은 자신만의 근심으로 가득 차 있었고, 자신의 감정만 인식하고 있었다. 그는 사이몬의 눈에 확실히 보이는 불편한 신체언어조차도 무시했다. 사이몬은 누가 봐도 신체적 고통을 느끼고 있었고, 절뚝거리며 벤치로 갔다. 그는 자신의 생각을 표현하기 위해 힘겹게 노력했다. 말하는 그의 얼굴에는 절망적인 표정이 뚜렷했고, 그의 자세도 구부정했다.

③ **언어**: 맬빈은 느리고 조용하게 이야기했다. 한숨을 쉬며 자신의 우울증에 집중했다. 사이몬을 지지하는 배려하는 말이나 그의 신체적 · 정신적 고통을 알아주는 말은 전혀 하지 않았다.

④ **행동 계획**: 맬빈은 사이몬이 "불평하려는 의지조차 찾을 수 없어."라고 말을 한 후 바로 자리를 떠나려고 일어난다. 떠나면서 맬빈은 "이런 시간을 보낸 것은 참 잘한 거 같아요. 당신과 이야기할 수 있어서 좋았어요."라고 말한다. 맬빈은 미래 방향에 대한 아무런 안내나 희망을 주지 않았다. 이 장면이 끝날 때 사이몬은 어리둥절한 표정으로 혼자 벤치에 앉아 있다.

⑤ **후속 조치**: 맬빈은 나중에 사이몬을 다시 방문할 예정이라는 조짐을 보이지 않았다.

좋은 경청 기술의 개요

요약적으로, 좋은 경청 기술은 기본적 기술의 다섯 영역—위치, 신체언어, 언어, 행동 계획 그리고 후속 조치—으로 나뉜다. 당신이 학생과 어떻게 소통하는지, 그리고 특별히 학생이 자신의 삶의 어려움에 대해 당신에게 얘기할 때 당신은 어떻게 듣고 있는지에 대해 생각해 보는 것이 중요하다.

다음 물음에 대해 토론해 보자.

- 당신이 학생의 이야기를 듣고 있을 때 이러한 기술들 중에 자연스럽게 사용할 수 있는 것은 무엇인가?

- 당신에게는 어떤 경청 기술이 다른 것보다 더 어렵고 연습이 필요한가?
- 〈보충자료 3-1〉을 이용하여 각 기술을 복습하라. 각각의 종이에, 각 영역에 대한 당신의 경청 기술을 평가하라.

지역사회의 정신건강 전문가와 의사소통하기

어떤 상황에서, 위기개입 서비스는 일반적인 학교 상담자의 서비스 범위를 넘을 때가 있다. 외부 의뢰를 고려하면서, 학교는 지역사회 자원을 보다 잘 알고 있어야 하는데, 특히 소수 집단과 비영어권의 사람들을 다룰 수 있는 자원을 알아야 한다. 대안적인 서비스는 지역사회 지지 집단, 가족의 종교적 신념에 따른 종교 지도자, 노숙자를 위한 쉼터, 폭행을 당한 여성과 아이들을 보호하는 쉼터, 무료 혹은 저렴한 가격의 정신건강 서비스, 의학적 역할을 수행하는 기관과 치과 역할을 수행하는 기관, 적십자사, 지역 운송 서비스 등을 포함한다.

많은 학교에서는 이러한 다양한 요구를 충족시키기 위해 사회복지사를 수용한다. 그러나 학교 행정가, 학교 심리학자, 학교 상담자도 서비스 접근을 하는 데 있어 가족들을 도울 수 있다. 대부분의 지역사회에서는 지역 자원에 대한 책과 유나이티드 웨이(United Way, 미국의 자선단체)에서 제공하는 서비스에 대한 책을 출간한다. 뿐만 아니라, 학대 긴급전화, 자살 긴급전화, 가출 긴급전화와 같은 긴급 상황에 대한 전화번호는 전화번호부 앞에 정리되어 있어야 한다.

교직원들은 지역사회 구성원들과 결부되기 때문에, 그들과 관계가 형성된다. 학교와 기관장 사이의 이해가 증진되면서, 학생과 가족에 관련된 서비스에 더 쉽게 접근하게 된다. 학교에서 한 사람을 선택하는 것은 지역사회 기관과의 관계 형성에 도움이 된다. 교사와 교직원은 이들에게 자신의 고민거리를 이야기하도록 제안받는다. 교장은 의뢰에 대해 알고 있어야 하며, 의뢰의 이유에 대해서도 알아야 한다. 지역사회 의뢰와 긴급 상황에 대한 전화번호를 기록할 경우 훈련자를 보조하기 위해 이 장의 끝 부분에 〈활동지 3-3〉 '비상연락망'을 수록하였다. 예를 들어, 의심되는 학대를 보고하는 경우에 이 양식은 아동보호 서비스에 대한 요청을 기록할 수 있을 것이다(아동학대에 대한 자세한 내용은 제5장에 수록되어 있다.).

긴급 상황 요청을 기록하기 위해 당신이 속한 교육청의 정책을 따라는 것이 중요하다. 어떤 교육청에서는 학교 관리자에게 아동보호 서비스 요청을 기록하는 짧은 보고서를 제출하도록 요구한다. 이러한 기록은 교육청의 특별한 서비스 조정자가 중앙 지역 사무실에 보관할 것이다. 어떤 지역에서는 학교 간호사나 학교 상담자와 함께 긴급 상황 기록을 보존하는 정책을 가지고 있다. 정확한 기록을 보존하는 것은 시간에 관계없이 학대 사고의 자취를 추적하는 방법을 제공해 준다.

학대 의심 상황 보고하기

법에 의해서 모든 성인은 아동보호 서비스나 사회복지 서비스부에 학대로 의심되는 경우를 보고하도록 되어 있다. 당신은 학대가 있었다는 것을 증명할 필요는 없으며, 단지 학대가 의심된다는 것을 알리면 된다. 학대로 의심되면 지역 사무실 번호나 (미국에서) 무료 번호인 800번대 번호로 전화하면 된다. 800번 전화는 24시간, 주 7일 이용이 가능하다. 그러나 당신이 통화를 하기 전에 많이 기다려야 할 수도 있다. 신뢰를 주기 위해 도움이 되는 정보는 학생 이름, 나이, 주소, 집 전화번호, 의심되는 학대의 종류, 의심하는 이유 등이다. 다음과 같이 사실을 전달하라. "내가 ~를 보았는데" "내가 ~를 들었는데." "내가 이 사례를 학대로 의심하고 보고하는 이유는……." 학대당하고 있는 아이로부터 정보를 샅샅이 파헤치려고 하지 말라. 학생의 이야기를 명확히 하기 위해 추가적인 질문도 하지 말라. 학생이 자신의 감정을 쏟아 내도록 하고 사실에 대해서는 적절한 전문가가 찾도록 남겨 두라.

교직원은 요구를 확인하고 정서적 지지와 도움이 필요한 학생들을 위한 서비스에 접근하는 데 최전선에 있다. 특히 위기 상황에서 학생의 요구에 대해 효과적이고 민감하게 반응하는 데 주의를 기울여야 한다. 교사와 교직원은 학생을 다른 전문가에게 의뢰할 때 언제 어떻게 할 것인지에 대한 명확한 가이드라인을 필요로 한다. 또한 학교의 정신건강 전문가(학교 상담자, 사회복지사, 학교 심리학자)에게 바로 질문해야 한다. 이들은 학생의 요구와 이러한 요구를 충족시키는 방법을 결정하는 데 있어 보다 풍부한 경험을 갖추고 있다.

부모와 의사소통하기

학교에서는 부모와 의사소통을 해야 하는데, 특별히 위기나 정신적 트라우마와 관련된 사건 이후에는 더 신경 써야 한다. 학부모는 학교에서 스트레스 상황에 어떻게 대처하는지, 학생을 돕기 위해 어떤 서비스가 제공되는지 알아야 한다. 학부모와 학교는 학생을 도울 때 편안한 관계를 구축해야 한다. 학부모는 정보에 대하여 소통할 때 학교와 동일한 선상에 있어야 한다. 그러나 학부모는 자녀에게 궁극적으로 어떤 개입을 할 것인가에 대해 항상 주요한 통제력을 가지고 있다.

모든 학생은 개인적인 그리고 학교에 널리 퍼져 있는 문제에 영향을 받는다. 그러나 트라우마에 대한 반응과 대처 양식도 학생마다 모두 다르다. 가끔씩 부모들은 자녀의 트라우마에 대한 반응을 알아차리지 못한다. 뿐만 아니라, 그들은 문제가 있다는 것을 부인하려는 경향이 있다. 정서적이거나 행동적인 문제이든지, 혹은 선천적으로 학업과 관련된 문제이든지, 학교에서 있었던 문제를 학부모에게 알리는 것은 언제나 어려운 과제다. 학부모에게 정보를 어떻게 전달하느냐에 따라 학부모와의 상호작용을 사전에 어떻게 준비할지와 그 방향을 정할 수 있다. 문제가 있다는 것을 알리고 이를 고치기 위해 제안할 때는 많은 주의를 기울여야 한다.

학부모는 존중받아야 한다. 교직원은 학부모들이 문제가 없던 시기에 학생들이 학교생활을 잘하게 하려고 노력하고 있다는 것을 늘 기억해야 한다. 그래서 부정적인 소식이 떠돌 때, 이를 완충할 수 있는 과거의 긍정적인 의사소통을 잊지 않도록 해야 한다. 판단적인 발언을 하거나 이를 암시할 때 관계에 긴장이 생긴다. 긍정적이고 비판단적으로 남아 있는 것이 최고다.

부모는 자녀가 트라우마에 어떻게 반응하는지 잘 모른다. 무엇을 해야 하고 어떻게 자녀를 도와야 할지도 잘 모른다. 과잉 반응을 하지 않으면서도 기본적인 정보를 제공하는 것이 중요하다. 트라우마에 대한 학술적인 논문이나 책보다는 기본적인 정보를 강조하는 한 장 분량의 보충 자료가 낫다. 부모들은 대부분 바쁘게 살고 있기 때문에 압도당하지 않을 만큼 간단한 정보만을 필요로 한다.

부모가 어떤 행동이 정상적인지를 알고 있으면 도움이 된다. 아이들은 대개 트라우마에 미성숙한 행동인 퇴행을 보인다. 예를 들어, 아이들은 악몽을 꾸고 나서 부모의 침대에 가서 자려 할 수도 있다. 오줌을 싸거나 손가락을 빨거나 부모에게서 떨어지지 않으려 할 때, 부모가 이런 행동이 그 연령의 아이들에게서 나타나는 트라우마에 대한 정상적인 반응이라는 것을 모른다면, 감당하기 힘들 것이다. 또한 부모는 스트레스를 받는 기간 동안에도 가족의 일상을 유지하도록 촉진되어야 한다.

스트레스나 트라우마에 대한 아동의 반응의 심각성을 측정하기 위해, 부모는 자녀가 잠자는 것, 먹는 것, 행동하는 것의 패턴 변화를 알아야 한다. 아동들은 극적인 행동 변화를 보일 수 있는데, 특히 화를 내거나 슬픔을 표현할 수 있다. 부모가 트라우마에 노출되는 방법을 제한하는 것이 중요하다. TV로 사건을 반복해서 보는 것은 아동이나 청소년에게 훨씬 큰 정신적 충격을 줄 수 있다.

이상적인 경우, 부모나 보호자는 자신의 아이들이 다른 아이들보다 더 낫다는 것을 알고 있다. 그들은 아이들이 스트레스에 대처하는 방법에 대한 안목을 가지고 있다. 부모와 상담을 하고 협력적인 관계를 형성하면 환경에 상관없이 지속적으로 개입이 이루어질 수 있다. 부모가 이용 가능한 다양한 자원을 가지도록 돕는 것이 필수적이다. 그러나 제안을 할 때는 그들이 어떤 도움을 선호하는지에 민감해야 한다.

언론과 의사소통하기

대부분의 교육청에서는 언론을 담당하는 대변인이 있어서 교육청에 대한 공식적인 발언을 하게 한다. 위기 상황에서 이러한 사람들은 지역사회 위성방송과 신문사와 밀접하게 일한다. 대변인의 발언은 교장에 의해 면밀히 검토되고 발표하도록 허가를 받는다.

교육청에서 언론과 긍정적인 관계를 유지하는 것은 중요하다. 교육청과 언론은 특정한 주제에 대한 이해가 필요하다. 예를 들어, 언론이 학생 자살과 관련된 사건을 다룰 때, 그 이야기를 전면에 배치하거나 높은 우선순위를 둔다면 지역사회와 학교에 치명적이다. 미국 자살예방협회(The American Foundation for Suicide Prevention)에서는 특별히 언론을 위해 조정된 웹사이트 정보를 가지고 있다. 이 정보는 자살에 대하여 책임감 있고 적절하게 뉴스를 보고하는 팁을 담고 있다.

언론과 좋은 관계를 맺는 것은 앞으로 있을 상호작용과도 연관이 있다. 예를 들어, 한 사건이 캠퍼스에서 다뤄지고 기자들이 학생과 교사에게 여러 번 의견을 요청한다고 하자. 이런 경우에 교장과 대변인은 학생들의 안정과 안녕을 유지하면서도 이것을 어떻게 가장 효과적으로 다룰 것인지에 대해 미리 논의한다.

교사와 교직원은 학교의 사고, 위기, 논란이 되는 이야깃거리에 대해 언론에서 개인적 의견을 말해 달라는 요구를 거절해야 한다. 교육청의 대변인과 교장은 교직원들에게 언론을 대하는 가이드라인을 제공한다. 그러나 위기 동안 '노코멘트'를 하는 것은 언급을 하는 것만큼 위험할 수 있다. '노코멘트'는 돌보지 않는 태도처럼 보일 수 있고 뭔가 숨기고 있는 것처럼 보일 수 있기 때문이다. '노코멘트'를 하지 않고 무언가를 말해야 한다면 다음과 같은 의견을 포함하는 것이 좋다. "지금은 학교에 굉장히 어려운 시기입니다. 나는 이 사건 때문에 슬픕니다." 만약에 당신이 정보를 달라는 언론의 압박을 받는다면, "나는 사실에 대해서는 지금 당장은 잘 모릅니다. 그렇지만 가능하게 되면 학교에서 사실에 대해 말해 줄 겁니다." 라고 말하면 된다.

읽기 자료 추천

Brooks, B., & Siegel, P. M. (1996). *The scared child: Helping kids overcome traumatic events.* New York: Wiley.

Fearn-Banks, K. (2002). *Crisis communications: A casebook appraoch* (2nd ed.). Mahwah, NJ: Erlbaum.

Jerome, A., & Mukamal, A. (2005). *Parent training and support program and materials: MEMOS for Parents*—activities to help parents communicate with children and provide positive behavior supports. Available for purchase: $50. Contact information: *annette.jerome@att.net* or call 940-594-8487.

U.S. Department of Health and Human Services. (2002). *Communication in a crisis: Risk communication guidelines for public officials.* Washington, DC: Author.

웹사이트

www.afsp.org/education/recommendations/index.thm

미국 자살예방협회(American Foundation for Suicide Prevention)

www.thirteen.org/edonline/concept2class/familycommunity/index_sub1.html

워크숍: 'Making Family and Community Connections', 미국 교육방송(Educational Broadcasting Corporation, 2004)

활동지 3-1

경청 기술(1부)

〈보충자료 3-1〉 '위기에 처한 학생에게 귀 기울이기: 기본적인 경청 기술'을 점검하라. 각각의 비디오 클립을 시청한 후에 위기 상황에서 성인들이 보여 준 경청 기술을 평가하라. 다음은 첫 번째 비디오 클립에 대한 평가 예시다.

〈굿바이 뉴욕, 굿모닝 내 사랑〉

(미치와 필의 텐트 장면)

① 위치	**좋음:** 가까운 거리: 미치는 필의 눈높이에 맞추기 위해 무릎을 구부린다. 미치는 시선을 맞추었다. 이는 그가 필과 바로 그 자리에 함께 있어 주는 것과 같은 느낌을 준다.
② 신체언어	**좋음:** 미치는 사려 깊은 얼굴 표정을 짓고 있다. 그는 필에게 집중한다. 필이 모든 것이 좋다고 말할지라도 미치는 필이 혼란스럽다는 것을 알아차린다. 미치는 침착하고, 총에 대해서도 필의 격앙된 정서에 대해서도 과도하게 반응하지 않는다.
③ 언어	**좋음:** 미치는 천천히, 부드럽고 차분하게 말한다. 그는 필이 흥분했을 때에도 평정심을 유지한다. 미치는 '다시 해보기(do-over)'라는 비유를 사용한다. **나쁨:** ① 미치는 "그렇게 나쁘지 않아."라고 말한다. ② 필이 혼자라고 말할 때, 미치는 "나는 너를 위해 지금 여기에 있어. 너는 혼자가 아니야."와 같은 지지적인 말을 하지 않는다.
④ 행동 계획	현실적인 목적이 아님에도 '다시 해보기'라는 비유는 미래 계획에 대해 희망을 준다. 이는 필로 하여금 과거에 묻혀 있기보다 미래에 집중하게 한다.
⑤ 후속 조치	그들은 연락이 끊겨서 후속 조치에 대해 언급되지 않았다.

출처: Melissa Allen Heath and Dawn Sheen (2005). Guilford Press의 허락하에 게재함.

활동지 3-2

경청 기술(2부)

각각의 비디오 클립을 시청하고 위기 상황에서 보여 준 성인들의 경청 기술을 평가하라.

	〈크리스마스 스토리〉 (산타클로스와 랠피)	**〈이보다 더 좋을 순 없다〉** (한밤중의 중국식 수프)
① 위치		
② 신체언어		
③ 언어		
④ 행동 계획		
⑤ 후속 조치		

출처: Melissa Allen Heath and Dawn Sheen (2005). Guilford Press의 허락하에 게재함.

활동지 3-3

비상연락망

날짜	학생	문제	보호자와 전화번호	관련 기관 전화번호	후속 조치 날짜 견해

출처: Melissa Allen Heath and Dawn Sheen (2005). Guilford Press의 허락하에 게재함.

보충자료 3-1

위기에 처한 학생에게 귀 기울이기: 기본적인 경청 기술

불안정하고 감정적일 때, 학생은 자신이 알고 신뢰하는 누군가에게 매우 편안하게 말하고 싶어 한다. 교사와 교직원은 상담자로 훈련되지 않았다고 할지라도 위기에 처한 학생들을 지지할 수 있다.

위 치

학생이 편안함을 느끼도록 돕기 위해 눈높이를 맞추라. 이런 자세는 "나는 너와 함께 있어."라는 메시지를 전달한다. 그들에게 가까이 다가가되, 그들의 개인적인 공간을 유지하라. 또한 학생의 다양성에 민감하라. 어떤 학생들은 권위자에 대한 존경의 의미로 시선을 맞추지 않는다. 하지만 불안하고, 두렵고, 불신할 때도 시선을 피할 수도 있다.

어떤 학생들은 앉는 것을 편안하게 여기는 반면, 어떤 학생들, 특히 남학생들은 걷는 것을 더 편안하게 느낀다. 학생이 만지면서 스트레스를 해소할 수 있는 작은 공, 펜과 같은 소품들을 준비하라. 이처럼 간단한 준비는 긴장을 낮추고 학생이 더 편안하게 말할 수 있도록 돕는다.

신체언어

경청을 잘하려면 마음이 비어 있어야 한다. 자신의 걱정거리는 한쪽으로 밀어 두라. 학생의 말과 행동에 집중하라. 자신의 얼굴 표정과 자세를 자각하라. 차분함을 유지하라. 그 상황에 대해 과잉 반응하지 말라.

학생의 신체언어, 손짓, 긴장된 에너지 신호, 학생의 언어와 행동 사이의 모순을 자각하라. 신체언어를 통해 전해지는 메시지를 파악하라.

극도의 스트레스 상황에서도 당신은 평정심을 유지해야만 한다. 당신의 평화로운 지지는 학생들을 위한 안정감의 기반이 될 것이다.

언 어

긴장된 상황에서는 당신이 말하는 방식이 중요하다. 부드럽고 차분한 목소리는 정서적 상황을 경감시킨다. 각 단어를 셀 수 있을 정도로 말하는 속도를 늦추라. '시소' 법칙, 즉 학생의 목소리가 커질수록 당신은 목소리를 부드럽게 하고, 학생이 빨리 말할수록 당신은 천천히 말하라는 법칙을 기억하라.

자신을 가지고 진술하라. 단어가 중요하다. "힘들게 들리는구나." "지금은 너에게 힘든 시기임에 틀림없구나."라는 식으로 학생의 표현을 타당화하는 표현을 사용하라. 학생에게 "너는 혼자가 아니야." "나는 너와 함께 있어."라고 말하여 학생을 안심시키라.

행동 계획

학생을 수동적인 희생자 단계에서 능동적인 단계로 이끌라. "우리가 여기에서 어디로 갈까요?"라고 질문함으로써 다음 단계로 가도록 도우라. 만약 문제들이 극단적이거나 상황이 전문적 관심을 요구한다면, 학교 정신건강 전문가에게 자문을 받으라. "우리는 실제로 힘든 일에 대해서 얘기를 나눠 왔어. 너의 어려움에 대해 상담자와 더 많이 얘기해 보자."

만약 문제들이 정상적인 적응과 관련된 이슈들을 포함한다면, 학생들이 친구나 다른 성인과 얘기하도록 격려하라. "너의 어려움에 대해서 누구랑 얘기할 수 있니?"라고 질문하라. 항상 그들이 혼자가 아니라는 것을 알게 하라. 다른 사람들이 그들을 도울 수 있고, 또 도울 것이다.

후속 조치

학생과 이야기한 후에, 학생으로 하여금 당신이 그를 위해 지속적으로 그곳에 있을 것임을 알게 하라. 만나는 시간과 장소에 대해서 합의하라. "내일 수업 끝나고 다시 얘기하자."라는 식으로 얘기하라. 만약 학생의 문제가 심각하다면, 학교의 정신건강 전문가와 얘기하라. 상담자는 학생이 상담으로부터 도움을 받았는지 혹은 부모에게 알려야 하는지 여부를 결정하는 것을 도울 것이다.

관계를 형성할 때 시간처럼 중요한 것이 없다. 학생과 매일 만나는 것은 강력한 관계를 형성하게 하며, 광범위한 지지 기반을 만들어 준다. 매일 만나는 것은 행동 계획을 세우고 학생의 상황을 파악하는 데 도움이 된다.

출처: Melissa Allen Heath and Dawn Sheen (2005). Guilford Press의 허락하에 게재함.

강의자료 3-1

바람직한 경청의 기본 요소

목적: 학생 돌보기

기술	표현되는 방식
돌봄	말하기보다 경청하라. 당신이 이해하고 있음을 보여 주라. "그건 힘들 수밖에 없겠구나."
진실되게 대하기	진솔하라. 당신 자신으로 존재하라. 속이지 말라.
안심시키기	"너는 혼자가 아니야." "내가 너와 함께 있어." "우리는 너를 돕기 위해 여기에 있어."
한계를 알기	심각한 상황에 대해 전문가의 조언을 받으라. • 자살에 대한 언급 • 자신이나 다른 사람을 위협하는 것 • 불법 행위 • 학교의 안전을 위협하는 것

당신이 하지 말아야 하는 행동을 아는 것도 중요하다.

- 비밀을 지키겠다고 약속하지 말라.
- "나는 네가 무엇을 의미하는지 알고 있어."라고 말하지 말라. 누구도 온전히 다른 사람을 이해할 수 없다.
- 과도하게 관여하지 말라. 건강한 경계를 유지하라.

출처: Melissa Allen Heath and Dawn Sheen (2005). Guilford Press의 허락하에 게재함.

강의자료 3-2

평정을 유지하라

다음에 관심을 기울이라.
말하는 속도
말하는 크기

시소 효과를 기억하라

학생의 목소리가
커질수록

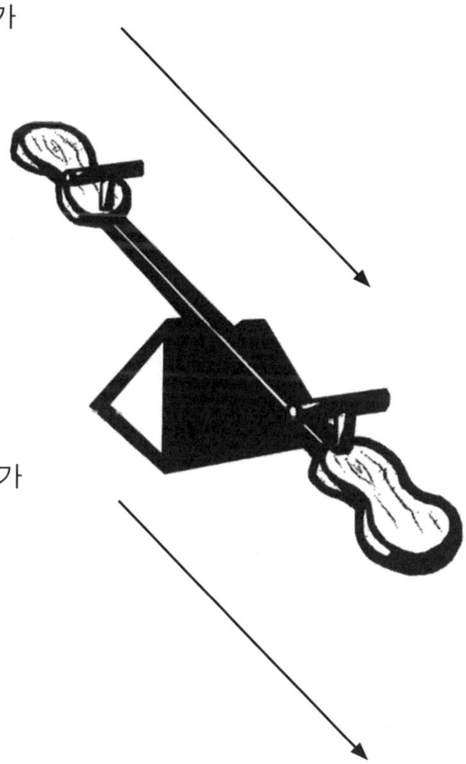

당신의 목소리를
부드럽게 하라.

학생의 말 속도가
빨라질수록

당신의 말 속도를
느리게 하라.

출처: Melissa Allen Heath and Dawn Sheen (2005). Guilford Press의 허락하에 게재함.

Chapter 4

위기개입을 위한 독서치료

서 론

교육 현장에서 독서치료는 교시가 학생이 일상의 위기에 대처하도록 돕는 데 매우 유용하다. 학생은 자기 앞에 놓인 많은 위기와 문제를 직면하기 위해 도움을 필요로 하며, 불확실성을 마주하기 위한 희망의 밑거름 또한 필요로 한다. 인지적·정서적·행동적 기능은 학생이 어려운 상황을 납득하고자 시도할 때 영향을 미친다. 교사는 학생에게 조력과 희망을 제공하여 도움으로써 치유 과정에 영향을 미칠 수 있다. 교사가 전문적 상담을 제공할 필요는 없지만, 학생이 보다 효과적으로 스트레스 상황이나 위기를 이해하고 대처해 나가는 것을 돕기 위해 몇 가지 방법을 활용할 수는 있을 것이다.

특정 사건은 동시에 많은 학생의 정서적 기능에 영향을 미친다(예: 9·11 사건, 납치, 급우의 죽음, 대재앙 등). 좀 더 작은 범위에서 생각해 보면, 많은 학생은 친구들과의 관계를 유지해 나가는 데 어려움을 느끼며, 종종 따돌림이나 위협을 당하

Dawn Sheen, Melissa Allen Heath, Nathan Jones, Emily Heaton, & April Gstettenbauer

기도 하며, 타인을 위험에 빠뜨리기도 한다. 또한 가정생활과 연관된 부담을 갖는 경우도 있다. 가정 폭력이나 아동 학대, 방임으로 무고한 아이들이 희생되고 있다. 학생들은 폭력이나 학대 등에 의한 정서적 후유증 때문에 종종 학교 활동에 집중하기 힘들어하는 등의 어려움을 겪고 있다.

Maslow(1970)의 욕구위계 이론에 따르면, 기본적 욕구가 충족되지 않을 경우 학습에의 동기 등을 포함한 고차원적 기능은 실현될 수 없다. 많은 학생은 가족의 재정 상태를 걱정하며, 식료품이나 일상생활에 필요한 돈을 마련할 수 있을지 고민하기도 한다. 어떤 경우에는, 가족이 떠돌이 생활이나 노숙 생활을 하기도 하며, 이러한 학생들에게서 가장 일차적인 걱정거리는 기본적 생존이다.

일상에서 위기를 마주하고 개인적 · 사회적 문제를 대처해 나갈 때, 학생들은 가장 적절한 방법이 무엇인지 확인하고 싶어 하며, 자신의 감정을 표현하고자 고군분투한다. 교실 상황에서 교사는 직접적으로 혹은 아동문학 등의 자원을 활용하여 도움을 줌으로써 정서 다루기와 문제 해결, 그리고 적절한 기술 선택을 할 때 학생들에게 좋은 모델이 될 수 있다. 동화의 효과적 사용은 학생들이 삶의 기술을 배우고, 정서적 상처를 치료하는 데 도움이 될 수 있다. 이 장에서는 내적 성찰을 증가시키는 데 도움이 될 수 있는 긍정적 학습 경험을 위한 전략에 맞는 독서치료의 과정을 소개하고자 한다. 일반적으로 스트레스 신호가 나타나면 외부로부터의 중재가 요구된다. 독서치료를 활용한 예시 지도안을 활용함으로써 교사는 좋은 책의 선택부터 지도에 이르기까지 도움을 얻을 수 있을 것이다.

독서치료란 무엇인가

독자 혹은 청중이 개인적 문제에 대한 성찰을 얻거나 정서적 상처를 치유하는 것을 돕기 위해 책이나 이야기를 함께 나누는 것을 '독서치료'라고 한다(Doll & Doll, 1997; Pardeck & Pardeck, 1997). 이야기를 적절히 함께 나누게 되면 학생이 직접적으로 대면하기에는 너무 어려운 민감한 문제들에 있어서는 '안전거리'를 만들 수 있고, 보다 건강한 정서적 표현을 위한 촉매제가 되기도 하며, 성장을 도울 수도 있다. 독서치료는 비슷한 문제를 지닌 등장인물과 문제에 대한 결말을 만들어 가는 과정을 통해 학생이 많은 것을 배울 수 있도록 한다. 또한 이야기는 문제에 대한 대안을 제시하기도 한다.

독서치료는 이미 상담 장면에서 매우 유용한 도구로 알려져 있으며, 학교에서도 큰 가치를 지니고 있다. 예를 들어, 학교에서는 문학의 중요성을 직접적으로 강조하곤 한다. 개인적 성장과 치유를 증진시키기 위해 독서 활동을 권장하며, 교사는 학생이 개인적 통찰과 성장을 얻을 수 있도록 돕기 위한 교육적 목표를 가지고 있다.

독서치료는 성장과정에서의 어려움부터 심각한 정서적 어려움에 이르기까지 다양한 주제를 다루는 데 상당한 도움이 된다(Pardeck, 1991). Pardeck(1995)은 "교사에게 독서치료는 아동이 자신의 문제를 잘 대처하도록 돕는 데 사용할 수 있는 매우 혁신적인 접근 방법이다."(p. 83)라고 언급하였다. 교실에서 학생은 이야기를 통해 삶의 기술을 배우고, 갈등을 해결하는 데 도움을 얻을 수 있다. 또한 스토리텔링은 일반적인 위기 상황에서 학생이 가진 정서적 욕구를 효과적으로 다루는 데 도움이 된다. 물론, 특정한 주제까지 잘 다루기 위해서는 스토리텔러로서의 훈련과 능력이 요구된다.

독서치료의 단계

교사가 학생의 성장과 이해를 높이기 위해 적절한 문학작품을 활용하게 되면 학생은 몇 가지 단계로 이루어진 내적 과정을 겪게 된다(Nickerson, 1975). 첫 번째 단계는 개입이다. 교사가 이야기를 들려주면, 학생들은 이를 듣고 무슨 일이 일어날지 흥미를 느끼게 된다. 두 번째 단계는 동일시로, 학생들이 이야기에 열중하게 되면 이야기 속의 등장인물과 연결되기 시작한다. 학생들은 자신과 비슷한 환경의 비슷한 연령을 가진 등장인물에 대해 가장 잘 동화된다. 세 번째 단계인 카타르시스는 이야기에서 등장인물이 상황을 대처해 나갈 때 학생들이 등장인물의 감정이나 경험에 공감하는 단계를 말한다. 등장인물의 어려움이 해결되면, 학생들은 자신의 정서적 긴장도 함께 풀리는 것을 경험한다.

정서적 긴장의 완화 이후, 학생들은 통찰 단계로 넘어간다. 학생들은 이야기에서 무슨 일이 일어났는지 생각하고, 이를 자신의 삶에 적용하기 시작한다. 자신과 유사한 환경에서 누군가 문제를 해결한 것을 보았기 때문에 이제 그들은 문제에 압도되지 않고 이겨 낼 수 있다고 여기게 된다. 이 단계에서 학생들은 자신이 개인적으로 경험했던 어려움을 해결하려고 노력하기 시작한다. 보편화는 마지막 단계인데 이 단계에서 학생들은 자신만이 문제를 겪고 있는 것이 아니라는 것을 느끼게 된다. 비슷한 어려움을 겪는 타인이 있음을 깨닫게 됨으로써 학생들은 고립감 대신 타인과 연결되어 있음을 느끼게 된다.

문학작품의 선택

학생에게 적용하고자 할 때, 이야기는 학생의 발달에 적합하고 다룰 수 있는 주제여야 하며, 아동의 삶과 적절한 관련이 있어야 한다. 교사는 아동의 정서적 능력에 민감하게 대응할 필요가 있다. 이야기의 주제가 너무 어렵다면 학생은 압도되어 성장이 지연될 수 있다. 학생의 삶에서 겪는 상황과 성격에 대한 인식이 무엇보다 필요하다.

독서치료의 목적에 부합하는 문학작품을 고르는 것은 무척 중요한 일이다. 기본적으로, 좋은 이야기는 종교적 · 문화적 신념에 적합해야 하며, 대처기술은 물론이고 도움과 희망을 주어야 한다(Allen, Stott, Jones, Heaton, & Gstettenbauer, 2003). 좋은 이야기의 또 다른 특징은 다음과 같다.

- 나이에 적합한 이야기
- 현실적인 이야기('영원히 행복하게 살았습니다.'와 같은 뻔한 결말이 아닌 이야기, McIntyre, 1999)
- 주인공이 문제를 해결하고 통찰하게 되는 이야기
- 진부하지 않고 다양한 모습의 등장인물이 나오는 이야기(Tu, 1999)

- 정확한 정보가 있는 이야기
- 장애를 가진 사람에 대해 섬세하고 정확한 묘사가 담긴 이야기
- 등장인물이 '할 수 있는 것'에 초점을 맞춘 긍정적인 이야기

선택하지 않아야 할 책에 대해 아는 것도 역시 중요하다. 임시로 '반창고'를 붙이는 식의 단순한 해결책이 나왔거나, 감정을 지나치게 과장하고 이를 조종하려고 하는 이야기는 좋지 않다. 또한 별것 아닌 상황에 압도되거나 아무런 해결책이 없는 경우, 등장인물이 희생자나 슈퍼 영웅 또는 부적절한 롤모델로 묘사되는 경우, 혹은 책에서 나타나는 기준이나 가치가 우리 사회에서 통용되는지에 대한 의문이 드는 경우는 부적절한 이야기라고 판단할 수 있다.

교수전략

알맞은 책을 고른 후, 교사는 이 이야기를 어떻게 나눌 것인지 정해야 한다. Forgan(2002)은 독서치료와 관련한 효과적 교수전략에 대해 이야기하였다. 초기 준비 단계에서는 주어진 주제에 대해 학생들이 이미 알고 있는 것들을 토의하는 것과 같은 독서 전 활동을 함으로써 이야기를 위한 적합한 기초 작업을 수행하도록 한다. 교사는 표지의 그림을 보여 주고, 등장인물을 소개하며, 학생들에게 이야기에서 어떤 일이 벌어질지 상상해 보라고 하면서 활동을 시작할 수 있다. 학생들의 준비가 완료되면 교사가 함께 책을 읽기 시작한다.

책을 읽을 때 교사는 큰 소리로 읽도록 한다. Allen과 Sheen 등(2003)은 스토리텔링을 위한 몇 가지 제안을 하였다.

> 좋은 스토리텔링 기술은 학생들이 책에 몰입하는 데 꼭 필요한 요소다. 이야기에 대한 친근함은 보다 쉽게 자연스러운 소개를 할 수 있도록 돕는다. 등장인물의 감정이 잘 드러나도록 하는 목소리도 중요하며, 목소리의 크기와 읽는 속도 또한 이야기의 정서적 강도에 맞춰야 한다. 자연스러운 얼굴 표정과 간단한 제스처는

> 적절한 반응의 모델이 될 수 있으며, 학생들의 흥미를 증진시킨다. 학생들이 이해하는지, 정서적 반응은 어떤지를 살피기 위해 눈맞춤을 하는 것도 좋다. 적절한 순간에 적합한 질문을 하는 것은 학생들의 몰입과 이해를 촉진시킨다. 이야기에 걸맞는 관련 활동을 함으로써 학생들의 학습을 증진시킬 수 있다(p. 13).

이야기의 결론 부분에 이르러, 학생들은 책 속의 상황에 대해 빠져들었던 상태를 마무리하고 반영적 사고를 할 시간이 필요하다. 책을 읽은 후에 성장과 학습을 북돋우는 활동을 하는 것은 반영적 사고와 마무리에 도움이 될 수 있다. 책을 읽은 후 활동을 진행할 때, 교사는 학생들이 이야기를 얼마나 잘 이해했는지 알아볼 필요가 있으므로, 학생들로 하여금 이야기를 다시 말해 보게 하거나, 등장인물의 감정에 대해 토의해 보게 함으로써 이를 효과적으로 평가해 볼 수 있다. 학생들을 돕기 위한 또 다른 목표는 독서치료의 각 단계들을 학생들이 경험하도록 하는 것이다. 책을 읽고 난 뒤 토론을 할 때에 "학생들에게 이야기의 등장인물과 사건을 보다 잘 이해하고 그에 대한 자신의 감정에 대해 생각하는 것을 돕기 위한 탐색적 질문을 할 필요가 있다."(McCarty & Chalemrs, 1997, p. 12) 질문을 할 때에는 이해에서 분석, 통합에 이르는 다차원적 수준의 사고를 할 수 있도록 해야 한다.

추가적으로, 교사는 경험적 활동을 함으로써 학생들의 학습을 증진시킬 수 있다(Pardeck, 1995). 학생들이 게임 만들기, 그림 그리기, 집단 활동 및 함께 이야기 만들기, 결말을 바꾸어 글쓰기, 일기 쓰기, 목표 세우기 등의 다양한 창의적 활동에 참여하도록 하면 독서치료의 효과를 더욱 높일 수 있다. 역할극(role plays), 극화활동(skits), 낭독(dramatic reading of the story) 역시 효과적이다. 읽기 후 활동(postreading activities)을 할 계획이라면, 스스로에게 자문해 보라. "학생들로 하여금 개인적 의미를 주는 결론을 이야기에서 얻도록 하는 데에는 무엇이 가장 도움이 될 것인가?"

각 학생의 요구를 알아차리기 위해서는 부모 및 기타 전문가와의 협력이 유용하다. 다루기 민감한 주제를 활용하게 될 때에는 부모에게 도움을 요청하는 것이 바람직하다. 또한 아동의 행동이 기대 이상으로 극단적일 때 부모 역시 조언을 받아야 할 의무가 있다. 학생이 정서적 혹은 행동적으로 과잉 반응한다면, 학교 정신건강 전문가와의 협력은 필수적이다. 상담자와 학교 심리학자는 당면한 문제, 즉 개별화된 관심이 필요한 문제의 해결에 필요한 수련을 마친 사람들이다.

고통의 단서

학생이 추가적인 도움을 필요로 하는지 판단하기 위해, 교사는 이야기에 대한 그들의 반응을 주의 깊게 살펴야 한다. 좋은 글은 강한 감정을 표현하는 효과적인 도구다. 학생은 때때로 자신의 감정을 효과적으로 처리하는 것을 어려워한다. 이 때문에 그들은 파괴적인 행동을 하곤 한다. 학생의 성격이나 행동 패턴이 변화한다면, 아마도 이것은 정서적 고통을 의미할 것이다. 글을 읽는 동안, 교사는 가만있지 못하거나, 두려움 혹은 더 어린 아동들에게서 나타날 만한 행동을 관찰할 수도 있다. 학생은 소리 내어 감정을 표현하거나 신체적 고통을 토로할 수 있다. 그러므로 발달적으로 적절한 행동에 대해 잘 알고 있는 것은 매우 중요하다.

많은 아동은 가만히 있는 것을 어려워한다. 글이 지나치게 길거나 주변 환경이 불편할 때, 아동의 이러한 행동을 종종 목격할 수 있다. 그러나 이야기가 절정에 다다를 때 아동이 가만히 있지 못한다면, 추가적인 중재가 필요하다. 지속적이며 파괴적인 행동은 내적 혼란을 암시할 수도 있다. 정서적 상황(emotional situations)에서 일시적으로 퇴행적 행동을 하는 경우가 있다. 그러한 경우에 교사는 부모와 학교 상담자에게 추가적인 도움을 요청해야 한다.

학생들이 위험에 처한 글 속 인물에 대해 공감하는 경우는 종종 있는 일이다. 그러나 과도한 두려움은 심각한 고통의 단서일 수 있다. 글을 선택할 때, 실제와 허구의 위험을 구분하는 학생의 능력을 중요하게 고려해야 한다. 때때로 학생은 글을 읽고 극도의 두려움을 경험할 때가 있다. 아동의 두려움이 글 속에서 제시된 위험에 비해 지나치게 커져 있을 경우, 자문이 필요하다.

독서치료를 효과적으로 활용할 경우, 강한 구어적 반응을 이끌어 낼 수 있다. 학생들은 질문이나 의견 표시를 하면서 이야기의 진행을 방해하길 원할 수도 있다. 또한 그들은 스스로의 감정을 즉각적으로 처리하길 원할 수도 있다. 집단 상황에서, 그들의 행동은 다른 사람의 참여를 방해하는 파괴적인 행동으로 받아들여질 수 있다. 그러나 통제 불가능할 정도의 정서적 표현은 심각한 고통의 단서일 수 있다. 만약 학생이 교사나 또래 친구의 도움을 받지 않으려 한다면, 교실 외부에서의 중재가 필요하다. 교사는 반드시 부모와 학교 상담자를 만나 도움을 요청해야 한다.

마지막으로, 학생이 신체적 문제를 토로할 수도 있다. 압도적인 감정을 내면에서 억압할 경우, 신체적 고통으로 드러날 수 있다. 학생의 말에 주의를 기울이고, 증상의 심각성과 빈도를 확인하는 것이 고통의 정도를 파악하는 데 필수적이다. 감정적으로 격렬한 장면일 때에만 신체적 고통을 호소한다면, 그들이 감정을 알아차리고 표현하지 못한다는 점을 암시한다. 이와 같이 교사는 학생이 도움을 요청하는 고통의 표시를 잘 알아차려야 하고 개인적인 관심을 기울여야 하며, 학교 상담자에게 의뢰해야 한다.

요약하면, 학생들은 이야기에 다양한 방식으로 반응한다. 교사는 학생의 행동이 고통을 암시하는지의 여부에 주의를 기울여야 한다. 문제행동의 전조를 확인하고, 그러한 행동의 빈도와 지속 시간을 살펴보는 것은 독서치료가 단순한 글 읽기와는 구분되는 점이다. 다음과 같은 경우에 더 심각한 중재가 필요하다

- 이야기 중 '오직' 정서적인 부분에서만 행동화(act out)한다.
- 기대 이상으로 과도한 반응을 보인다.
- 기대 이상으로 행동의 지속 시간이 길다.

요 약

교사가 학생들, 그리고 그들의 성격이나 상황에 대해 아는 것은 학생의 발달을 촉진하기 위해 적절한 글을 선택하는 데 도움이 된다. 독서치료는 특히 교실 상황에서 유용한데, 이것은 학생들이 어려운 상황을 해결하는 데 도움을 준다. 이야기는 학생이 자신의 개인적인 문제를 다루어 볼 수 있는 기회를 제공하기 때문이다.

교실에서 교사가 독서치료를 활용할 경우, 학생은 더 많은 삶의 기술을 얻을 수 있으며, 개인적 어려움을 극복하는 데 도움이 될 수 있다.

추가 자료

다음에 제시한 학급 활동 '독서치료를 활용한 교수 계획안 예시'는 학급에서 독서치료를 어떻게 활용할 수 있는지에 대해 보여 준다. 다음의 자료들은 이 장의 끝 부분에 제시하고 있는데, 교사와 교직원이 활용할 수 있도록 한 것이다.

- '독서치료를 위한 문헌 평가하기'(〈보충자료 4-1〉 참조)에서는 책의 질을 평가하기 위한 기준을 열거한다.
- '독서치료의 요약'(〈활동지 4-1〉 참조)은 교사가 학급 활동에 적합한 책과 아이디어를 파악하는 것을 돕기 위해 구성되었다.
- '독서치료의 목적과 단계'(〈강의자료 4-1〉 참조)에서는 독서치료의 기본 개념을 요약하여 제시한다. 이러한 자료는 교사나 교직원을 훈련시킬 때 강의 및 보충 자료로 활용될 수 있다.

학급 활동: 독서치료를 활용한 교수 계획안 예시

(대상 연령: 1~4학년)

주제

트라우마에 대한 반응 다루기

목적

- 글을 소리 내어 읽는 동안, 학생은 다음과 같은 행동을 할 수 있다.
  - 글에 귀를 기울여 이해한다.

- 글 속 인물의 정서를 이해한다.
- 자신의 정서를 이해한다.
- 적절히 정서를 표현할 방법을 안다.

- 글을 소리 내어 읽은 후, 학생은 다음과 같은 행동을 할 수 있다.
  - 정서를 표현하기 위해 색채를 활용한다.
  - 정서를 표현하기 위해 적절한 색을 사용하여 그림을 그린다.

준비물

- 교사: 『끔찍한 일이 벌어졌다(*A Terrible Things Happened*)』(Margaret M. Holmes 저, ISBN 1-55798-701-7), 분필이나 마커, 칠판
- 학생: '느낌을 표현해요'(〈활동지 4-2〉 참조), 크레용, 종이

사전 읽기: 학생들이 책 표지를 볼 수 있도록 책을 높게 들라. 그리고 다음과 같이 물어 보라. "이 동물은 어떤 동물인가요?" 정확한 반응을 짚어 주라. "이 너구리의 이름은 셔먼 스미스입니다. 우리는 이제 글 속에서 셔먼을 만나, 그에 대해서 조금씩 알아보게 될 거예요. 이 사진을 보고 셔먼에 대해 무엇을 알 수 있는지 손을 들어 말해 볼까요?" 학생들의 반응에 대해 이야기를 나누라. 그리고 이렇게 말하라. "좋아요. 이제 셔먼에 대해 읽어 보죠. 우리가 함께 글을 읽는 동안, 사진을 보면서, 셔먼이 무엇을 느낄지 생각해 보길 바랍니다."

글 읽기: 글을 읽으라. 글을 읽는 동안, 잠깐 멈추고 질문을 하는 것은 학생들의 참여를 촉진하고, 그들이 잘 이해하고 있는지 확인할 수 있다. 다음은 교사가 활용할 수 있는 질문들이다.

- 7쪽: 그의 표정에서 어떤 감정이 느껴지나요?
- 9쪽: 무엇이 셔먼을 힘들게 한다고 생각하나요?
- 12쪽: 배가 아파 본 적 있나요?

- 17쪽: 셔먼이 화가 났네요. 사진에서 셔먼이 화가 났다는 것을 어떻게 알 수 있어요?
- 22~23쪽: 셔먼은 메이플 부인에게 자기 감정을 어떻게 드러냈나요?
- 24쪽: 셔먼이 무슨 감정을 느끼는 것 같나요?
- 25쪽: 왜 셔먼은 그것을 스스로의 잘못이라 생각하고 걱정한다고 생각했나요?
- 27쪽: 지금 셔먼의 기분은 어떤가요? 그의 기분은 왜 좋아졌나요?
- 29쪽: 셔먼의 기분이 나아졌다는 것을 우리는 어떻게 알 수 있었나요?

추후 읽기: 글을 읽은 후, 글에서 무슨 일이 있었는지를 짧게 이야기 나누라. 학생들에게 다음과 같은 질문을 할 수 있다.

- 셔먼에 대해 말해 보세요.
- 셔먼은 어떤 감정을 느꼈었나요?
- 셔먼은 누구에게 이야기를 했나요?
- 메이플 부인은 셔먼에게 무엇을 하길 요구했나요?
- 셔먼은 그림을 그리고 다른 사람과 이야기를 나눈 후 어떤 기분을 느꼈나요?

줄거리에 대해 간단히 이야기를 나눈 후 설명하라. "때때로 우리가 이해할 수 없는 나쁜 일이 일어나곤 해요. 그리고 때때로 우리 안에 많은 감정이 생기기도 합니다. 만약 셔먼이 자신의 감정을 밖으로 표현하지 않았다면, 무슨 일이 생겼을까요?" 각각의 반응을 들어주라. 학생들이 슬픔이나 분노와 같은 감정을 이야기해도 괜찮다는 것을 이해하도록 도우라. 그리고 때때로 우리가 감정을 안에만 가둬두면, 그것을 다른 방식으로 표출되고 만다는 사실도 알리라. 감정을 적절한 방식으로 표현하는 것이 중요하다.

생각 나누기(짝 활동): 다음에 제시된 질문을 하되, 답을 제시하지 말라. 학생들로 하여금 질문에 대해 스스로 생각해 보도록 하라. 칠판에 질문을 작성하라.

- 행복감을 표현할 때 어떠한 행동을 하나요?
- 슬픔을 표현할 때 어떠한 행동을 하나요?
- 네가 화가 났다는 사실을 다른 사람이 어떻게 알아차리나요?

두 명의 학생이 짝을 이루게 하라. 당신이 신호를 하면, 짝들은 서로 자신의 생각을 나눈다. 1분 정도 짝과 서로의 생각을 나누게 한 다음 일부의 학생들에게 발표해 보게 한다. 그들이 발표한 내용을 칠판에 기록한 후 반복하라. "감정을 표현하는 방식은 다양합니다." 칠판에 적힌 내용 중에서 얼굴 표정을 언급하는 것을 지적하라. "우리는 다른 사람이 어떠한 감정을 느끼는지 그들의 얼굴 표정을 보고 알아차릴 수 있는 경우가 많아요." 〈활동지 4-2〉 '느낌을 표현해요'를 나누어 주고 다음과 같이 설명하라. "이 활동지는 다양한 감정을 느끼는 사람들의 그림이 담겨 있어요. 이 페이지에서 어떠한 감정을 느낄 수 있나요?" 학생이 대답하면, 피드백을 제공하라.

학생들에게 크레용을 꺼내도록 하라. 사람들은 자신의 감정을 표현하기 위해 때때로 색을 이용한다는 사실을 설명하라. 붉은색 크레용을 집고 물어보라. "붉은색을 보면 어떤 감정이 생각나나요?" 사랑, 분노 등의 대답이 가능하다. 푸른색 크레용을 들고 물어보라. "푸른색을 보면 어떠한 감정이 생각나나요?" 슬픔, 침착함 등을 대답할 수 있다. 그러면 다음과 같이 말하라. "좋아요. 그럼 각각의 사진에 색깔을 칠해 보아요. 그림에서 드러나는 감정에 어울리는 색을 칠해 보되, 하나의 그림에 원하는 색을 두세 가지 섞어서 칠할 수도 있어요. 그리고 그림 아래쪽에 있는 빈칸에 그림 속에서 드러나는 감정의 종류를 적어 보세요."

학생들이 그림에 색을 칠하기 시작하면, 교실을 돌아보며 각각의 그림에 드러난 감정을 표현하기 위해 사용한 색이 무엇인지 물어보라. 색을 칠할 수 있는 충분한 시간을 준 다음, 각 그림에 대한 색깔의 예를 물어보라. 책을 다시 높이 들고 다음과 같이 물어보라. "셔먼은 그의 감정을 표현하기 위해 무엇을 했나요?" 학생들에게 그의 그림을 그리거나 색칠할 때 어떤 색을 사용할 것 같은지 물어보라.

학생들에게 이야기 속에서 무슨 일이 일어났는지에 대한 그림을 그리게 할 때, 그들이 어떻게 느꼈는지를 표현하는 색을 사용하라고 말하라. 그림을 그린 후에,

그들의 그림에 대해 토론할 수 있는 시간을 허락하라. '생각 나누기(짝 활동)'의 형식을 사용하거나, 전 학급을 토론에 참여시키도록 하라. 토론에 이어서, 질문하는 시간을 가지라.

다음과 같은 문장으로 마치라. "때로 고통스러운 일이 발생합니다. 슬픔이나 흥분, 분노를 느끼는 것은 괜찮아요. 그것에 대해 이야기하고 우리의 느낌을 좋은 방식으로 밖으로 흘려보낼 때, 기분이 나아지고, 우리는 힘을 가질 수 있습니다. 만약 그것에 대해 이야기하기 위해 도움이 필요하다면, 누군가에게 도움을 구하는 것이 좋아요. 우리 학교에는 여러분에게 관심을 가지고 여러분의 이야기를 듣는데 시간을 내줄 사람들이 항상 있어요."

읽기 자료 추천

Doll, B., & Doll, C. (1997). *Bibliotherapy with young people: Librarians and mental health professionals working together*. Englewood, CO: Libraries Unlimited.

Forgan, J. (2002). Using bibliotherapy to teach problem-solving. *Intervention in School and Clinic, 38*(2), 75-82.

Gladding, S. T., & Gladding, C. (1991). The ABCs of bibliotherapy for school counselors. *School Counselor, 39*(1), 7-12.

McCarty, H., & Chalmers, L. (1997). Bibliotherapy intervention and prevention. *Teaching Exceptional Children, 29*, 12-17.

Sullivan, A. K., & Strang, H. R. (2002-2003). Bibliotherapy in the classroom: Using literature to promote the development of emotional intelligence. *Childhood Education, 79*(2), 74-80.

활동지 4-1

독서치료의 요약

				상	중	하
제목						
주제			발달 수준			
저자			언어와 쓰기 스타일			
출판년도			묘사의 질			
출판사			삶의 경험			
주소			문제의 묘사			
ISBN			문제해결 과정			
가격			대처 기술			
학년 수준			인물 특성 묘사			
페이지 수			대화 및 의사소통 기술			
요약:			정서적 자극의 적합성			
			인간 다양성에 대한 민감성			
			희망과 지지의 제공			

추천 학급 활동

출처: Melissa Allen Heath and Dawn Sheen (2005). Guilford Press의 허락하에 게재함.

활동지 4-2

느낌을 표현해요

지침: 때때로 색깔은 우리에게 어떤 느낌을 불러일으킵니다. 각 그림을 색칠하고, 사람의 감정과 연결 지어 보세요. 그림의 아래 칸에 각 사람의 감정을 적어 보세요.

출처: Melissa Allen Heath and Dawn Sheen (2005). Guilford Press의 허락하에 게재함.

보충자료 4-1

독서치료를 위한 문헌 평가하기

	우수함	평이함	빈약함/부재
발달 수준	언어, 그림 및 이야기가 독자의 발달 수준에 적합하다.	일관성이 없고, 독자의 발달 수준과 정확하게 맞지 않는다.	학생의 발달 수준에 적합하지 않다.
언어와 작문 스타일	이야기가 이해하기 쉬운 스타일로 쓰였다. 이야기의 흐름이 좋고, 독자의 주의를 끈다.	문체가 고르지 않다. 이야기에 독자의 흥미를 끌어낼 재미있는 세부 묘사가 빠져 있다.	표현이 어색하다. 독자에게 혼란을 준다.
삽화의 질	그림의 색감이 좋고, 표현적이며, 이야기와 잘 어울린다. 독자의 주의를 끈다.	그림의 질이 낮다. 그림들이 스토리를 정확하게 묘사하지 않는다.	그림의 질이 떨어진다. 그림이 이야기와 어울리지 않고 독자의 흥미를 끌지 못한다.
인생 경험	현실적인 방식으로 삶을 묘사한다.	이야기의 어떤 부분은 현실적이나, 나머지는 아니다.	비현실적이며, 진실성이 떨어진다.
문제의 기술	정직하고 분명한 방식으로 문제를 묘사한다.	문제가 묘사되지만, 쟁점을 회피하고 있다.	비현실적으로 문제를 묘사하고 쟁점을 회피한다.
문제해결 과정	문제해결 과정이 탐색된다. 인물들이 통찰을 얻는다.	문제를 해결하는 과정이 탐색되지만, 해결책이 단순하고 지나치게 빨리 도달한다.	문제해결에 대한 탐색이 없으며, 임기응변식의 해결에 의지하고, 인물들이 희생자로 남아 있다.
대처 기술	인물들이 건강한 대처 기술과 문제해결 전략의 본이 된다.	인물들의 대처 기술이 효율적이지 않고 비현실적이다.	인물들이 건강한 대처 기술의 본이 되지 않는다. 오히려 반사회적 행동을 증진시킨다.
성격 묘사	인물들이 다차원적이며, 삶의 진실에 가까운 감정을 보여 준다.	인물들이 일차원적이며, 제한된 감정을 표현한다.	인물들이 정형화되어 있고, 피상적이고 비현실적인 감정을 보여 준다.
이야기 및 대화 기술	분명한 의사소통 기술이 드러나며, 대화가 독자의 주의를 끈다.	의사소통이 기초적이며, 독자의 흥미를 지속적으로 끌지 못한다.	대화가 상투적이며 피상적이다.

〈계 속〉

감동적인 장면의 효과	감동적인 장면이 도움이 되며, 독자를 조종하지 않는다.	감동적인 장면의 효과에 대해 의문이 남는다.	감동적인 장면의 효과가 독자를 즐겁게 하거나 조종하는 데 그친다.
인간의 다양성에 대한 민감함	인간의 다양성에 대한 민감함이 책 전체에서 관찰된다. 그림, 이야기 및 대화가 독자의 타인에 대한 이해를 증진시킨다.	이야기가 인간의 다양성에 대한 제한된 민감성을 보여준다. 이야기가 단일한 문화적 관점을 우선으로 제공한다.	인간의 다양성에 대한 민감성을 찾아볼 수 없다. 선입견과 문화적 편견을 조장한다.
희망과 지지	이야기가 독자에게 희망과 지지의 느낌을 준다.	이야기가 제한된 희망과 지지를 제공한다.	이야기가 독자에게 절망감을 남긴다.

출처: Melissa Allen Heath and Dawn Sheen (2005). Guilford Press의 허락하에 게재함.

강의자료 4-1

독서치료의 목적과 단계

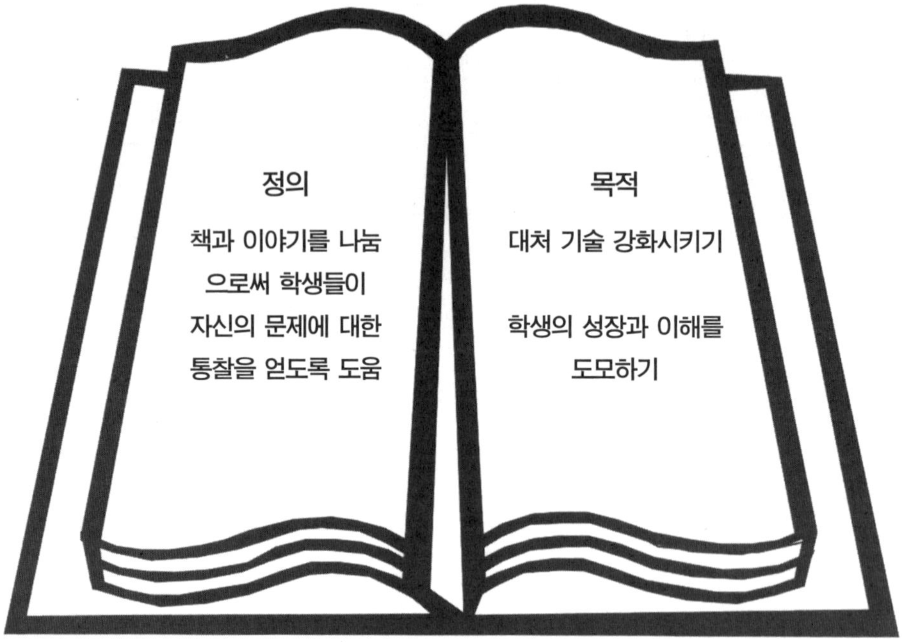

단 계

- **참여**: 이야기에 학생의 주의를 집중시킨다.
- **동일시**: 학생들은 인물에 대한 동일시를 한다.
- **카타르시스**: 학생들은 인물의 감정을 공유하고 정서적 긴장을 해소한다.
- **통찰**: 학생들은 이야기를 통해 배운 점을 자신의 문제를 해결하는 데 적용한다.
- **보편화**: 학생들은 타인 또한 비슷한 어려움을 가졌음을 깨닫게 되면서 자신이 혼자가 아니라고 느낀다.

출처: Melissa Allen Heath and Dawn Sheen (2005). Guilford Press의 허락하에 게재함.

Chapter 5

특정 문제를 가진 학생 돕기

리질리언스(회복탄력성)

리질리언스(resilience)란 역경에도 불구하고 잘 적응하는 탄력성으로 정의할 수 있다. 지난 몇 년 간, 연구자들은 역경 속에서도 아동이 성장하도록 돕는 가족, 학교, 공동체의 몇몇 요인을 확인했다(Masten, 2001). 그 요인 중에는 안전한 지역사회, 긍정적 관계, 학업적 성공 등이 있다. 교직원이 학생의 가족 안에서 일어나는 일을 통제하는 것은 어렵지만, 학교 공동체 안의 많은 요인이 외적 자원을 증가시키는 데 활용될 수 있다. 성인과 학생 사이의 긍정적인 관계를 기르는 것은 필수적이다. 학교에서의 안전감은 학생이 좀 더 학업에 집중하도록 해 주고, 학교에의 성공적 적응을 향상시킨다.

리질리언스가 높은 아동의 내적 자원 또한 발견되었다. 긍정적 정신건강, 문제해결 능력 그리고 사회적 · 정서적 기술이다(Berk, 2003). 학교 장면 안에서 교직원은 학생의 성공적이고 생산적인 삶의 발달에 기여할 수 있는 기술과 자질을 개

Dawn Sheen, Melissa Allen Heath, Jolene Campbell, Chrisandra Melville, & Bart Lyman

발시키는 많은 기회를 접할 수 있다. 한 연구에서는 학교가 리질리언스 기술(특히 사회적 · 정서적 능력)을 길러 줄 때, 학생이 학업 수행의 향상을 보였음을 밝혔다(Maleki & Elliot, 2002). 보다 포괄적인 리질리언스에 대한 논의를 원한다면 웹사이트 smhp.psych.ucla.edu/pdfdocs/sampler/Resiliency/resilen.pdf에서 '기술적 지원: 보호 요인/리질리언스'에 접속하거나 『회복탄력적 교실: 학습을 위한 건강한 환경 조성하기(*Resilient Classrooms: Creating Healthy Environments for Learning*)』(Doll, Zucker, & Brehm, 2004)를 참고하기 바란다.

이 장에서 언급하는 리뷰 연구들은 역경 관련 상황을 다루는 리질리언스 기술의 몇 가지 예를 제공한다. 이러한 기술들은 다음과 같은 내용을 포함한다.

- 적절히 문제를 해결하기
- 도움 청하기
- 즐겁고 안정감을 주는 활동을 함으로써 스트레스 줄이기
- 긍정적인 사고하기
- 우정을 개발하고 강화하기
- 역경에 대한 내성 기르기
- 적절한 방식으로 감정 표현하기

이 장의 남은 부분은 학생들이 겪게 되는 중요한 주제들에 관한 간략한 정보가 담겨 있다. 이러한 주제들에는 우울, 불안, 만성질환, 친구 문제, 이혼, 가정 문제, 학대, 자살, 죽음과 애도 등이 포함된다. 교직원을 훈련하는 자료들도 제시하고 있다. 추가적으로, 적절한 대처 기술을 반영하고 있는 교재와 학급 활동 자료도 제시하였다.

우 울

우울은 오랜 시간 지속되는 슬픔의 상태를 말한다. 아동이 무언가에 대해 비통

해할 때 슬픔을 느끼는 것은 흔한 일이다. 하지만 이 슬픔이 오랜 시간 지속되거나 일상생활에서 기능하는 데 방해가 된다면, 우울이 될 수 있다.

우울을 일으키는 원인에는 많은 것이 있다. 뇌의 화학적 불균형, 가정 및 학교에서의 스트레스, 사랑하는 이의 죽음, 자존감의 문제, 또는 자기 삶의 사건에 대한 통제감의 정도 등이 우울과 관련된 것들이다. 원인이 무엇이건, 우울한 학생들은 좀 더 학업적으로 어려움을 겪는 경향이 있다.

교직원이 우울한 학생을 인지했을 경우, 이들을 학교 정신건강 전문가에게 의뢰할 수 있다. 또한 교사는 학생들이 일상의 스트레스 요인에 대해 대처하는 기술을 배우도록 할 수 있다. 학생들이 긍정적 대처 기술을 배워 감에 따라, 우울에서 비롯되는 위험은 줄어들게 된다(Asarnow, Jacox, & Tompson, 2001). 적응적 대처 전략에는 사회적 지지, 문제해결, 도움 추구, 스트레스 감소 전략과 긍정 전략 등이 있다. Frydenberg와 Lewis(1999)는 긍정적 대처 전략을 사용하는 학생들이 자아효능감과 학업 성취 결과가 높다는 것을 보고하였다. 긍정적 학습 전략 외에도 학생들은 부적응적 대처 전략을 줄이는 것을 배울 필요가 있다(Frydenberg & Lewis, 2002). 부적응적 대처 기술은 걱정하기, 문제 회피, 자책, 대인 기피, 파괴적 행동(예: 약물 사용) 등이다.

불 안

사람들은 극단적인 '투쟁 – 도주 반응(fight or flight response)'처럼 위험한 상황에서 작동하는 자동적 반응기제를 가지고 있다. 위험이 감지될 때, 교감신경계는 신체 반응을 일으킨다. 심장이 빨리 뛰고, 혈류는 근육으로 몰리며, 호흡이 빨라지고, 생각이 위험에 집중되며, 공포와 불안 반응이 나타난다.

위험이 지나가게 되면 부교감신경계가 작동하고 몸과 마음은 정상으로 돌아간다. 하지만 위험에 대한 기억은 남아 있다. 투쟁 – 도주 반응이 인식을 돕고 위험한 상황에 대한 준비를 하도록 함으로써 부호화된 과정은 매우 적응적일 수 있다.

공포가 반드시 나쁜 것은 아니다. 학생들이 길에서 놀 때 차에 치일 것 같은 공포를 느끼는 것은 건강한 공포심이다. 그러나 불안 때문에 고생하는 학생들은 위협적인 상황이 아님에도 공포 감정을 느끼게 된다. Dacey와 Fiore(2002)는 불안을 겪는 아이들이 마주하는 네 가지 문제를 제시하였다.

① 스트레스 상황에서 다른 아이들에 비해 쉽게 진정하지 못한다.
② 창의적이지만, 불안에 대처하기 위한 계획을 세울 때 좀처럼 창의성을 발휘하지 못한다.
③ 좋은 계획을 가지고 있을 때에도 시도를 중단하거나 의기소침해한다.
④ 불안한 감정이 줄어들고 있을 때에도, 자신의 성공을 인식하지 못한다.

교직원은 학생이 불안에 대처하도록 돕는 데 핵심적인 역할을 맡는다. 학교 정신건강 전문가와 함께 중재를 계획하는 것과 더불어, 교사는 학생들에게 동기부여를 할 수 있다. 연구에 따르면, 학생들이 생각과 감정이 어떻게 상호작용하는지를 이해하는 것과 같은 지식은 불안의 감정을 잘 다룰 수 있게 해 준다(Velting, Setzer, & Albano, 2004). 효과적으로 문제를 해결하는 것 또한 불안의 극복에서 중요한 것이다. 교직원들, 특히 교사는 학생이 자신의 지식을 얻어 가고 그것을 어려운 상황에서 사용하도록 격려할 수 있다. 〈강의자료 5-9〉를 교직원 교육용으로 사용하라.

만성질환

만성적이고 심각한 질병을 겪는 학생은 학교 장면에서 다양한 문제로 고충을 겪는다. 질병으로 결석하거나 학교 활동 참여에 제한을 받는 경우, 학생의 어려움에 대한 교사의 반응과 또래관계는 학생의 전반적인 건강에 더욱 큰 영향을 미친다. 교사는 질병에 대한 이해가 필요하고 약의 부작용을 알아야 한다. 교직원은 〈보충자료 5-2〉를 참고하여 일어날 수 있는 일에 대한 계획을 수립하여야 한다. 학교에 있는 동안 이러한 학생들을 잘 수용하고 그들이 자신의 질병을 잘 다루고 있다고 느끼도록 하기 위해 교사가 관심을 갖고 지켜봐야 할 일들이 많이 있다.

친구 사귀기의 어려움

긍정적인 대인관계는 건강한 발달을 위한 필수 요소다. 부모, 교사 및 친구들과의 관계는 모두 학생들의 사회적 발달에서 중요한 역할을 한다. 그러나 많은 학생이 친구를 만들고 우정을 유지하는 데 어려움을 겪는다.

긍정적 우정은 정서적 지지와 문제해결, 관점의 변화, 긍정적 사회 경험, 사회적 기술의 학습과 연습에의 기회와 공감을 연습할 기회를 제공한다. 친구가 없는 아동은 외롭고 놀림 당하기 쉬우며, 낮은 자존감과 학교 적응에 어려움을 겪으며, 품행 문제를 겪기도 한다.

연구자들은 친구관계에서 어려움을 겪는 아동은 으스대거나, 충동적이거나, 불친절함을 보고하였다(Coie & Dodge, 1998). 그들은 친구들에게 비난을 받거나 다른 아이들을 욕할 수도 있다. 또래와 상호작용을 잘하지 못하는 아동은 위축되고 또래와 가까워지는 시도를 하지 못한다. 전반적으로, 친구 사귀기의 어려움은 사회적 기술이 좋지 못한 것에서 비롯된다. 교직원은 학생들에게 대인관계 기술을 가르치고 연습시켜서 이러한 어려움을 극복하도록 도울 수 있다.

〈보충자료 5-3〉 '친구 사귀기의 어려움'을 교직원 연수 자료로 사용할 수 있다. 자료를 살펴보고 어느 교직원이 학생을 도울 수 있을지를 이야기 나누도록 하라.

이 혼

대략 전체 기혼자의 절반 정도가 이혼을 한다(Amato, 2001). 이혼은 매우 흔하게 일어나고 있기 때문에 이혼가정의 학생들을 지원하는 것은 매우 중요하다. 학생을 지원하기 위해 교직원은 각 학생들이 부모의 이혼으로 어떠한 영향을 받았는지를 이해해야 한다.

이혼은 아동과 청소년이 이해하기에는 복잡하고 어려운 일이다. 그들은 종종 부모가 왜 이혼했는지에 대해 혼란스러워한다. 또한 그들은 재구성된 가족의 어디에 자신이 속해야 할지도 궁금해한다. 종종 그들은 이혼에 대해 자신의 탓을 하기도 한다. 많은 걱정과 질문을 가지고 있음에도 그들은 부모에게 이혼에 대해 묻는 것을 주저한다. 정보의 부족으로 그들은 이혼에 대한 공포와 잘못된 개념을 갖기도 한다. 그리고 그들은 혼자라고 느낀다.

최근의 이혼에 관한 문헌들에서는 가족 변화에 따른 아동 적응의 문제와 적절한 지원 방법에 대한 정보를 제공한다. 연구 결과에 따르면, 아동의 적응력과 리질리언스는 긍정적으로 작용한다(Hethenrington & Stanley-Hagan, 1999). 이혼을 겪은 아이들은 정서적 반응을 해 주고 정서적으로 지지해 주는 부모가 있을 때, 긍정적인 적응을 하는 것으로 나타났다(Amato, 2001). 부모가 이혼을 했든 함께 살고 있든지 간에, 대부분의 학생들은 다음과 같은 기술을 통해 도움을 받을 수 있다.

- 적절한 방식으로 감정 표현하기
- 문제해결
- 친구관계의 개발 및 강화

교육자들은 학생들이 이러한 기술을 개발하고 연습하도록 도울 수 있다.

가정 문제

때로 학생들은 학교에서 어려움을 겪곤 하지만, 그 문제는 가정에서부터 시작된다. 부모와의 관계에서 문제가 있을 때 학교에서 문제를 일으키게 된다. 게다가 부모가 정서적으로 문제를 겪고 있다면 아이는 이에 영향을 받게 된다. 미국 가정에 대한 전국조사(National Survey of American Families)에 따르면, 부모가 정신건강 문제를 가지고 있는 가정의 아동들이 정서 및 품행 문제를 보이는 것으로 나타났다(Brandon, 2003). 부모의 정서적 반응이 예측 불가능한 가정에서 자라는 아동은 공포와 혼란을 경험하며, 문제해결에 대한 책임을 느끼곤 한다. 또한 이러한 상황이 지속될 경우 아동들은 무력감에 빠지게 되며, 이와 같은 공포와 혼란, 무력감의 경험은 학교에서 학업 · 사회 · 행동 문제를 일으킨다.

재정적 어려움 또한 학생의 마음에 짐이 될 수 있다. 경제적으로 어려운 집안의 아동은 사회적 · 정서적 · 학업적 문제에서 위험에 빠질 가능성이 높다(Evans, 2004). 경제적 위기로 근심과 공포를 경험할 때 아동은 행동적으로 문제를 일으키게 된다. 성적이 떨어지고, 친구들에게 거절을 당하기도 하며, 가난 때문에 무시와 학대를 당하기도 한다. 그런 상황에 처한 학생은 혼란스러운 세계 속에서도 자신을 지지하고 돌봐 주는 성인을 통해 희망을 찾고자 하는 노력을 계속할 수 있다.

가난에 노출된 아동들과의 인터뷰를 통해, Percy(2003)는 사랑받는 느낌과 친구들로부터의 지지는 안녕감의 기초가 된다는 것을 발견하였다. 교직원이 학생의 친구로서 직접적인 우정을 제공하지 못한다 하더라도, 그들은 사랑과 지원을 제공할 수 있다. 교사는 긍정적인 친구관계를 경험하지 못하는 학생에게 사회적 기술을 가르칠 수 있다. 이러한 기술을 연습할 기회는 학교 환경 안에서 제공될 수 있다.

학 대

학대(abuse)는 성적 · 신체적 · 정서적 학대 등 세 가지 형태로 분류할 수 있다. 교사와 교직원은 학대로 '의심되는' 모든 상황에 대해 관련 기관, 대개 아동보호서비스기관(Child Protective Services)이나 인권보호기관(Department of Human Services)에 보고해야 할 의무가 있다. 학대가 의심된다면, 그것을 보고하라. 이때에는 사실 그대로, 의심되는 부분은 의심되는 것으로, 명확히 해서 보고하라. 24시간 연락 가능한 국가 비상 번호가 있으며, 전화번호를 확인하면 무료 비상 전화번호가 기록되어 있다. 대부분의 학교에서는 학대가 의심되는 상황을 보고할 수 있는 대체적인 틀이 마련되어 있다. 당신의 학교에 있는 관련 정책이나 가이드라인은 어떠한지 확인해 보라. 일부 학교에서는 보건교사나 교장과 함께 짧은 길이의 보고서를 작성하게 할 수도 있다.

학대받은 아동은 죄책감, 수치심, 고립감 및 두려움을 느낄 수 있다. 또한 그들은 무력감이나 절망감(hopeless), 우울을 느낄 수도 있다. 자살을 시도하거나 학대 상황으로부터 도망가려는 아동이 있을 수도 있다. 또한 어떤 아동은 극도의 불안감을 느끼며, 사소한 신체적 접촉이나 큰 소리에 민감하게 반응하기도 한다.

교사와 교직원은 정신건강 전문가와 의논하여 학대받은 경험이 있는 아동이 어떻게 학급에 잘 적응하도록 할 수 있을지 결정해야 한다. 아동의 스트레스와 불안을 줄이고, 안전함과 안정감을 느낄 수 있도록 만드는 것이 목표다. 이러한 개입은 그다지 어렵지 않게 이루어질 수 있다. 학생을 교실 뒤쪽 구석 자리에 앉히면, 그는 모두를 더 잘 볼 수 있고 통제감을 느낄 수 있다. 또 어떤 학생은 교사의 책상 옆이나 창가, 출입문 쪽에 앉았을 때 더 안정감을 느끼기도 한다. 학생이 느끼는 걱정이나 두려움에 따라서 다른 전략이 필요할 수도 있다. 학생이 극도로 불안해할 경우 학교 상담자를 만나도록 조치해야 한다.

자 살

자살은 미국에서 여덟 번째로 많은 수를 차지하는 사망 원인이다. 15~34세의 청소년 및 청년을 대상으로 했을 때 세 번째로 많은 수를 차지하는 사망 원인이다. 평균적으로 84명의 미국인들이 매일 자살한다. 지난 40년 동안 청소년 자살률은 급격하게 증가하였다(U.S. Department of Health and Human Services, 2001). 학교에서는 이러한 청소년 자살에 영향을 미치는 위험 요인(risky factor)과 자살 징후(warning signs of suicide)에 대해 잘 인지하고 있는 것이 필수적이다.

자살 위험 요인 중 일부는 적응 문제와 관련된다. 사회적 관계(social connections)의 부족, 극도의 수치심 · 불안 · 우울감, 알코올이나 약물 사용, 성격의 갑작스러운 변화, 위험한 활동의 참가가 원인이 될 수 있다. 아끼는 물건을 나누어 주고 자살 계획에 대해 이야기하는 것은 자살 시도가 임박했다는 것을 나타내는 표시일 수 있다.

자살 징후를 감지했을 때 교사와 교직원은 당사자인 학생과 반드시 이야기해야 한다. 자살을 시도하려는 학생에게는 한 번도 만난 적 없는 상담자보다는 매일 만나는 교사와 이야기하는 것이 더 쉬울 것이다. 만일 학생이 자살하고 싶은 마음에 대해 이야기한다면, 조용히 들어주라. 학생의 안전에 대한 염려를 나타내고 학교 정신건강 전문가와 만나는 것을 종용하라. 그리고 다음과 같이 말할 수 있을 것이다. "네가 너무 염려되고, 누군가가 너에게 도움이 되었으면 좋겠어. 너도 네가 누군가를 염려할 때 그 사람이 다치는 것을 원하지 않듯이, 나도 너에게 도움이 되고 싶어."

이렇게 학생의 행동을 관찰하고 명확한 자살 징후에 반응하는 것과 더불어, 자살 예방 활동을 학급 교과과정에 포함시킬 수도 있다. 연구 결과를 살펴보면, 우울한 학생들의 자살 위험이 높다(Brock & Sandoval, 1997; Sandoval & Brock, 1996). 이러한 상태를 다룰 수 있는 기술을 가르치는 것은 문제가 시작되기 전에 예방할 수 있는 방법이다. 대인관계 기술을 향상시켜서 사회적 관계에서 도움을 받을 수 있도록 하는 것도 도움일 될 수 있을 것이다.

죽음에 대한 애도

학생이 큰 상실을 경험하게 되었을 때, 몇 단계의 애도 과정을 거치는 것이 일반적이다(Kübler Ross, 1969). 학교 관계자는 슬픔에 빠진 학생이 상실을 다루기 위해 무엇이 필요한지뿐만 아니라 어떻게 반응해야 하는지도 잘 알고 있어야 한다. 다음은 애도의 단계다.

- **슬픔**(sadness): 슬픔은 상실에 대한 일반적인 반응이다. 아동은 이전에 좋아했던 활동에 관심을 보이지 않거나 덜 보일 수 있다. 시간이 지나면서 다음 단계의 애도 과정으로 넘어가면서 초기의 슬픔은 감소한다.
- **부인**(denial): 상실에 대한 반응으로서, 아동은 몇 가지 이유로 그 상실에 대해 부인하려고 할지 모른다. 먼저, 사랑했던 사람이 다시 돌아오지 않는다는 것

을 받아들이기 힘들기 때문이다. 가까운 이의 죽음과 함께, 괴로운 감정을 경험하게 된다. 이러한 감정을 견디는 것이 어렵기 때문에 아동은 죽음을 직면할 필요가 없는 환상의 세계로 빠져든다. 이러한 반응은 충분히 납득이 갈 만하다. 하지만 아동이 현실 세계로 다시 돌아오지 못한다면 문제가 될 수 있다. 죽은 사람에 대하여 아동에게 이야기하고 그와 함께했던 긍정적인 경험이나, 다정하고 행복했던 경험들을 상기시키는 것이 도움이 된다.

- 죄책감(guilty): 아동은 죽음이 자신의 잘못이라고 생각하거나, 자신이 그 죽음을 막을 수 있었을 것이라고 생각할 수도 있다. 성인은 그 죽음이 아동 때문이 아니며 아무도 어찌할 수 없었다는 것을 반복적으로 이야기해 주어서 아동이 잘못 받아들인 책임감을 없애 주어야 한다.
- 분노(anger): 분노의 근원은 이해되고 표현되고 싶은 혼란스러운 감정일 경우가 많다. 삶에서의 어떤 변화는 불편한 느낌을 가져올 수 있다. 상실과 관련된 감정들은 특히 혼란스러울 수 있다. 파괴적 행동을 통해 이러한 혼란이 행동화되는 것은 흔한 일이다. 성인은 분노가 어디서에서 비롯었되는지를 이해하고 인내심을 가짐으로써 아동을 도울 수 있다. 또한 아동이 이러한 감정을 인지하고 표현하도록 가르쳐 주는 것 역시 도움이 될 것이다.
- 수치심(shame/stigma): 아동은 자신이 대부분의 사람과 비슷하다고 믿고 싶어하고, 군중 속으로 섞여 들어가고 싶어 한다. 하지만 사랑하는 누군가가 죽었을 때, 그것은 아동을 다른 사람과 분리시킨다. 또한 그들은 애도를 표현하는 성인의 관심의 대상이 됨으로써 당황함을 느끼게 될지도 모른다. 상실을 경험할 때 아동은 자신이 다르다고 느낄 수 있으며, 그것이 부끄러운 일이라고 느낄지도 모른다. 비슷한 상실을 경험한 또래 집단과 함께하는 것이 도움이 될 수도 있다.
- 수용(acceptance): 상실을 경험한 아동은 다른 발달 단계에 진입함에 따라 다시 첫 번째 애도 단계로 돌아갈 수도 있다. 아동은 사랑하는 사람이 없다는 사실이 감지되는 수많은 순간을 거쳐서 성장한다. 일반적으로, 아동은 점차적으로 죽음을 받아들이고 이러한 상실을 계속해서 기억하는데, 이는 성인기까지 지속되기도 한다(Fitzgerald, 1992).

아동이 각 단계의 애도 과정을 반복하고 있을 때 학교 관계자들이 도울 수 있는 일은 많다. 이러한 애도 과정에 있는 학생과 이야기할 때 상실을 인지하는 것이 중요하다. 감정을 표현하였을 때 상황을 민감하게 인지하고 진지하게 대하는 것이 신뢰 관계를 만들고 유지하는 데 필수적이다. 호기심을 충족시키기 위한 질문은 피해야 하고, 학생이 말하고 싶을 때 언제나 거기에 있다는 사실을 알리라. 상실을 경험한 학생은 사랑했던 사람에 대한 추억담을 나누는 것이 필요하다. 아동이 준비되었을 때 그렇게 할 수 있도록 만들라.

교직원 훈련 자료

학교 정신건강 전문가는 학생들의 발달과정에서 나타날 수 있는 변화 또는 주요한 사건에 대한 학생들의 일반적인 반응에 대해서 알려 줄 수 있는 핵심적인 위치에 있다. 교사와 교직원의 회의 시 정신건강 전문가는 구체적인 위기 상황에 대한 정보뿐만 아니라 위기 상황 훈련에 대한 정보를 전달해야 하는데, 여기에는 위기 상황에서의 교직원 역할 등이 포함된다. Garet, Porter, Desimone, Birman과 Yoon은 효과적인 전문발달 프로그램을 개발하는 전략을 다음과 같이 제안하였다(Eliot, Kratochwill, & Roach, 2003에서 인용).

- 참가자가 이미 가지고 있는 지식을 확장시키는 데 초점을 맞추라.
- 적극적으로 배우도록 독려하라.
- 훈련의 일관성을 유지하라.
- 의미 있는 변화를 가져올 수 있도록 목표를 세우라.
- 학교의 모든 교사와 교직원이 협력할 수 있도록 격려하라.
- 목표를 이룰 수 있도록 적당한 훈련을 제공하라.

교직원 훈련 동안 사용될 수 있는 보충 및 강의 자료가 이 장의 마지막 부분에 제공되어 있다. 일부 자료는 교직원 교육에 사용될 수 있고, 일부는 학생 교육에도 사용될 수 있다. 이때 위기개입과 관련된 정보를 제공하는 것이 필수적이다. 보충 및 강의 자료의 간단한 요약부터 협력적 학급활동을 정교화하는 것까지, 다양한 방향으로 다루어질 수 있다. 교수 효과를 높이기 위해 더 창의적이 되기 위해 노력하라.

자료의 주제

- 우울증(〈보충자료 5-1〉)
- 불안(〈강의자료 5-9〉)
- 심각한 만성질환(〈보충자료 5-2〉)
- 친구 사귀기의 어려움(〈보충자료 5-3〉)
- 이혼(〈보충자료 5-4〉)
- 학대(〈보충자료 5-5, 5-6〉 〈강의자료 5-1, 5-2, 5-3〉)
- 자살(〈보충자료 5-7〉 〈강의자료 5-4와 5-5〉)
- 죽음에 대한 애도(〈보충자료 5-8, 5-9, 5-10〉 〈강의자료 5-6〉)

독서치료 활동

교사와 교직원은 다음에 소개되는 책과 활동을 학급 활동에서 사용할 수 있다. 교사와 교직원 교육의 일부로서 학교 정신건강 전문가는 다음의 책을 읽어 보도록 권하거나 활동을 모델링할 수 있다.

권장도서

- *When Addie was Scared*(독서치료 요약 5-1)
- *Joey Pigza Swallowed the Key*(독서치료 요약 5-2)
- *How to Lose All Your Friends*(독서치료 요약 5-3)

- *When Zachary Beaver Came to Town*(독서치료 요약 5-4)
- *My Louisiana Sky*(독서치료 요약 5-5)
- *Define 'Normal'*(독서치료 요약 5-6)
- *Gettin' through Thursday*(독서치료 요약 5-7)
- *Money Hungry*(독서치료 요약 5-8)
- *Ramona and Her Father*(독서치료 요약 5-9)
- *Lilly's Purple Plastic Purse*(독서치료 요약 5-10)
- *Is It Right to Fight?*(독서치료 요약 5-11)

학급 활동

리질리언스 기술을 강조하는 활동이 다음 자료에 설명되어 있다. 이 자료들은 학급에서 교사뿐만 아니라 정신건강 전문가에 의해서도 소집단 형태로 사용할 수 있도록 설계되었다. 교사는 치료적으로 학생을 상담할 수는 없지만, 리질리언스와 관련된 기술들은 가르칠 수 있다. 〈표 5-1〉은 어떤 활동이 특정 상황이나 문제에 도움이 될 수 있을지를 나타낸다.

표 5-1 추천 활동, 언급된 주제, 처한 상황/문제

활동	주제	페이지	우울	불안	만성질환	친구 문제	이혼	학대	자살	가정 문제	일반적 대처 기술
행복한 해리, 슬픈 샐리	생각, 감정, 활동 연결	139	×	×	×	×	×	×	×	×	×
우린 괜찮아!	일반적 대처 기술	140	×	×	×	×	×	×	×	×	×
몬스터 콜라주	두려움 극복하기	141		×	×	×	×	×	×	×	×
인내심 쌓기	인내심, 협력	141			×	×	×			×	×

〈계 속〉

이혼 감정 – 변화	변화에 대처하기	143					×				
이혼 감정 – 부모 대화	감정 다루기	144					×				
집단 규칙 정하기	집단을 위한 규칙	145					×				
배낭 활동	감정 다루기	146	×	×	×	×	×	×	×	×	×
웃기기 게임	감정 다루기	149	×	×		×					×
집에서 만든 찐득이	일반적 대처 기술	150	×	×	×	×	×	×	×	×	×
가면	감정 다루기	152	×	×	×	×	×	×	×	×	×
아이스크림 자기소개	당신을 알아가기 시작하기	157	×	×	×	×	×	×	×	×	×
내가 좋아하는 사람은……	당신을 알아가기 시작하기	157	×	×	×	×	×	×	×	×	×
이름 게임	당신을 알아가기 시작하기	158	×	×	×	×	×	×	×	×	×
들어올리기 활동	협동 작업	158	×	×	×	×	×	×	×	×	×
ㄱㄴㄷ 보물찾기	협동 작업	159	×	×	×	×	×	×	×	×	×
팔 걸고 서 있기	함께 일하기	160	×	×	×	×	×	×	×	×	×
의사소통 테니스	의사소통 기술	160	×	×	×	×	×	×	×	×	×
눈 마주치기 공 게임	의사소통 기술	161	×	×	×	×	×	×	×	×	×
'나는 ~을 느껴요' 메시지	의사소통 기술, 감정	161	×	×	×	×	×	×	×	×	×
인간 사슬 풀기	문제해결	162	×	×	×	×	×	×	×	×	×
문제해결	문제해결	163	×	×	×	×	×	×	×	×	×
탁자에 모여 칭찬하기	자아상, 칭찬 주고받기	163	×	×	×	×	×	×	×	×	×
눈싸움	자아상, 칭찬 주고받기	165	×	×	×	×	×	×	×	×	×
재능 사슬	자아상	165	×	×	×	×	×	×	×	×	×

행복한 해리, 슬픈 샐리

목 적

학생들은 생각이 어떻게 감정에 영향을 미칠 수 있을지 연결시킨다.

준비물

착시 그림, 다른 감정들을 불러일으킬 수 있는 상황들의 그림, 하얀색 지우개 마커

생각하기 - 짝 활동 - 공유하기

생각하기: 착시 그림을 보기. 30초 동안 무엇을 봤는지에 대해 생각하도록 학생들에게 요청하라. 그리고 그들이 본 것에 대해 어떻게 느끼는지 주목하도록 요청하라.

짝 활동: 대략 15~30초 후에, 학생들을 짝짓게 하고 다음과 같이 물어보라. "무엇을 보았나요? 그것을 보았을 때 여러분은 무엇을 생각했나요? 여러분이 그것을 보았을 때 어떻게 느끼나요?"

공유하기: 교실 학생들에게 다음과 같이 물어보라. "무엇을 보았나요? 짝이 본 것과 같은가요, 다른가요? 그것을 다르게 보았을 때 자기가 보고 있는 것에 대한 나의 생각과 감정이 어떻게 변했나요?" 그러고 나서 다음과 같이 설명하라. "종종 우리가 지각하는 것은 우리가 무엇을 생각하는지와 어떻게 느끼는지를 결정해요. 여러분이 생각하는 것과 느끼는 것은 그 후 여러분이 어떻게 행동할 것인지를 결정해요." 칠판 위에 큰 삼각형을 그리고, 세 변에 생각 · 감정 · 행동이라고 이름을 붙이라.

행복한/슬픈 생각들

하나는 행복한 얼굴(행복한 해리)과 하나는 슬픈 얼굴(슬픈 샐리)을 칠판에 그리라. 이 두 사람의 이름은 행복한 해리와 슬픈 샐리라는 것을 설명하라. 학생들에게 모든 상황에서 해리는 행복하지만 샐리는 슬프다는 것을 말하라. 학생들을 4명씩

한 집단으로 나누고 임의적으로 각 집단에 행복한 해리와 슬픈 샐리 2개의 범주 중 하나를 할당하라.

말하라: "나는 여러분에게 여러 그림을 보여 줄 거예요. 각각의 그림을 보며 그림 안의 상황이 여러분을 행복하게 하거나 슬프게 하는 이유를 설명해 보세요. 만약 여러분이 '행복한 해리'라면, 그 상황에서 어떤 생각이 자신을 행복하게 하는지 말해 보세요. 만약 여러분이 '슬픈 샐리'라면 그 그림에서 어떤 생각이 자신을 슬프게 만들 것인가요?" 각 그림들을 발표하고 집단 토론을 위한 시간을 허용한 후, 각 집단의 발표자들에게 자기 집단의 생각을 공유하도록 요구하라. 행복한 해리의 사진 아래에 행복한 생각의 목록을 만들고, 슬픈 샐리의 사진 아래에 슬픈 생각의 목록을 만들라.

우리가 생각하는 것이 우리가 느끼는 것을 결정할 수 있고, 우리가 느끼는 것은 종종 우리가 어떻게 행동하는지를 결정한다는 것을 지적하라. 우리 모두는 슬프거나 힘든 상황을 경험한다는 것과 그러한 느낌을 인식하는 것이 중요하다는 것을 알려 주라. 힘든 상황에서조차도 긍정적인 관점을 가지는 것이 가능하다는 것을 설명하라. 때때로 우리는 정말 오랜 시간 동안 이유도 모른 채 슬프거나 화가 날 수도 있다. 우리는 아마도 그 슬픔을 유발하는 것이 무엇인지 모를 것이다. 이런 상황이 발생했을 때, 다른 사람에게 도움을 요청하는 것이 중요하다. 괜찮다. 우리가 감정과 행동에 묶여 있는 행복한 생각이나 슬픈 생각을 확인할 수 있을 때, 우리는 우리 자신과 다른 이들을 더 잘 이해한다. 〈활동지 5-1〉 '사고와 감정 연결하기'를 보며 수업을 마치라.

우린 괜찮아!(We aren't 'Bugged'!)

이 활동(〈활동지 5-2〉와 〈활동지 5-3〉 참조)은 반 학생들이나 소집단 학생들에게 사용할 수 있다. 이 활동은 학생들에게 보호와 불만족스러운 상황에 대처하기를 가르치기 위해 곤충 캐릭터를 사용하기 때문에 특히 남학생들이 좋아할 것이다. 곤충에 대한 흥미로운 사실들을 토론하고, 실제 삶의 상황과 비교점을 이끌어 내라.

몬스터 콜라주

학생들에게 무엇이 그들을 두렵게 만드는지와 그 이유를 말하게 하라. 두려움이 대부분 어떻게 이미지화되어 나타나는지 말하라. "어떤 이미지가 두려움을 나타내는가?" 오늘 우리는 두려움을 나타내기 위해 괴물의 이미지를 사용할 것이라는 것을 설명하라. 원하는 어떠한 방식으로든 잡지를 사용하여 두려움을 나타내는 괴물을 만들게 하라(예: 잡지에서 두려움의 부분을 이미지로 선택하기). 예를 보여 주라. 학생들이 괴물을 다 만들면, 괴물을 그렇게 크게 만든 것에 대해 설명하도록 하라. 학생들에게 이러한 부분들에 대해 할 수 있는 것을 물어보라. 권한을 주는 활동들의 목록을 브레인스토밍하라. 그 종이의 뒷면에 학생들이 괴물보다 더 크게 자기 자신을 표현하는 두 번째 콜라주를 만들도록 하라. 괴물과 싸우기 위해 자신이 할 수 있는 것에 대한 그림을 포함하라. 강해졌다는 것을 느끼기 위해 학생들이 이전에 만들었던 목록에서 이번 주에 그들이 할 한 가지를 선택하도록 한다.

인내심 쌓기

준비물

빨대, 테이프, 종이 봉투(점심도시락 싸는 종이), 눈가리개

각 집단에 빨대 20개, 테이프, 종이 봉투 3개, 눈 가리개 1개를 주라.

과제

학생 집단은 빨대와 테이프를 사용한다. 그들이 바라는 것은 교실에서 가장 높은 탑을 쌓는 것이다. 그 탑은 교실 앞에서 책상이 있는 곳까지 옮기는 것을 견딜 수 있을 만큼 견고해야 한다. 교사는 지진을 만들거나 탑을 무너지게 할 태풍을 일으킬 것이다. 마지막까지 서 있는 가장 높은 탑이 승리한다.

절 차

학생들을 4명씩 한 집단으로 나누고, 집단 내 한 사람당 숫자 하나(1부터 4까지)를 부여하라. 각 집단에게 필요한 재료들을 주라. 학생들에게 당신이 만들라고 하기 전까지는 재료에 손대지 않도록 주의를 주라. 학생들에게 과제를 설명하고 이해했는지 확인하라.

탑을 쌓기 전에, 학생들에게 어떻게 탑을 쌓을 것인지에 대한 계획을 세울 수 있도록 5분의 시간을 주라. 5분 후에, 숫자 1을 부여받은 모든 학생에게 두 손을 종이 봉투에 넣으라고 지시하고 나머지 학생들이 봉투를 고정시키기 위해서 그 학생들의 손목을 테이프로 감싸도록 시키라. 1번 학생들은 손을 사용하지 못한다. 2번의 모든 학생은 자주 사용하는 한 손만 봉투에 넣어서 앞서 한 것과 똑같이 하라. 3번 학생들은 말하지 못하게 하고, 4번 학생들은 눈가리개를 한다. 이 활동을 위해 집단의 모든 학생이 참여해야 한다고 알려 주라. 규칙을 지키지 않는 학생들은 참여 자격이 박탈된다. 모든 사람을 어떻게 포함할지 결정하는 것은 집단원들에게 달려 있다. 탑을 완성하기 위해 그들에게 10~15분 동안의 시간이 주어진다.

신음이나 불평이 줄어들 때까지 기다렸다가 시작 신호를 주라. 학생들이 제한점을 적절하게 지키며 작업을 하는지를 확인하기 위해 그들을 지켜보라. 2분이 남았을 때, 학생들에게 탑 쌓기를 마무리하라고 말해 주라. 시간이 다 되었을 때, 학생들이 그만하도록 하라. 각 집단에서 한 명의 학생은 탑을 교실 앞쪽으로 가지고 나와야 한다. 탑들은 동시에 지진과 바람에 대한 안정성을 검사받는다. 남아 있는 가장 높은 탑이 이긴다.

논 의

활동을 끝내고 난 후, 학생들의 경험에 대해 논의하라. 학생들이 다른 사람들과 함께 작업하는 것과 제한점을 넘어서 과거를 보는 것의 중요성을 인식하도록 도우라. 추천 질문은 다음과 같다.

- 여러분의 제한점은 무엇이었나요?
- 여러분의 제한점에 대해 어떻게 느꼈나요?

- 집단에 속해 있다고 느꼈나요?
- 다른 집단원들이 여러분이 소속감을 느낄 수 있도록 도와주기 위해 무엇을 하였나요?
- 여러분은 다른 집단원들이 소속감을 느낄 수 있도록 도와주기 위해 무엇을 하였나요?
- 이 활동에서 어려웠던 점은 무엇인가요?
- 왜 어려웠나요?
- 여러분은 집단에 무엇인가를 기여했다고 느끼는가요?
- 왜 그렇게 느끼는가요? 아니면 왜 그렇지 않다고 느끼는가요?
- 다음에는 무엇을 다르게 할 것인가요?
- 이 활동이 학교 내 다른 상황에 어떻게 적용될 수 있는가요?
- 이 활동이 인생의 다른 상황에 어떻게 적용될 수 있는가요?

정신건강 전문가를 위한 활동

주제: 이혼 감정 – 변화

준비물

강아지 사진

절차

학생들에게 강아지 사진을 보여 주라. "시간이 지나면 강아지는 어떻게 변할까요?"라고 물어보고 논의하라.

설명: "가족 또한 변할 수 있어요. 이혼은 가족을 변화시킵니다. 이혼은 '더 이상 결혼한 상태가 아님'을 의미해요. 이것은 큰 변화이지만, 어떤 것은 여전히 똑같아요. 부모님은 자녀를 사랑합니다. 이 사실은 변하지 않아요. 부모님은 서로에 대한 자기 감정이 변화할 때일지라도 언제나 여러분을 사랑합니다."

부모가 별거하거나 이혼한 후에 가족 내에서 변화하는 것들을 그림으로 그리

라. 몇몇 변화들은 다른 집으로 옮겨 가고, 아빠(혹은 엄마)를 자주 보지 못하고, 더 많이(혹은 덜) 울고, 더 많이(혹은 덜) 싸우고, 돈은 많지 않고, 조용한 시간을 더 많이 보내고, TV를 더 보고, 맥도날드에 더 많이(혹은 덜) 가서 먹는 등의 변화를 포함할 수도 있다.

요약: "변화는 각 가정마다 다르게 나타나요. 그러나 한 가지 사실은 변하지 않아요. [포스터를 넘기고 큰 하트를 그리라.] 부모님은 자녀를 사랑해요. [하트의 한가운데에 가족이라고 적는다.] 그리고 아이들은 가족을 사랑해요."

주제: 이혼 감정 – 부모 대화

'웃기기 게임'(p. 149)을 한 후, 함께 이야기하는 시간을 가진다(이혼 집단에서 사용하기 가장 좋다).

논의: "이혼에 대한 부모님의 감정이 어떨 것 같나요? 부모님은 아마도 이별 후, 서로에게 화가 날지도 몰라요. 그들을 서로 자녀들에게 상대방의 비열한 행동들에 대해 이야기하겠죠. 아이들은 부모의 문제에서 벗어날 필요가 있어요. 부모가 논쟁할 때, 그것들은 성인에 관한 것들이에요. 아이들은 부모의 험담을 듣고 싶어하지 않을 거예요. 험담을 듣는 것은 상처가 되죠. 때때로 부모는 양육권을 갖기 위해 아이를 통해 상대편에게 메시지를 전달해요. 이 부모에게서 저 부모에게로 메시지를 전달하는 것이 아이들의 임무는 아닌데 말이죠. 부모는 서로 직접 대화할 필요가 있어요."

활동: '이혼에 대한 감정' 그리기

각 학생들에게 〈활동지 5-5〉와 크레용을 나누어 준다. 아이들이 이혼에 대해 어떻게 느끼는지 물어보라. 활동지 위에 적힌 지시 사항을 읽는다. 아이들이 그림을 그릴 수 있도록 5분 정도의 시간을 준다. 그리고 그들의 생각을 나눌 수 있도록 격려한다.

논의: "아이들은 그들의 감정을 어떻게 다루나요? 아이들은 어떻게 건강한 방

법으로 그들의 화를 풀어내나요? 그들은 화가 났을 때 누구에게 말을 할 수 있나요?" 이 질문들을 하고 나서 〈활동지 5-4〉 '이혼에 대하여'에 대해 마지막으로 이야기한다. 학생들의 반응에 대해 검토하고, 오해에 대해 명료화한다.

추가적 활동

집단 규칙 정하기

제한을 두는 것은 학생들에게 안전하고 편안한 분위기를 제공한다. 처음 집단 만남에서 기본적 규칙에 대한 윤곽을 그리는 것은 꼭 필요하다. 규칙들은 이해하기 쉬워야 하고, 규칙의 개수는 5개 이하로 제한되어야 한다, 규칙들은 그들이 하지 말아야 하는 것들에 대해 경고조로 이야기하는 것보다는 긍정적 어조로 제시되어야 한다. 사진이나 시각적 단서는 학생들이 규칙을 기억하는 데 도움이 될 것이다. 규칙은 벽 등에 붙여져 있어야 하며, 자주 언급되어야 한다(〈강의자료 5-7〉 참조). 도움이 될 만한 규칙과 논의는 다음을 포함할 수 있다.

① **다른 사람이 이야기할 때는 듣기:** "여러분 모두는 이야기할 기회를 가질 거예요. 들어주기를 잘하는 사람은 이야기 중간에 끼어들거나 다른 사람을 지적하지 않아요. 만약 이야기를 하고 싶다면, 자기 차례가 와서 다른 사람들이 다 듣고 있을 때 이야기하세요."

② **옆 사람에게 손대지 않기:** "우리는 다른 집단원들의 개인적 공간을 존중합니다."

③ **서로를 지지하기:** "친절한 말을 사용해요. 여러분의 말을 다른 사람이 어떻게 느낄지 생각해 봅니다. 엄지손가락을 올려서 여러분이 지지하고 있다는 것을 보여 주어요."

④ **나눔하기 또는 '패스':** "각각의 집단원들은 자신의 차례가 왔을 때 이야기할 수 있는 권리가 있습니다. 그리고 말하고 싶지 않다면, 침묵하거나 '패스'를 말할 수도 있고요. 우리의 생각과 감정은 서로 다른 속도로 여행 중이에요.

우리는 우리 자신의 속도로 나아갈 때 편안함을 느낍니다. 여기에 있는 우리 모두는 각자의 속도로 나아가도 괜찮아요."

⑤ 다른 사람 존중하기: "우리 자신과 다른 사람을 존중하는 것은 집단에서 가장 중요한 규칙입니다. 우리가 다른 누군가를 존중할 때, 우리는 다른 사람의 생각과 말을 소중하게 생각하고, 다른 사람이 편안함을 느끼고 수용되길 원합니다. 여러분이 자기 감정을 이야기할 때, 우리는 들어주고 이해하기 위해 노력해야 해요. 우리는 그 사람을 놀리거나 비웃어서는 안 됩니다. 집단 안에서 한 말들은 집단 안에만 둡시다. 우리는 다른 사람들이 놀리거나 비방하지 않는다는 것을 알 때 그 집단 안에서 안정감을 느낍니다. 우리는 집단 안에서 집단원들의 감정에 대해 집단 밖이나 교실 또는 운동장에서 이야기하지 않음으로써 집단을 존중하고 있음을 보여 줍니다. 비록 그렇지라도, 여러분을 무섭게 하는 것이 있거나 불편함을 느낀다면 선생님이나 부모님께 언제든 이야기할 수 있어요. 집단에서 하는 논의가 비밀은 아니지만, 우리는 집단에 대해 소문을 퍼뜨리거나 이야기하지 않음으로써 우리의 감정이 존중받고 있다는 것이 나타나길 원합니다."

감정과 관련된 활동

배낭 활동

이 활동은 아동이나 성인이 있는 다양한 상황에 적합하게 설계되어 있다. 이 활동은 화나 슬픔의 감정을 건강하게 풀어낼 수 있는 이점에 대해 설명하는 데 효과적으로 사용되어 왔다. 학생들은 배낭이나 통조림 캔과 같은 시각적이고 지각할 수 있는 비유를 경험한 후에 개념을 더 잘 이해하는 것처럼 보인다. 물음표가 달린 물건들은 의미가 부여된 부분적 문자로 사용될 수 있다.

준비물

배낭, 통조림 캔(커버가 흰 종이로 가려진 다양한 모양과 크기의 통조림 캔), 매직펜

● 절차

모두들 서로 볼 수 있게 원이나 다른 배열로 집단원들을 모은다. 통조림 캔들을 쌓거나 줄을 세워 상 위에 올려놓는다. 그러고 나서 "이 배낭은 우리의 몸을 의미하고, 이 통조림 캔들은 정신이 없거나 슬픈 감정을 의미해요. 때론 이런 감정들은 이 캔처럼 작아요. [작은 캔을 집는다.] 때론 여기에 있는 캔처럼 크기도 해요. [큰 캔을 집는다.] 작은 캔은 매일 일어날 수 있는 일들, 점심시간에 누군가 새치기를 하는 것 등을 의미해요. 큰 캔은 집에 있는 강아지의 죽음과 같이 좀 더 심각한 일을 의미하고요." 학생들에게 정신없거나 슬픈 감정을 상기시키는 상황에 대해 나누기를 요청하라. 상황의 심각성에 부합하는 크기의 캔 라벨에 자신의 사례를 적는다. 각 캔에 라벨을 모두 붙였으면 배낭 안에 넣는다.

모든 캔을 배낭에 넣은 후에, 집단의 모든 학생이 돌아가며 들어 볼 수 있도록 전달한다. 질문: "여러분은 이렇게 무거운 배낭을 옮기는 활동에 즐거운 마음으로 참여하는 게 가능할까요? 자기가 가장 좋아하는 활동이 있다면, 어떤 부분이 가장 어려울 것 같나요?" 예상 가능한 대답은 수영, 피아노 치기, 야구, 춤, 비디오 게임 하기 등이 있다. 설명: "우리 안에 있는 정신없고 슬픈 감정을 옮기려 할 때, 그것은 매우 무거울 거예요. 무거운 통조림 캔처럼, 이러한 감정은 우리가 좋아하는 즐거운 것들에 가는 것을 막을지도 모릅니다. 그것들은 학교에서 최선을 다하는 것을 방해할 수도 있고, 우리가 활동하는 것을 원하지 않도록 만들 수도 있어요. 또한 무거운 감정들은 우리가 정상적인 것과는 다르게 타인과 반응한다는 것 때문에 우리의 기분을 뒤틀리게 만들 수도 있어요. 어쩌면 우리는 친구나 부모님에게 참지 못하고 안달하는지 모릅니다. 이것은 우리가 꺼내야 하는 마음속 깊은 곳에 있는 우리의 감정들을 몸의 방식으로 이야기하는 거예요."

설명: "힘든 감정을 다루는 데 도움이 되는 방법과 도움이 되지 않는 방법이 존재합니다." 각각의 예를 살펴보자. "많은 사람은 미친 듯이 화났을 때, 자신에게 추가적인 에너지가 있다는 것을 발견합니다. 실습은 추가적인 에너지를 사용하는 데 도움이 되는 방법이 될 수 있어요. 다른 때에는 혼자 있거나 좋은 친구와 단둘이 이야기하는 것이 가장 도움이 됩니다. 감정을 표출할 때, 두 가지 규칙을 따르는 것이 중요해요. ① 자신이나 타인을 해치지 말 것과 ② 어떤 것도 해하지 말

것입니다. 무언가를 파괴하거나 다른 사람을 해하려는 에너지는 감정을 표현하는 건강한 방법이 아닙니다."

학생들에게 이 두 가지 규칙을 따르면서 감정을 표출하는 방법에 대한 예시를 물어보라. 그리고 각각의 건강한 생각들 중에 하나를 택하여 배낭에서 꺼내라.

학생 안심시키기: "우리는 시시때때로 서로 다른 감정들을 가지고 있어요. 그렇지만 우리는 우리가 감정을 느낄 때 어떻게 반응하기로 결정할지 선택할 수도 있지요. 여러분은 그런 감정을 마음속에 붙잡아 두거나 필요 이상으로 그것들을 가지고 다니지 않아도 된다는 걸 확실히 알 수 있어요. 우리가 어려운 감정을 가지고 있을 때, 그것들을 마음에 두는 것보다는 건강한 방법으로 다루는 것이 더 좋아요."

구체적 상황을 위한 추가적 논의

다른 사람의 욕구에 대한 민감성: 설명: 배낭 활동은 우리가 다른 사람을 이해할 수 있도록 돕고 다른 사람의 욕구에 대해 더 민감할 수 있게 해 준다. 어떤 사람의 배낭은 내면에 있는 많은 감정으로 무거울지도 모른다. 그 사람의 무거운 배낭을 지각하지 못하면, 우리는 그의 감정을 상하게 하는 말을 할 수도 있다. 이것은 그의 무거운 배낭에 또 다른 통조림 캔을 얹는 것이다. 그 사람은 무거운 짐짝을 지고 나르는 것에 이미 소진되어 있기 때문에, 그는 우리 위에 있는 감정의 무거운 짐들을 채찍질하거나 버릴지도 모른다.

또 다른 예시는 어머니가 존에게 쓰레기를 가져다 버리라고 했을 때다. 쓰레기를 버리는 것은 유쾌하지 않지만, 존은 보통 불평 없이 이 일을 한다. 그러나 오늘 존은 불평을 하고 화가 나서 발을 쿵쿵 굴렀다. 어머니는 존이 오늘 학교에서 좋지 않은 하루를 보냈다는 것을 알지 못했다. 존은 그의 가장 친한 친구와 다투었던 것이다. 그의 배낭은 가득 차서 넘쳤다. 그는 이미 내면의 감정을 가지고 있었기 때문에 쓰레기를 가져다 버리는 것에 대해 지나치게 화가 났고, 불평을 했으며, 발을 쿵쿵 굴렀다.

"다른 사람의 감정을 이해하는 것은 중요해요. 우리가 하는 행동이나 말에 어떤 사람이 과잉 반응을 할 때, 그들의 배낭은 이미 가득 차 있는 것인지도 모릅니다. 우리의 배낭이 가득 찼을 때 과잉 반응하는 타인에 대해 신중해야 할 필요 또한 있어요. 되도록 지속적으로 우리의 배낭을 비워야 한다는 것을 이해해야 해요."

자살: 자살의 경우, 교직원들은 학생들의 반응에 특히 민감해야 한다. 학생들은 그 사람이 왜 자살을 했는지 이해하는 데까지 힘든 시간을 보낼 것이다. 배낭 활동은 마음속에 감정이 쌓여 있을 때, 어떻게 계속적으로 스트레스가 쌓이는지 학생들이 이해할 수 있도록 돕는다. 배낭 활동은 스트레스를 다루는 건강한 방법에 대한 토의를 할 수 있는 기초를 제공한다.

강조: "때때로 자기 배낭에 무거운 통조림 캔을 가지고 있는 사람들은 스트레스를 줄이는 건강한 방법을 잊어버리죠. 그들의 배낭이 가득 차 있지만, 그들은 그 짐을 어떻게 줄여야 할지 보지 못해요. 무거운 배낭을 제거하려는 것 외에는 어떤 것도 생각하지 않죠. 그들의 해결책인 자살은 좋은 방안이 아니에요. 그것은 일시적인 문제를 해결하기 위한 영구적인 방법이지요. 기억해야 할 가장 중요한 것은, 다른 선택은 항상 존재한다는 것이죠. 당신의 짐을 줄일 수 있는 건강한 방법 말이에요."

슬픔과 화를 다룰 수 있는 건강한 방법에 대해 브레인스토밍하고 논의해 보라. 그리고 학생들에게 가장 좋은 방법이 무엇일지 물어보라.

강조: "지지해 주고 돌봐 주는 친구나 성인을 찾으세요. 누군가 무거운 짐을 옮기는 걸 거들어 줄 때 그것은 무척이나 가벼워지죠."

웃기기 게임

다른 사람이 어떤 방식으로 그들을 느끼게 '만들 수 있는지' 학생들에게 물어보라. 다른 사람들이 나를 웃길 수 없다고 생각하는 자원자 한 명을 요청하라. 그 자원자는 집단 앞으로 나와 의자에 앉는다. 앞에 나온 자원자를 만지지 않고 웃기려고 하는 다른 학생을 한 명 더 뽑는다. 당신은 학생들을 서로 짝지을 수 있다. 한 학생은 웃지 않으려는 역할을 하고, 다른 학생은 그의 짝을 웃기려고 애쓴다.

논의: "우리의 감정은 우리에게 속해 있죠. 다른 사람들은 우리가 허용하지 않는다면 어떤 방법으로도 우리의 감정을 움직일 수 없어요." 우리의 감정을 완화

시키는 건강한 방법에 대해 논의하라. 주어진 두 가지 규칙이 있다는 것을 확실히 하라. 즉, 다른 사람이나 사물을 다치게 하지 말라. 만약 집단이 감정 표현에 대해 더 이야기하기를 원한다면 배낭 활동을 다시 살펴보라.

논의: "아이들은 정서를 어떻게 다루나요? 아이들은 어떻게 자기의 화를 건강한 방법으로 풀어낼 수 있나요? 아이들이 화가 났을 때 그들은 누구와 말할 수 있나요?"

집에서 만든 찐득이

이런 말이 있다. "아이들은 물과 같다. 만약 그들이 그릇 안에 있지 않다면, 그들은 모든 곳에 있다." 이 활동은 몇 가지 비유적인 의미를 가지고 있다.

준비물

믹싱볼 2개, 철사로된 거품기, 식품 착색제, 엘머 다기능 흰색 풀 1컵(7.625 fl. oz.), 차가운 수돗물 1컵, 따뜻한 수돗물 1컵, '20 Mule Team Borax'(세제)* 4스푼

절차

2개의 믹싱볼에 각각의 준비물들을 2개로 나누어 준비한다. 첫 번째 믹싱볼에 1컵의 차가운 수돗물에 엘머 다기능 흰색 풀 1컵(7.625 fl. oz.)을 넣는다. (주의: 엘머 학교 풀을 사용하지 말고, 엘머 일반 풀을 사용하라.) 풀과 찬 물을 휘저으면서 섞고 거품기로 질척하게 만들라. 잘 뒤엉켜 있는 것을 만져서 경험하기 위해 맨손으로 그것들을 섞는다.

두 번째 믹싱볼에는 1컵의 따뜻한 물과 4스푼의 '20 Mule Team Borax'를 넣는다. 이 가루 세제는 얼룩을 없애고 악취를 제거하기 위해 사용된다. 두 혼합물을 모두 충분히 저어 주고, 학생들은 따뜻한 물과 Borax를 넣은 믹싱볼을 찬물과 엘

---

* 역자 주: 다니엘(비누) 회사의 세제 제품.

머 풀을 넣은 믹싱볼에 붓는다. 그 혼합물은 즉시 젤이 된다. 학생들은 5~10분 동안 하얀 구성 성분이 아주 잘게 될 때까지 완전히 으깬다. 고체가 액체에 포함될 때까지 그렇게 한다. 처음에는 고체와 액체가 섞이기 어렵다. 학생들은 맨손으로 그 물질을 계속 으깬다. 결국 액체와 고체는 젤라틴 덩어리의 형태로 결합된다.

젤라틴 덩어리(gak)를 만드는 법이 개별 재료와는 다른 무엇을 만들어 낸다는 것을 학생들에게 상기시켜 주라. 학생들은 특히 맨손으로 끈적끈적한 재료들을 으깨면서 자신들이 무엇을 만들고 있는지 물어볼 것이다. 하지만 끝에 가서는 자신들이 만든 혼합물에 대해 매우 만족해한다. 이 활동의 결말에는 다음과 같은 메시지를 강조하라. "여러분은 지시를 잘 따랐어요. 그리고 그 상태를 유지했습니다. 여러분는 포기하지 않았습니다. 마지막에 나온 혼합물은 재료들과 매우 다릅니다. 젤라틴 덩어리는 새롭고 특별한 것이에요."

학생들에게 각각 젤라틴 덩어리를 한 줌씩 주라. 그리고 그들이 젤라틴 덩어리의 성질을 발견하기를 기다리라. 재료의 농도에 주목하라. 학생들이 젤라틴 덩어리를 계속 누르고 있지 않는다면 젤라틴 덩어리는 손가락 사이로 미끄러진다. 이와 같이 학생의 감정이 통제할 수 없게 되어 '사방팔방으로 흐를' 때, 다른 사람들(교사, 부모, 친구)이 그들이 통제력을 회복하는 것을 돕는다. 언제 사람의 감정이 통제할 수 없게 되는지에 대해 의논해 보라. 감정이 통제되지 않을 때 무슨 일이 벌어지는가? 질서를 유지하고 상황(특히 위기 상황)을 통제할 수 있도록 돕는 데 상담자, 학교 심리학자, 부모 그리고 교사가 필요하다는 것을 학생들이 이해하도록 도우라. 다른 사람들이 자신의 감정에 대한 통제력을 회복할 수 있게 도울 수 있는 방안을 의논하고, 자기통제를 유지할 수 있는 전략을 찾으라.

• 젤라틴 덩어리를 통한 우정 활동

젤라틴 덩어리는 서로 다른 것들이 하나로 합쳐져서 완전히 다르고 재미있는 무엇을 만들어 내는 것을 보여 줄 수 있다. 젤라틴 덩어리를 만드는 것은 새로운 우정을 쌓는 것을 상징할 수 있다. 설명: "두 사람은 완전히 서로 같은 성격을 가지고 있을 수 없어요. 친구가 되려면 꼭 완전히 비슷해야 하는 것은 아닙니다. 젤라틴 덩어리를 만들 때, 따뜻한 물과 차가운 물은 분명 다릅니다. 이처럼 친구들은 서로 매우 다를 수 있고, 그들의 개인적 특성들이 서로를 보완해 줄 수 있어요."라고 설명해 주라.

성격 차이와 다른 두 특성이 어떻게 서로 보완할 수 있는지에 대해 의논하라. 몇 개의 예를 들면, 수줍음과 사교성, 미술적이고 창의적인 특성과 현실성 조용함과 수다스러움, 운동을 좋아하는 성격과 공부하기를 좋아하는 성격, 수동성과 적극성, 심각성과 유머감각, 침착함과 감정적인 성향, 그리고 지지적과 지시적이 있을 수 있다.

그림 활동: 가면

이 활동은 두 연령 집단—5~11세 집단과 12~18세 집단—을 위해 조정되었다. 각 연령 집단에 맞는 적절한 이야기들과 그와 함께 첨부된 활동지들을 사용하라. 각 학생들에게 활동지(5~11세에게는 〈활동지 5-6〉과 12~18세에게는 〈활동지 5-7〉)와 연필을 주라.

목적

감정과 감정적인 표현에 대한 학생들의 이해를 증진시킨다. 이야기들과 그와 함께 첨부된 그림 활동은 감정의 외적 표현과 그 표현 밑에 있는 참된 감정 간의 차이를 보여 준다.

5~11세

이야기 1: "샐리나는 2학년입니다. 그녀는 오늘 매우 행복해 보여요. 그녀는 미소를 짓고 있어요. 위에 있는 동그라미에 미소를 그려 보세요. 하지만 샐리나의 미소는 그녀가 내면에서 진정으로 느끼고 있는 감정을 보여 주지 않고 있어요. 샐리나는 수학문제지를 다시 풀게 한 선생님에게 화가 나 있어요. 샐리나는 즐겁게 보이려고 매우 노력하고 있어요. 그녀는 자기가 수학문제지에 관해 얼마나 화가 나 있는지 선생님이 모르기를 바라요. 그녀는 좋은 태도를 가지려고 노력하고 있어요. 밑에 있는 동그라미에 화난 얼굴을 그려 보세요. 선생님은 행복한 얼굴을 보지만, 샐리나는 내면에 화난 얼굴을 가지고 있어요."

질문: "샐리나는 왜 속으로는 화가 난 얼굴을 하고 있으면서 외면상으로는 행복한 얼굴을 보여 줄까요?"

설명: "우리가 가면을 쓰고 있을 때에는, 모든 사람이 볼 수 있는 어떤 얼굴을 보여 주는 거예요. 사람들에게 보이는 가면은 우리가 정말 속에서 느끼는 것과는 달라요. 가끔은 우리의 감정들을 안에 꾹꾹 감추고 있는 것이 불편할 때가 있어요. 우리가 자기 감정을 숨길 때, 다른 사람들은 우리가 정말 어떻게 느끼는지 모를 수 있어요. 종종 어떤 사람의 내부 감정을 알기 어려울 때가 있어요."

이야기 2: "마이클은 1학년이에요. 그는 어머니와 아버지가 이혼을 할 것이라고 생각해요. 부모님이 많이 싸우세요. 그들이 싸우는 것을 들을 때면 마이클은 마음이 아파요. 어머니와 아버지는 서로에게 크게 화를 내요. 가끔 서로에게 소리를 지르거나 물건을 던져요. 그는 밤에 방에 혼자 있을 때면 울어요. 마이클은 이 모든 일들이 꿈이라고 믿고 싶어요. 학교에 있을 땐, 가족에 대해 절대로 얘기하고 싶어 하지 않아요. 그는 모든 것이 괜찮은 척하고 싶어요. 그는 오늘 매우 피곤해요. 전날 밤, 부모님은 그가 침대에 누운 후에 싸우기 시작했어요. 그들은 마이클이 잠이 들었다고 생각했지만, 그는 자고 있지 않았어요. 그는 침대에서 두려움에 울고 있었어요. 혼자라는 느낌이었어요. 지금 그는 학교 책상 앞에 앉아 있어요. 그는 미소를 짓고 있고, 모든 것이 괜찮은 듯 보이려고 노력하고 있어요. 그는 내적 감정들을 잊어버리려고 노력하고 있어요. 속으로 그는 피곤하고 매우 슬퍼요. 선생님과 친구들은 마이클의 가면—웃는 모습—을 봐요. 하지만 그는 속으로는 매우 슬퍼요. 활동지 위에 있는 다른 동그라미에 행복한 얼굴을 그려 보세요. 이것은 마이클이 밖으로 보여 주고 있는 가면이에요. 종이의 아래쪽에 있는 동그라미에는 슬픈 얼굴을 그려 보세요. 이것은 마이클이 속에서 느끼고 있는 거예요. 이것은 그가 정말 느끼고 있는 거예요."

지시: 활동지를 점선을 따라 반으로 접어서 위에 있는 동그라미가 아래쪽에 있는 동그라미를 숨길 수 있도록 하라. 그런 후, 가면이 위로 가도록 종이를 들라. 가

면은 밑으로 접힌 아래쪽 동그라미를 숨긴다.

논의와 질문:

- "마이클은 내면에 항상 행복한 감정만 가지고 있기를 바랐어요."
- "여러분도 내면에 항상 행복한 감정만 가지고 있기를 바라나요?"
- "모든 사람이 행복한 감정을 바라고 있지만, 아무도 그 행복한 감정을 항상 가지고 있지 않아요."
- "여러분은 마이클이 누군가에게 자신의 진실한 감정을 보여 줄 거라고 생각하나요?"
- "마이클의 숨겨진 감정들을 누군가가 본다면 어떤 일이 벌어질 것 같나요?"
- "마이클은 누구에게 자신의 슬픈 감정에 대해 이야기할 수 있을까요?"

결론: "내적 감정과 외적 감정 간의 차이점을 아는 것은 중요합니다. 사람들이 우리의 가면을 본다면, 그들은 우리가 진정 무엇을 느끼고 있는지 알기 어려워요. 만약 우리가 어떤 것을 안에만 담아 둔다면, 우리의 감정은 종종 다르게 표출됩니다. 책을 떨어뜨리거나 계단에 올라가다 넘어지는 것처럼 매우 사소한 일에 속상해해요. 우리는 가면을 쓰고 있을 수 있지만, 내면의 감정들은 계속 남아 있어요. 우리의 내적 감정에 대해 누구에게 이야기할 수 있는지 아는 것은 중요합니다."

• 12~18세

지시: 위쪽에 있는 첫 번째 동그라미 안에 즐겁고 장난치는 얼굴—가면—을 그리라.

이야기: "미구엘은 8학년입니다. 모두가 그를 멋지다고 생각해요. 그는 잡지에 나오는 어떤 단정한 스타일의 옷이 아닌 그만의 개성 있는 스타일의 옷을 입어요. 그가 말할 때에는 모두가 집중해요. 그는 이렇게 되기 위해 노력하는 것이 아니라 그냥 그런 사람이에요. 미구엘은 절대 속상해하거나 화를 내지 않아요. 그는 언제나 장난을 칩니다. 교실에서 선생님들은 그가 무례하고 버릇없다고 생각하지만, 그는 가끔 그들조차 웃게 만들어요. 그는 모든 상황을 농담으로 만들어 버려요. 웃

고 농담하는 것이 미구엘의 겉모습입니다. 그것이 그가 쓰고 있는 가면입니다."

"그의 가면은 그의 안에 있는 참 감정들—걱정과 두려움—을 덮고 있어요. 즐거워 보여도 미구엘은 속으로 걱정하고 있어요. 그는 그의 형 토니에게 안 좋은 결과가 있을까 봐 겁을 먹었어요. 지난주, 토니는 오토바이 사고가 났어요. 매우 심각한 사고였고, 토니는 허리를 심하게 다쳤는데, 의사들은 그의 몸이 마비될지도 모른다고 했어요. 아무도 토니가 어떻게 될지 확실히 알 수가 없었죠. 병원비는 매우 비쌌고, 미구엘의 부모님은 돈 때문에 다퉜어요. 그들은 보험이 없어요. 미구엘은 형과 가족의 돈 문제 때문에 매우 걱정이 되고 두려워요."

지시: 아래쪽에 있는 첫 번째 동그라미 안에 슬프고 걱정하는 얼굴을 그리라.

정보와 질문들: "다른 여느 아이처럼, 미구엘도 항상 기분이 좋기를 바랍니다. 그는 문제들이 닥치지 않았으면 하고 바라요. 문제들은 재미가 없어요. 하지만 항상 즐거워 보이는 사람들마저도 제각기 문제를 가지고 있어요. 문제는 슬픔, 분노, 혼란스러움 등의 감정을 가져와요. 그 누구도 항상 즐거운 기분을 가지고 있지는 않아요.

- "여러분은 미구엘이 다른 사람들에게 자기 내면의 참 감정들을 보여 주기 힘들어하는 것 같나요?"
- "왜 미구엘은 자기의 참 감정들을 보여 주는 것을 어려워하나요?"
- "미구엘이 자기의 걱정과 두려움에 대해 누군가에게 이야기할 수 있다고 생각하나요?"
- "만약 미구엘이 자기가 정말 느끼는 것에 대해 친구들에게 말을 한다면 어떤 일이 벌어질 것이라고 예상하나요?"

감정에 대한 논의: "우리 안에 있는 참 감정들과 우리가 다른 사람들에게 보여 주는 감정들—우리의 가면—간의 차이점을 아는 것은 중요합니다. 만약 우리가 다른 사람들에게 우리의 가면만 보여 준다면, 그들은 우리가 속으로 무엇을 느끼고 있는지 알기 어렵습니다. 감정을 속 안에 꾹꾹 담아 놓는 것은 많은 에너지를 필요로 해요."

"가끔 우리의 내적 감정은 다른 식으로 표출됩니다. 예를 들어, 책을 떨어뜨리거나 계단에 올라가다 넘어지는 것처럼 매우 사소한 일에 속상해합니다. 우리가 내면의 감정들을 계속 유지하고 있는 것은 사소한 일을 다루는 것조차 어렵게 만들기도 합니다."

"우리의 내적 감정들을 표현하는 많은 건강한 방법이 있습니다. 예술가들은 작품으로 자신의 내적 감정을 표현합니다. 운동선수들은 매우 빠르게 달린다거나, 그들의 열을 식힐 수 있는 풋볼과 같은 거친 경기를 합니다."

"때때로 사람들은 내적 감정을 혼자 있을 때 표출합니다. 그들은 자기가 가장 좋아하는 노래를 아주 크게 부른다거나, 밤에 혼자 침대에서 조용하게 울기도 합니다. 어떤 이들은 아름다운 시를 쓰거나 그들의 삶에 관한 글을 씁니다. 또 다른 감정 표현 방법으로는 옷 입는 방식, 침실을 꾸미는 것, 헤어 스타일, 듣는 음악의 종류, 선택해서 읽는 책들, 그리고 말할 때 사용하는 단어 등이 포함됩니다."

"영화감독은 감정적인 장면에서 배우들에게 지시함으로써 자기 감정을 표현합니다. 우리는 영화를 보면서 그런 감정들을 느낄 수 있어요. 비록 우리가 느끼는 것을 완전히 똑같이 느끼는 사람은 없지만, 우리는 비슷한 감정들을 서로 나눌 수 있어요. 어두운 극장에서, 우리는 누군가 죽는다거나 홀로됨을 외로워하는 등의 슬픈 장면을 보면서 울기도 합니다. 감정은 다양하고, 강렬함의 범위와 정도도 넓어요."

"우리는 어떤 가면을 쓰고 스스로를 통제할지, 내적 감정을 어떤 가면으로 가릴지를 선택할 수 있지만, 감정은 여전히 거기 있어요. 우리의 진짜 감정을 누구에게 말할 수 있는지를 아는 것과 건강한 방법으로 어떻게 감정을 표출할지를 아는 것이 매우 중요합니다. 우리의 감정은 우리에게 에너지를 줍니다. 그 에너지를 건강한 방법으로 사용하는 것은 중요해요."

그리기 활동에 대한 지시: "활동지의 위쪽에는 아이들이 때때로 자기의 진짜 내적 감정을 감추기 위해 사용하는 가면을 나타내는 두 개의 다른 원이 있어요. 아래쪽에 있는 두 개의 다른 원들은 가면으로 가려지는 진짜 내적 감정을 나타내고 있어요. 위에 있는 원에 두 개의 가면을 그리고 나서, 아래에 있는 두 개의 원에 가면으로 가리고자 하는 감정을 그려 보세요. (가면과 그에 상응하는 아래에 있는 원이 포함된) 각각의 세트는 함께 나타날 수 있는 상황을 생각해서 그려 보세요." 이 활동을 하는 데 5분 정도의 시간을 준다.

"아래에 있는 원은 숨기고 위에 있는 원의 가면을 만들기 위해 점선을 따라서 활동지를 반으로 접어요. 활동지를 반으로 접을 때, 가면이 위로 오게 하기 위해 종이를 잡아요. 그러면 아래쪽에 있는 원은 안쪽으로 접혀서 숨겨지게 돼요"

논의: 그들이 그린 감정을 설명할 수 있는 상황에 대해 이야기해 볼 것을 요청한다.

결론: "우리가 다른 사람들에게 보여 주는 감정과 우리 내면에 있는 진짜 감정에는 차이가 있다는 것을 아는 것이 중요하다는 것을 기억하세요. 만약 우리가 다른 사람들에게 보여 주는 감정만 본다면, 우리가 내면에서 어떻게 느끼는지 아는 것이 어려울 거예요. 우리 내면에서 일어나는 감정을 유지하는 데에는 많은 에너지가 듭니다. 우리가 신뢰할 수 있는 사람들에게 우리의 진짜 감정을 나누는 것이 중요해요.

서로를 알아가기 활동

아이스크림 자기소개

학생들에게 원으로 앉을 것을 요청한다. 각각의 학생들은 다음의 정보를 가지고 자신을 소개한다. 즉, 이름, 생일, 학년, 좋아하는 맛의 아이스크림 등이다.

내가 좋아하는 사람은……

집단 안에 있는 학생의 수보다 하나 모자란 수의 의자를 준비해 원으로 만든다. 한 명의 학생이 원 중간에 서서 말한다. "내가 좋아하는 사람은……." 그 학생은 특징과 설명을 더하여 문장을 완성한다. 예를 들어, 어떤 학생이 "나는 갈색 눈동자를 가진 사람을 좋아해요." 또는 "버클이 달린 신을 신은 사람을 좋아해요."라고 말할 수 있다. 그 친구의 묘사에 해당되는 모든 사람은 일어서서 역시 묘사에 해당된 다른 사람과 자리를 바꾼다. 중간에 서 있는 학생 역시 비어 있는 의자를 찾아서 앉아야 한다. 자리에 앉지 못한 마지막 한 명의 학생이 원의 중앙에 서서 계속 게임을 진행한다.

이름 게임

학생들은 원 모양으로 둘러앉는다. 학생들은 이름으로 자신을 소개하면서 게임을 시작한다. 당신은 반복되는 리듬에 따라 박수를 치면서 시작한다. 무릎을 두 번 치고, 박수를 두 번, 그리고 딱 소리를 두 번 낸다. 두 번째 패스(snap)를 한 다음에는 이름을 부른다. 이름이 불린 사람은 리듬이 끝나기 전에 다른 사람의 이름을 불러야 한다. 만약에 모든 사람이 두 번 패스하기 전에 술래가 이름을 부르지 않으면 아웃이다. 게임은 대부분의 학생들이 아웃될 때까지 계속된다.

팀워크 활동

들어 올리기 활동(모든 연령용)

설명: "불가능해 보이거나 압도된다고 여겨질 때, 협동에서 오는 강점을 기억할 필요가 있어요." 한 학생에게 의자에 앉으라고 한다. 다른 학생에게 한 손가락으로 탁자나 의자에 앉은 학생을 들어 올리라고 한다. 이것은 불가능해 보인다. 오직 한 손가락에서 나오는 힘으로는 불가능한 일이다. 이제 15명의 학생들에게 앞으로 나오라고 한 뒤 한 손가락으로 의자에 앉은 학생을 들어 올리라고 한다. 학생들에게 탁자나 의자를 땅에서 1인치만큼 들어 올리게 한다. 그러고 나서 학생들에게 이 들어올리기 활동을 통해 무엇을 배웠는지 한 문장으로 말하게 한다. 여기에서 배울 수 있는 교훈은 다음과 같다.

- "많은 친구들로부터 얻은 조금의 도움이 큰 도움이 되었어요."
- "사람이 많으니까 무거운 일을 가볍게 할 수 있었어요."

- "모든 사람이 함께할 때, 놀라운 일이 성취될 수 있었어요."
- "우리는 집단으로 함께 일할 때 더 강해져요."

ㄱㄴㄷ 보물찾기(8세 이상용)

학생들에게 각각 자음이 적힌 종이를 나누어 주고, ㄱㄴㄷ 보물찾기를 할 것이라고 알려 준다. 게임은 몇 번 진행하며, 당신은 각 2분 간의 게임 시간에 대해 지시 사항을 알려 줄 것이다.

- 1라운드: 학생들은 종이에 적힌 자음으로 시작되는 한 가지 물건을 찾아야 한다. 이것은 2분 동안 진행되는데, 학생 자신의 소지품(가방 안, 지갑 안 등)에 대해서만 적을 수 있다.
- 2라운드: 학생들은 협동을 위해 짝 활동을 하게 되는데, 여전히 학생들은 자기 소지품(가방, 지갑 등)만 사용할 수 있다.
- 3라운드: 목록을 합치기 위해 다른 조와 합칠 수 있다(시간은 2분 이상 허락한다).

각 라운드에 따라 조별 학생 수를 늘려 간다. 라운드의 횟수는 얼마나 많은 학생이 활동에 참여하느냐에 따라 달라질 것이다. 되도록 많이 목록을 완성한 다음, 활동하는 동안 그들이 무엇을 알게 되었는지 집단원들과 토론하도록 다음의 질문을 이용하라.

- 시간이 지날수록 목록을 추가하는 게 더 쉬워졌나요?
- 이 활동은 스트레스 상황이나 어려운 인생의 기간 동안 어떻게 적용될 수 있을까요?
- 여러분의 지지집단에서 한 명이나 두 명 이상의 사람을 가지는 것이 왜 중요한가요?

팔 걸고 서 있기 (모든 연령용)

두 명의 학생이 등을 대고 앉아 있게 하고, 서로 양팔을 벌려 잘짱을 낀다. 학생들이 팔을 풀지 않고 동시에 서 있도록 알려 준다. 동시에 같이 서기 위해, 학생들은 서로를 밀면서도 기대고 있어야 한다. 학생들이 성공적으로 일어서면, 한 명이 다른 한 명에게 기대는 것이 일어서는 데 어떻게 도움이 되는지 토론하게 한다. 이 활동을 삶에 적용해 보도록 한다.

의사소통 활동

의사소통 테니스(6세 이상용)

학생들에게 대화는 테니스 게임을 하는 것과 같다고 설명하고(설명하면서 테니스 선수나 테니스 라켓 그림을 보여 준다), 게임에는 규칙이 있다는 것을 알려 준다. 두 명의 선수는 게임에서 라켓을 가지고 앞뒤로 공(대화)을 칠 준비를 한 상태로 게임을 시작한다.

① "이야기해도 되나요?"를 묻는다. 이 질문을 직접적으로 묻는다. 만약에 좋은 때가 아니라면, 기록하거나 다른 사람과 이야기하고 적절한 때를 기다린다.
② 이야기하는 동안 다른 사람을 본다. 그렇지만 너무 크거나 작게 말하지 말라.
③ 질문을 한다.
④ 상대방의 대답을 기다린다.
⑤ 대화가 서로 오가도록 유지한다. 대화는 테니스 선수가 테니스 코트에서 서로 공을 주고받는 것과 같다.

다음의 지시 사항을 전달한다(의사소통 기술을 연습하는 데 2분 30초를 준다). "짝을 지어 대화를 연습하세요. 오늘 논의한 것에 대해 이야기하도록 합시다. '이야기해도 되나요?'라고 물으면서 대화를 시작합니다. 대화는 테니스 게임에서 테니스 공이 오가는 것처럼 서로 주고받아야 합니다."

눈 마주치기 공 게임(6세 이상용)

학생들은 하나의 원을 만든다. 원의 맞은편에 있는 학생끼리 짝을 짓는다. 설명: "짝과 대화를 이어가기 위해 노력하는 것처럼, 공을 서로 번갈아가며 던지는 것이 목표입니다. 짝을 보고 대화를 계속하세요. 말하는 쪽이 의견을 말하고 끝내면, 듣고 있는 사람에게 공을 넘깁니다. 말하는 사람은 공을 들고 있어야 해요. 천천히 시작하고 빨리 진행하는데, 공을 떨어뜨리지 않고 여러분과 짝이 얼마나 빨리 대화를 시작하고 문장을 끝내는지 지켜보세요."

학생들은 실망할 수도 있지만 다음과 같이 상기시킨다. "여러분은 함께 일해야 합니다. 좋은 의사소통은 인내를 요구하죠. 이 게임은 대화와 비슷합니다. 대화는 주고받는 것입니다. 대화는 두 사람이 함께 일하는 것입니다."

'나는 ~을 느껴요' 메시지(8세 이상)

학생들이 지난주 동안 어떻게 그들의 좋은 의사소통 기술을 배웠는지 공유하게 한다. '나는 ~을 느껴요' 문장을 통해 학생들이 전에 배운 대화 기술을 확장시킨다. 다음의 시나리오를 한 번만 읽게 하고 학생들에게 특정한 상황에서 어떻게 느끼는지 물어본다. 다음과 같은 공식을 이용해서 연습한다.

"나는 ________ 때문에 ________할 때 ________을 느껴요(I feel ________ when ________ because ________)."

학생들이 "나는 ~을 느껴요."를 말하면, 당신은 그들의 감정이 이상한 것이 아님을 확인시켜 준다. 학생들의 말을 약간 수정할 수 있다.

"많은 아이들이 ________ 때문에 ________할 때 ________을 느껴요(Lots of kids feel ________ when ________ because ________)."

참여한 학생들의 나이를 고려해서 다음과 같은 예시를 이용할 수 있다.

- "내 개가 네 새 신발을 물었어."
- "내가 학급 반장으로 선출되었어요."
- "엄마가 오늘 저녁 나를 레스토랑에 데리고 가실 거예요."
- "수학 시험에서 좋은 성적을 받았어요."
- "제일 친한 친구가 아파서 집에서 같이 놀지 못할 거예요."
- "홈런을 쳤어요."
- "버스/지하철이 제시간에 오지 않아서 학교에 늦어요."

문제해결 활동

인간 사슬 풀기(모든 연령용)

학생들이 좁게 원을 만들어 서고 서로를 향해 눈을 감고 있게 한다. 원 안으로 손을 뻗어 다른 사람의 손을 잡도록 한다. 각각의 학생은 다른 학생의 손을 잡는데, 되도록 바로 옆에 있는 사람 손은 잡지 않도록 한다. 모든 사람은 눈을 감는다. 팔은 서로 엉켜 있을 것이다. 학생들에게 다른 사람의 손을 놓지 않고 팔을 푸는 작업을 함께 하도록 한다. 손이 엉킨 것은 정리가 되어도 풀리진 않을 것이다. 학생들은 결국엔 팔을 풀겠지만 격려가 필요하다. 모든 엉킨 팔이 풀린 다음에, 학생들은 둥글게 선다. 몇몇 아이들은 원 중심을 보고 있고, 몇몇은 원 바깥을 보고 있을 것이다. 그들의 인내를 칭찬해 준다.

문제해결(8세 이상)

학생들이 엉킨 팔을 어떻게 풀었는지 논의하게 하고 다음 활동을 위해 〈활동지 5-8〉을 나누어 주라. (당신은 〈강의자료 5-8〉을 사용할 수도 있다.) 다음의 단계가 학생들이 문제를 해결하는 데 도움이 된다는 것을 일러 준다.

① 문제를 정의한다.
② 그것이 나의 문제인가? 만약 아니라면 누구의 문제인가?
③ 가능한 해결책을 논의한다. 브레인스토밍을 할 동안에는 아이디어를 판단하지 않아야 한다. 최대한 많은 아이디어를 목록화하는 것이 중요하다.
④ 각 아이디어를 보고 "어떻게 이 해결책이 효과를 발휘하나요?"라고 묻는다.
⑤ 문제에 대한 최상의 해결책을 선택한다. 이것은 개인차가 있다. 한 학생에게 효과적인 것이 다른 학생에게는 효과적이지 않을 수도 있다. 학생들은 각자의 상황을 평가하고 어느 해결책이 자신의 요구와 상황에 가장 잘 맞을지 결정해야 한다.
⑥ 선택된 해결책을 실행한다. 그것을 행동에 옮긴다.
⑦ 되돌아보기: 문제가 해결되었나? 만약에 해결되었다면, 잘된 일이다! 그렇지 않다면, 되돌아가서 다시 시도한다.

학생들에게 전체 집단이 예시로 사용할 수 있는 문제를 선택하도록 한다. 선택된 사례를 문제해결의 일곱 가지 단계를 증명하는 데 사용한다. 선택된 사례로 문제해결 기술을 연습할 때 활동지를 활용하도록 한다.

자아상 활동

탁자에 모여 칭찬하기(8세 이상)

학생들에게 다음과 같이 말한다. "오늘 우리는 우리 자신을 기분 좋게 하는 것들에 대해 배울 거예요. 또한 칭찬하고 묘사하는 것에 대해 이야기해 볼 거예요."

묻기: "칭찬이란 무엇인가요? 언제, 왜 칭찬을 하나요? 어떻게 칭찬을 하나요? 좋은 칭찬을 하려면 어떻게 해야 하나요?"

지시: "지금부터 서로를 칭찬할 거예요. 시간제한 때문에, 칭찬을 한 단어로 줄여야 해요. 사용할 단어는 형용사입니다. 형용사는 무엇인가요? 긍정적인 형용사를 나열해 봅시다." (몇 가지 가능한 형용사 목록을 브레인스토밍하게 한다.)

색인카드를 학생들에게 건네주고 카드 위에 이름을 쓰게 한다. 먼저, 자신에 대한 긍정적인 형용사를 쓰게 한다. 5~10초 후에 학생들에게 카드를 다음 사람에게 넘기라고 말한다. 한 가지 규칙은 긍정적인 것을 써야 한다는 것이다. 학생들에게 만약에 쓰고자 하는 형용사가 이미 카드에 있다면, 그 형용사는 다시 쓸 수 없다는 것을 알려 준다. 잘 모르거나 좋아하지 않는 친구가 있을 때 무엇을 할 수 있는지 알려 주는 것도 필요하다.

활동 마지막에는 1~2분 정도 시간을 주고 카드에 적힌 것을 검토하게 한다. 그러고 나서 토론을 시작한다.

가능한 토론 질문은 다음과 같다.

- "카드에 적힌 단어를 읽은 다음에 무슨 생각을 했나요?"
- "어떤 사람들은 자신에 대해 긍정적인 것을 읽기 어려워했고, 어떤 사람들은 그것이 쉬웠어요. 여러분 생각에 왜 그런 것 같나요?"
- "자아상란 무엇인가요?"
- "긍정적인 자아상을 갖는 것은 무엇을 의미할까요?"
- "부정적인 자아상을 갖는 것은 무엇을 의미할까요?"
- "긍정적인 자아상에 기여하는 것은 무엇일까요?"
- "부정적인 자아상을 갖는 것은 무엇 때문일까요?"
- "어떻게 하면 자아상을 개선할 수 있을까요?"
- "자아상 개선을 위해 이번 주에 할 수 있는 것은 무엇일까요? 카드에 적어 봅시다."

가능한 대안: 가능한 대안은 '눈싸움'이라는 재미있는 활동이다. 각 학생은 종이를 공 모양으로 구겨서 가지고 있는다. 학생들은 그 공을 방 중앙에 던진다. 신호를 주면, 모든 학생은 종이 하나를 집어서 구겨진 것을 펴고 그 종이 주인공에게 좋은 말을 적어 준다. 적은 후에는 종이를 다시 구겨서 중앙에 다시 던진 후에 다른 종이를 집는다. 이 활동은 자신이 얼마나 적었는지를 기억할 수 있을 정도로 작은 규모의 학급에 적절하다. 이 게임은 종이가 너덜너덜해지고 찢겨지기 쉽다는 단점을 가지고 있지만, 학생들이 즐겁게 참여할 수 있다.

가능한 추후 활동: 논의 후에 학생들은 세 가지 장점을 선택하게 한다. 각 학생들에게 세 가지 색의 줄이 그어진 종이를 준다. 그 종이에 재능의 첫 글자를 적어라. 그 후에 각 학생들의 재능이 적힌 종이 사슬을 교실 앞에 걸어 둔다. (이 활동은 교사들이 이 사슬을 벽 바깥에 걸어 두는 방식으로 학교 수준 활동으로 할 수 있다. 전체 학교를 둘러싼 사슬을 만드는 방식으로도 가능하다.)

읽기 자료 추천

Albano, A., & Kendall, P. (2002). Cognitive behavioural therapy for children and adolescents with anxiety disorders: Clinical research advances. *International Review of Psychiatry, 14*, 129-134.

Brandon, R. (2003). *Family matters: Mental health of children and parents.* Policy brief. Washington University, Seattle. Human Services Policy Center (ED 478231).

Criss, M., Pettit, G., Bates, J., Dodge, K., & Lapp, A. (2002). Family adversity, positive peer relationships, and children's externalizing behavior: A longitudinal perspective on risk and resilience. *Child Development, 73*(4), 1220-1237.

Cunningham, N., & Sandhu, D. (2000). A comprehensive approach to school-community violence prevention. *Professional School Counseling, 4*(2), 126-133.

Doll, B., Zucker, S., & Brehm, K. (2004). *Resilience classrooms: Creating healthy environments for learning.* New York: Guildford Press.

Elliot, S., Kratochwill, T., & Roach, A. (2003). Commentary: Implementing social-emotional and academic innovations: Reflections, reactions, and research. *School Psychology Review, 32*(3), 320-327.

Frydenberg, E., & Lewis, R. (1999). The adolescent coping scale: Construct validity and what the instrument tells us. *Australian Journal of Guidance Counseling, 9*, 19-36.

Frydenberg, E., & Lewis, R. (2002). Adolescent well-being: Building young people's resources. In E. Frydenberg (Ed.), *Beyond coping: Meetings goals, vision and challenges* (175-194). Oxford, UK: Oxford University Press.

Frydenberg, E. (2004). Coping competencies: What to teach and when. *Theory into Practice, 43*(1), 14-21.

Gaylord, N., Kitzmann, K., & Lockwood, R. (2003). Child characteristics as moderators of the association between family stress and children's internalizing, externalizing, and peer rejection. *Journal of Child and Family Studies, 12*(2), 201-213.

Hoagwood, K., & Erwin, H. (1997). Effectiveness of school-based mental health services for children: A 10-year research review. *Journal of Child and Family Studies, 6*(4), 435-451.

Howard, S., & Johnson, B. (2000). What makes the difference? Children and teachers talk about resilient outcomes for children "at risk." *Educational Studies, 26*(3), 321-337.

Klicker, R. L. (1999). *A student dies, a school mourns: Dealing with death and loss in the school community*. Ann Arbor, MI: Taylor & Francis.

Lightfoot, J., Wright, S., & Sloper, P. (1999). Supporting pupils in mainstream school with an illness or disability: Young people's views. *Child: Care, Health and Development, 25*(4), 267-283.

Maleki, C., & Elliot, S. (2002). Children's social behaviors as predictors of academic achievement: A longitudinal analysis. *School Psychology Quarterly, 17*, 1-23.

Monahon, C. (1997). *Children and trauma: A guide for parents and professionals*. San Francisco: Jossey-Bass.

Percy, M., (2003). Feeling loved, having friends to count on, and taking care of yourself: Minority children living in poverty describe what is "special" to them. *Journal of Children and Poverty, 9*(1), 55-70.

Richardson, C. D., & Rosen, L. A. (1999). School-based interventions for children of divorce. *Professional School Counseling, 3*, 21-26.

Shaw, J. (2000). Children, adolescents and trauma. *Psychiatric Quarterly, 71*(3), 227-243.

Staudt, M. (2001). Psychopathology, peer relations, and school functioning of maltreated children: A literature review. *Children and Schools, 23*(2), 85-101.

UCLA School Mental Health Project. Online at *smhp.psych.ucla.edu/*

Velting, O., Setzer, N., & Albano, A. (2004). Update on and advances in assessment and cognitive behavioral treatment of anxiety disorders in children and adolescents. *Professional Psychology, Research and Practice, 35*(1), 42-54.

활동지 5-1

사고와 감정 연결하기(8세 이상)

이름: ____________________

왼쪽 열에 있는 다섯 개의 그림을 보고 웃는 얼굴이 있는 칸에는 각 그림과 관련하여 기분 좋게 하는 생각을 쓰고, 찡그린 얼굴이 있는 칸에는 각 그림과 관련하여 슬픈 기분을 일으키는 생각을 써 보세요.

출처: Melissa Allen Heath and Dawn Sheen (2005). Guilford Press의 허락하에 게재함.

활동지 5-2

우린 괜찮아!(교사용)

아래 그림의 곤충들은 어려운 상황을 다룸에 있어서 많은 교훈을 줍니다. 각각의 곤충에 대한 재미있는 사실을 쓰고 곤충의 사례들로부터 무엇을 배웠는지도 써 봅시다.

곤충	재미있는 사실	우리가 배우는 것
 개똥벌레	개똥벌레는 똥을 작은 공으로 만든다. 벌레들은 이것을 먹기도 하고 집을 만들 때 사용한다.	개똥벌레는 어려운 상황에 잘 대처한다. 우리도 그렇게 할 수 있다. 어려운 상황은 우리를 성장하도록 돕는다.
 벼룩	벼룩은 다리 높이만큼 뛸 수 있지만 날 수는 없다.	비록 벼룩들이 다른 곤충들처럼 날 수는 없지만 벼룩은 그들이 가진 기술을 사용한다. 우리 역시 서로 다른 기술들을 가지고 있다. 우리는 모든 것을 할 수 없지만 우리가 가지고 있는 기술을 사용할 수 있다.
 흰개미	흰개미는 혼자 생존할 수 없다. 모든 흰개미는 그들의 공동체에 기여한다. 눈이 보이지 않은 흰개미조차 일을 한다. 눈이 보이지 않은 흰개미는 집을 지킨다. 그들은 또한 다른 흰개미를 위해 먹이를 찾으러 다닌다.	모든 사람에게는 자신이 기여할 수 있는 부분이 있다. 우리는 다른 사람들이 우리를 돕도록 허락해야 한다.
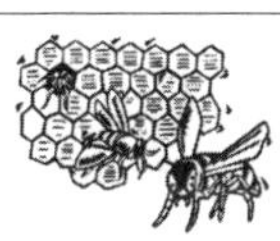 벌	벌은 꿀을 만들기 위해 협동한다.	어려운 일이 발생했을 때, 우리는 해결책을 찾기 위해 협동한다.
 잠자리	잠자리는 세상에서 가장 빠른 곤충이다. 그들은 날개 네 개를 가지고 있고 헬리콥터처럼 하늘을 날아다닐 수 있다. 그들은 뒤로 날 수 있다. 멈추지 않고 방향을 바꿀 수 있다.	무언가를 한 가지 방법으로 하는 데 편안함을 느낀다. 하지만 필요하다면 방향을 바꿀 필요가 있다. 만약 우리가 유효하지 않은 방법으로 무언가를 하려고 노력한다면 우리는 방향을 바꿀 필요가 있고 다른 것을 하려고 노력할 수 있다.
 장수말벌	장수말벌은 '구부러지는 허리'를 가지고 있다. 이들의 허리는 작은 관절을 통해 몸의 다른 부분과 연결된다. 이 관절은 매우 좁은 장소에서도 움직이기 쉽게 만들어 준다.	좁은 공간에서 돌아다니게 하는 허리처럼, 유연한 것은 어려운 상황을 헤쳐 나가는 것을 쉽게 해 준다.

출처: Melissa Allen Heath and Dawn Sheen (2005). Guilford Press의 허락하에 게재함.

활동지 5-3

우린 괜찮아!

이름: ____________________

아래 그림의 곤충들은 어려운 상황을 다룸에 있어서 많은 교훈을 줍니다. 각각의 곤충에 대한 재미있는 사실을 쓰고 곤충의 사례들로부터 무엇을 배웠는지도 써 봅시다.

곤충	재미있는 사실	우리가 배우는 것
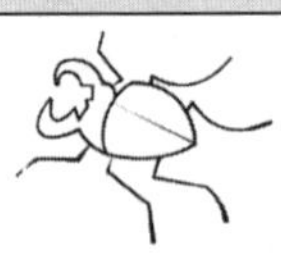 개똥벌레		
 벼룩		
 흰개미		
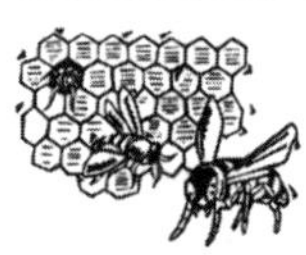 벌		
 잠자리		
 장수말벌		

출처: Melissa Allen Heath and Dawn Sheen (2005). Guilford Press의 허락하에 게재함.

활동지 5-4

이혼에 대하여(8~12세)

*다음 단어들을 사용해서 빈칸을 채우자.

(a) 할 말 (b) 부모님 (c) 직접적으로 (d) 혼자

(e) 변화 (f) 결혼한 (g) 시작 (h) 아무것도 없다.

- 부모님은 이혼을 할 수 있다. 하지만 그들은 여전히 우리의 ______________이다.
- '이혼하다'라는 단어의 의미는 더 이상 ______________ 상태가 아님을 의미한다.
- 때로 부모님들은 서로에 대한 감정이 변한다. 이것을 막을 수 있는 방법은 ______________
- 이혼은 가족에게 많은 ______________를 가져온다. 어떤 변화는 나쁘지만, 어떤 건 그리 나쁘지 않고 어떤 건 좋기도 하다.
- 한 부모에게 다른 부모의 ______________을 전달하는 것은 아이가 할 일이 아니다.
- 부모는 서로 ______________ 대화할 필요가 있다.
- 이혼은 받아들이기 어려울 수 있다. 하지만 기억할 것은 이혼이 새로운 인생의 __________일 수 있다는 것이다.
- 많은 아이들은 이혼한 부모를 가졌다. 당신은 ______________가 아니다.

출처: Melissa Allen Heath and Dawn Sheen (2005). Guilford Press의 허락하에 게재함.

활동지 5-5

이혼에 대한 느낌(6~12세)

자녀들이 부모의 감정과 행동에 대해 할 수 있는 일은 없다. 부모는 일정한 나이가 되어 결혼을 하고, 어찌할 수 없는 이유로 이혼을 한다. 자녀가 이혼의 원인이 아닌 것처럼, 자녀는 이혼을 막을 수도 없다. 하지만 모두 이혼에 대해 어떤 느낌을 갖는다.

아래의 칸에 아동이 부모의 이혼에 대해 갖는 느낌을 그림으로 표현하도록 한다.

출처: Melissa Allen Heath and Dawn Sheen (2005). Guilford Press의 허락하에 게재함.

활동지 5-6

가면(5~11세)

이 가면들이 진실된
감정을 숨깁니다.

때로 사람들은 자신의 감정을 숨깁니다. 어떤 이들은 가면을 쓰고 실제와는 다르게 느끼는 것처럼 행동하기도 하지요. 가면은 진실된 감정을 숨깁니다.

점선을 따라 종이를 반으로 접어서 사용합니다.
반드시 아래쪽의 원이 밑으로 가도록 접어야 합니다.

이것이 나의 진짜
속마음입니다.

출처: Melissa Allen Heath and Dawn Sheen (2005). Guilford Press의 허락하에 게재함.

활동지 5-7

가면(12~18세)

이 가면들이 진실된 감정을 숨깁니다.

때로 사람들은 자신의 감정을 숨깁니다. 자신의 감정이 비정상적인 것일까 봐 걱정할 수도 있습니다. 또 어떤 이들은 이러한 감정을 가져도 괜찮을지 걱정할 수도 있습니다. 그래서 실제로 느끼는 것과는 다르게 보이기 위해 가면을 쓸 때가 있지요. 가면은 진실된 감정을 숨깁니다.

점선을 따라 종이를 반으로 접어서 사용합니다.
반드시 아래쪽의 원이 밑으로 가도록 접어야 합니다.

아래의 원들은 가면 뒤에 숨겨진 진짜 감정을 나타냅니다.

출처: Melissa Allen Heath and Dawn Sheen (2005). Guilford Press의 허락하에 게재함.

활동지 5-8

문제해결 단계(8세 이상)

이름: ____________________

문제가 무엇인지 적어 보세요.

이 문제가 나의 문제인가요? 그렇지 않다면 누구의 문제입니까?

가능한 해결책을 브레인스토밍 기법을 활용해서 떠올려 봅시다. 아이디어를 판단하지 말고, 어떤 아이디어든 생각나는 대로 목록에 적으세요.

각각의 아이디어를 보며 '이 해결책은 어떨까?' 하고 생각해 봅시다.

이 중에서 문제를 해결하는 데 가장 좋은 해결책을 골라 봅시다.

행동에 옮겨 보세요.

복습: 문제가 해결되었나요? 그렇다면 아주 잘했습니다! 만일 그렇지 않다면, 되돌아가서 다시 한 번 시도해 봅시다.

출처: Melissa Allen Heath and Dawn Sheen (2005). Guilford Press의 허락하에 게재함.

보충자료 5-1

주제: 우울

우울은 오랜 시간 지속되는 슬픔의 상태를 말한다. 아동이 무언가에 대해 비통해할 때 슬픔을 느끼는 것은 흔한 일이다. 하지만 이 슬픔이 오랜 시간 지속되거나 일상생활에서 기능하는 데 방해가 된다면, 우울이 될 수 있다.

◈ 우울의 원인

우울을 일으키는 원인에는 많은 것이 있다. 뇌의 화학적 불균형, 가정 및 학교에서의 스트레스, 사랑하는 이의 죽음, 자존감의 문제, 또는 자기 삶의 사건에 대한 통제감의 정도 등이 우울과 관련된 것들이다. 원인이 무엇이건, 우울한 학생들은 학업적으로 좀 더 어려움을 겪는 경향이 있다.

◈ 우울증의 증상

우울증의 증상은 개인적 · 발달적 수준에 따라 매우 다양하게 나타난다. 기본적으로 관찰되는 몇 가지 증상은 다음과 같다.

- 과민함
- 신경과민
- 무관심
- 사회적 철회
- 무가치한 느낌
- 절망적 느낌
- 집중력 저하
- 잦은 울음
- 행동화(acting out)
- 식습관의 변화
- 체중의 감소 혹은 증가
- 신체적 불편감 호소
- 불면 혹은 지나친 수면
- 자해
- 자살에 대한 언급이나 시도

◈ 학생이 우울증을 겪는 것으로 보일 때 해야 할 일

- 학생의 정서가 학업 수행에 어떤 영향을 미치는지 알아보기
- 학생이 자기 자신에게 보이는 반응에 집중하기: 스스로에 대해 보다 긍정적으로 표현할 수 있도록 도와주기
- 학생이 사랑받고 수용받고 있다고 느낄 수 있도록 도와주기
- 학생의 말을 들어주는 데 충분한 시간을 들이기

- 매일 특별한 일(행동일 필요는 없음)에 대해 "나는 ~한 것을 알게 되었단다."라고 학생에게 말하기
- 수용적인 급우 근처에 학생을 앉게 하기
- 가능한 경우, 선택을 하게 함으로써 학생에게 권한 주기
- 받아들일 수 없는 행동을 하는 경우, 학생이 아니라 행동 자체에 대해 적절히 대응하고 반응하기
- 교실에서 일관되게 행동하기
- 자살 의도에 대해 주의를 기울이고 즉각적으로 도와주기
- 부모와 연락하여 염려되는 부분에 대해 함께 상의하기
- 필요한 경우, 학교 정신건강 전문가에게 의뢰하기

출처: Melissa Allen Heath and Dawn Sheen (2005). Guilford Press의 허락하에 게재함.

보충자료 5-2

주제: 심각한 만성질환

만성적이고 심각한 질병을 겪는 학생은 학교 장면에서 다양한 문제로 고충을 겪는다. 질병으로 결석하거나 학교 활동 참여에 제한을 받는 경우, 학생의 어려움에 대한 교사의 반응과 친구관계는 학생의 전반적인 건강에 더욱 큰 영향을 미친다. 학교에 있는 동안 이러한 학생들을 잘 수용하고, 그들이 자신의 질병을 잘 다루고 있다고 느끼도록 하기 위해 교사가 관심을 갖고 지켜봐야 할 일들이 많이 있다.

◈ 만성질환을 가진 학생이 겪는 특별한 어려움

- 잦은 결석으로 인해 지속적으로 친구관계를 맺거나 학업을 수행하는 데 어려움이 있다.
- 자신이 남들과 다르다거나 외톨이라고 느낄 수 있다.
- 다른 친구를 괴롭힐 수 있다.
- 남들을 무시하기도 한다.
- 약물 부작용을 겪을 수 있다.
- 고통과 피로에 맞서야 한다.
- 동기 조절에 어려움이 있을 수 있다.

◈ 교사가 해야 할 일

- 학생이 앓고 있는 질병에 대해 잘 알아 두라.
- 학생에게 무엇이 필요한지 물어 보라.
- 학생이 놓친 과제물에 대해 설명해 주는 시간을 가지라.
- 만성질환을 앓는 학생에게는 과제 마감 일자에 대해 보다 유연하게 대응하라.
- 학생이 자신의 교육에 대해 결정할 수 있는 권리를 주라.
- 육체적 노력이 요구되는 활동에 익숙해지라.
- 무례하게 행동하는 상황에 대해 주의를 기울이고, 알맞은 행동을 취하라.
- 친구들 앞에서 그 학생에 대해 이야기할 때(혹은 그 학생에게 말할 때) 조심해서 말하라.
- 같은 공간에서 친구들과 어울림으로써 친구들과 잘 지낼 수 있도록 격려하라.
- 다양성에 대한 존중을 가르치고 격려하라.

만성질환을 가진 학생은 학교에서 더 많은 관심과 배려를 필요로 할 수 있다. 교사가 개개인의 상황에 대해 더 관심을 기울인다면, 더 많은 도움을 줄 준비를 할 수 있을 것이다. 아동은 단체 상황에서 자신이 속해 있고 자신이 중요한 존재라고 느낄 필요가 있다. 긍정적인 친구관계는 학생들의 조력 관계에 꼭 필요한 요소다. 학생이 관계를 구축해 나갈 수 있도록 돕기 위해 교사가 다양성에 대한 수용 능력을 증가시키고, 잘못된 낙인을 제거하기 위한 행동을 취하는 것이 도움이 될 수 있다. 만성질환은 그 학생이 다루어야만 하는 어쩔 수 없는 상황일 뿐, 학생 자체가 아니다. 만성질환을 앓는 학생의 특별한 요구에 대해 민감하게 반응하려는 노력이 필요하다.

| 참고문헌 |

Lightfoot, J., Wright, S., & Sloper, P. (1999). Supporting pupils in mainstream school with an illness or disability: Young people's views. *Child: Care, Health and Development, 25*(4), 267-283.

Steward, M, S. (2002). Illness: A crisis for children. In J. Sandoval (Ed.), *Handbook of crisis counseling, intervention, and prevention in the schools* (2nd ed., pp. 183-211). Mahwah, NJ: Eribaum.

출처: Melissa Allen Heath and Dawn Sheen (2005). Guilford Press의 허락하에 게재함.

보충자료 5-3

주제: 친구 사귀기의 어려움

아동의 발달에는 부모, 교사 및 친구들 모두 중요한 역할을 한다. 그중에서도 특히 친구가 아동 발달에 핵심적이다. 그러나 많은 아동이 친구 사귀기를 어려워한다.

◈ 긍정적인 친구관계가 주는 것

- 정서적 지지
- 문제에 직면했을 때의 도움
- 다른 시각
- 긍정적 사회적 경험
- 사회적 기술을 배우고 연습할 수 있는 기회
- 공감할 수 있는 기회

◈ 친구가 없는 아동

- 외로움을 느낀다.
- 또래에 의해 괴롭힘을 당하기 쉽다
- 자존감이 낮다.
- 학교 적응을 힘들어한다.
- 문제행동을 보인다.
- 우울이나 기타 다른 심리적 문제를 경험할 가능성이 높다.

친구관계에서 어려움을 겪는 아동은 으스대거나, 충동적이거나, 불친절할 수 있다. 그들은 친구들에게 비난을 받거나 다른 아이들을 욕할 수도 있다. 또래와 상호작용을 잘하지 못하는 아동은 위축되고 또래와 가까워지는 시도를 하지 못한다. 전반적으로, 친구 사귀기의 어려움은 사회적 기술이 좋지 못한 것에서 비롯된다.

◈ 필요한 사회적 기술의 예

- 협력
- 의사소통
- 다른 사람에게 인사하기
- 요청하기
- 경청하기
- 눈맞춤 유지하기
- 공감을 하거나 재치 있게 행동하기
- 피드백을 받기
- 또래의 거절에 잘 반응하기
- 타협하기

◈ 당신이 할 수 있는 것

친구가 없는 학생은 친구 사귀는 방법을 배워야 할 때가 종종 있다. 교사는 학생들을 관찰해서, 그들이 어떠한 기술을 배울 필요가 있는지 판단할 수 있다. 그리고 학생들에게 해당 기술을 가르친 후, 또래와의 일상적인 상호작용에서 필요한 기술을 사용해 보도록 격려한다.

| 참고문헌 |

Children without Friends National Network for Child Care. *Children without friends*. Available online at *www.nncc.org/Guidance/dc26-wo.friends1.html*.

출처: Melissa Allen Heath and Dawn Sheen (2005). Guilford Press의 허락하에 게재함.

보충자료 5-4

주제: 이혼

대략 전체 기혼자의 절반 정도가 이혼을 한다(Amato, 2001). 이혼은 매우 흔하게 일어나고 있기 때문에 이혼가정의 학생들을 지원하는 것은 매우 중요하다. 학생을 지원하기 위해 교직원은 각 학생들이 부모의 이혼으로 어떠한 영향을 받았는지를 이해해야 한다.

◈ 아동이 직면하는 어려움

이혼은 아동과 청소년이 이해하기에는 복잡하고 어려운 일이다. 그들은 종종 부모가 왜 이혼했는지에 대해 혼란스러워한다. 또한 그들은 재구성된 가족의 어디에 자신이 속해야 할지도 궁금해한다. 종종 그들은 이혼에 대해 자신의 탓을 하기도 한다. 많은 걱정과 질문을 가지고 있음에도 그들은 부모에게 이혼에 대해 묻는 것을 주저한다. 정보의 부족으로 그들은 이혼에 대한 공포와 잘못된 개념을 갖기도 한다. 그리고 그들은 혼자라고 느낀다.

◈ 리질리언스 향상시키기

최근의 이혼에 관한 문헌들에서는 가족 변화에 따른 아동 적응의 문제와 적절한 지원 방법에 대한 정보를 제공한다. 연구 결과에 따르면, 아동의 적응력과 리질리언스는 긍정적으로 작용한다(Hetherington & Stanley Hagan, 1999). 아동은 강한 정서적 지지를 제공하는 부모와 주위 성인이 있을 경우 부모의 이혼을 더 잘 극복할 수 있다.

◈ 리질리언스 기술

많은 학생이 다음에 제시된 기술을 배우고 연습하여 도움을 받았다.

- 적절한 방식으로 감정 표현하기
- 문제해결
- 친구관계의 개발 및 강화

출처: Melissa Allen Heath and Dawn Sheen (2005). Guilford Press의 허락하에 게재함.

보충자료 5-5

주제: 학대

• **신체적**: 아동에게 가해진 신체적 상해
 - 타박상이나 찰과상을 포함하여

• **성적**: 성인이나 더 나이 많은 아동과의 관계에서 이루어진 성적 접촉
 - 조종이나 완력, 협박이 사용되었을 수 있다.
 - 부적절한 접촉부터 남색이나 성교까지

• **정서적**: 행동이나 말로 아동을 부끄럽고 수치스럽게 하는 것
 - 욕, 비난, 소리 지름, 다른 아동과의 부정적 비교, 수치심을 불러일으키는 행동

학대의 징후

신체적	행동적
• 손바닥이나 물체로 때린 멍 • 눈 주변의 멍 • 골절 • 결석 후의 상해 • 충분히 설명되지 않는 상해의 반복 • 빈약한 의약 또는 치과 진료 • 부실한 위생 상태 • 지속적 허기와 갈증 • 설명되지 않는 신체적 호소	• 갑작스러운 행동의 변화 • 더 어린 아동들이 전형적으로 보이는 행동을 함 • 누군가 다가가면 부끄러워하거나 움츠림 • 자주 멍하니 있음 • 빈약한 수면 또는 잦은 악몽 • 비합리적 공포 • 특정인에 대한 과도한 공포 • 부적절한 성적 행위

"모든 의심되는 학대에 대해서는 관련 기관에 반드시 보고하도록 법으로 규정되어 있다!"

• 사실은 사실대로, 의심은 의심으로 구분하여 보고하라.
• 당신이 학대를 증명할 필요는 없다. 그것은 경찰 등 관련 기관이 할 일이다.
• 부모가 학대 가해자로 의심될 경우, 당신은 아동의 부모에게 학대 의심 보고 사실을 알릴 필요가 없다.

출처: Melissa Allen Heath and Dawn Sheen (2005). Guilford Press의 허락하에 게재함.

보충자료 5-6

주제: 학대

교사와 교직원은 학대로 '의심되는' 모든 상황에 대해 관련 기관, 대개 아동보호 서비스기관(Child Protective Services)이나 인권보호기관(Department of Human Services)에 보고해야 할 의무가 있다. 학대가 의심된다면, 그것을 보고하라. 이때에는 사실은 사실 그대로, 의심되는 부분은 의심되는 것으로, 명확히 해서 보고하라. 만약 어디로 연락해야 할지 전화번호를 모르겠다면, 교장이나 보건교사, 정신건강 전문가에게 물어보라. 24시간 연락 가능한 국가 비상 번호가 있으며, 전화번호부를 확인하면 무료 비상 전화번호가 기록되어 있다. 대부분의 학교에서는 학대가 의심되는 상황을 보고할 수 있는 대체적인 틀이 마련되어 있다. 일부 학교에서는 보건교사나 교장과 함께 짧은 길이의 보고서를 작성하게 할 수도 있다. 당신의 학교에 있는 관련 정책이나 가이드라인은 어떠한지 확인해 보라.

당신은 학대가 있었음을 증명할 필요가 없다는 사실을 기억하라. 당신은 학대가 의심되는 상황을 보고하기만 하면 된다. 그리고 관련 기관으로 하여금 해당 상황을 조사하도록 하면 된다. 당신은 학대의 가해자인 부모에게 직접 정보를 요구할 필요가 없다. 만약 이후에 당신이 학대 의심 신고를 했느냐는 질문을 받게 된다면, 당신은 이렇게 말하면 된다. "학교의 누구나 관련 기관에 신고할 수 있다. 모든 성인은 학대 의심 상황을 신고하도록 법에 규정되어 있다. 그러므로 학교의 누구라도 신고가 가능하다."

대부뷰의 학대가 생명을 위협하는 정도는 아니지만, 만약 학생의 안전이 극히 위험한 지경에 이른다면, 교장과 학교 상담자 혹은 학교 심리학자에게 즉시 이를 알려야 한다. 그들은 해당 학생들에게 적절한 도움을 제공할 수 있다. 자기가 문제를 해결해야 한다는 책임감을 느끼지 말라. 이것은 당신 혼자만의 책임이 아니다.

학대받은 아동은 죄책감, 수치심, 고립감 및 두려움을 느낄 수 있다. 또한 그들은 무력감이나 절망감(hopeless), 우울을 느낄 수 있다. 자살을 시도하거나 학대 상황으로부터 도망가려는 아동이 있을 수도 있다. 또한 어떤 아동은 극도의 불안감을 느끼며, 사소한 신체적 접촉이나 큰 소리에 민감하게 반응하기도 한다.

교사와 교직원은 정신건강 전문가와 의논하여 학대받은 경험이 있는 아동이 어떻게 학급에 잘 적응하도록 할 수 있을지 결정해야 한다. 아동의 스트레스와 불안을 줄이고, 안전함과 안전감을 느낄 수 있도록 만드는 것이 목표다. 학생을 교실 뒤쪽 구석 자리에 앉히면, 그는 모두를 더 잘 볼 수 있고 통제감을 느낄 수 있다. 또 어떤 학생은 교사의 책상 옆이나 창가, 출입문 쪽에 앉았을 때 더 안전감을 느끼기도 한다. 학생이 느끼는 걱정이나 두려움에 따라서 다른 전략이 필요할 수도 있다. 학생이 극도로 불안해할 경우 학교 상담자를 만나도록 조치해야 한다.

출처: Melissa Allen Heath and Dawn Sheen (2005). Guilford Press의 허락하에 게재함.

보충자료 5-7

주제: 자살

학생을 위험에 처하게 할 수 있는 문제들

가족 문제	개인적 문제	학교 문제
• 잦은 이사 • 돈 문제 • 결혼생활의 갈등 • 분리 또는 이혼 • 가정폭력 • 자살 그리고/또는 우울증의 가족력 • 지나친 훈육 • 너무 지나친 또는 너무 적은 통제/감독 • 심각하거나 진행 중인 질병 • 부모에게 보호받지 못한다는 느낌 • 부모-자녀 간 갈등/다툼 • 가족의 죽음	• 알코올중독/약물 남용 • 학대(신체적 · 성적 · 정서적) • 남자친구, 여자친구와의 불화/다툼 • 정신질환 • 우울증 • 이전의 자살 시도 • 법적 문제/비행 • 임신 • 고독감	• 낙제 • 학습장애 • 규율 문제 • 또래의 거부 • 괴롭힘(따돌림, 성희롱)

만약 어떤 학생이 자살을 생각하고 있다면, 당신은 무엇을 해야 하는가?

1. **경청하라**—항상 그 학생의 말을 들어주고, 그로 하여금 당신이 그를 돌보고 있음을 알게 하라.
   침묵하라—그 학생은 과잉으로 반응하지 않는 성인과 함께 있을 때 더 안전하게 느끼고 안심할 것이다.
   기억하라—당신은 그 학생의 말을 경청하고 지지해 줄 수 있다. 그러나 당신은 상담자가 아니다. 당신이 그 학생을 상담하는 것은 아니다.
2. **우려 사항을 보고하기**—염려되는 사항들을 학교 관리자 또는 학교 상담자에게 보고하라.
   비밀로 남겨 두지 말기—학생이 당신에게 말하지 말라고 부탁하더라도, 그것을 비밀로 남겨 두지 말라.
   학생에게 말하라—"난 너에게 관심이 있고, 우리를 도울 수 있는 누군가를 찾길 원해. 너 또한 누군가에게 관심이 있을 때, 그 사람이 스스로를 다치게 하는 걸 원치 않을 거야. 나는 너를 돕고 싶단다."

만약 어떤 학생이 자살 또는 자신을 해치는 행위에 대해서 이야기한다면, 당신은 무엇을 해야 하는가?

'즉시' 당신의 관리자와 학교 정신건강 전문가에게 그 사실을 말하라. 만일 학교가 이런 유형의 위기 상황에 대한 계획을 가지고 있다면, 그 계획을 따르라. 학교 정신건강 전문가가 그 학생과 대화를 나누고 무엇이 필요한지를 결정할 것이다. 자살 충동을 느끼는 학생을 혼자 내버려 두지 말라. 학생이 아무도 없는 상황에서 화장실을 사용하지 못하도록 하라.

출처: Melissa Allen Heath and Dawn Sheen (2005). Guilford Press의 허락하에 게재함.

보충자료 5-8

주제: 죽음에 대한 애도

애도(mourning)의 단계

- **슬픔**: 슬픔은 상실에 대한 일반적인 반응이다. 아동은 이전에 좋아했던 활동에 관심을 보이지 않거나 덜 보일 수 있다. 시간이 지나면서 다음 단계의 애도 과정으로 넘어가면서, 초기의 슬픔은 감소한다.
- **부인**: 상실에 대한 반응으로서, 아동은 몇 가지 이유로 그 상실에 대해 부인하려고 할지 모른다. 먼저, 사랑했던 사람이 다시 돌아오지 않는다는 것을 받아들이기 힘들기 때문이다. 가까운 이의 죽음과 함께, 괴로운 감정을 경험하게 된다. 이러한 감정을 견디는 것이 어렵기 때문에 아동은 죽음을 직면할 필요가 없는 환상의 세계로 빠져든다. 이러한 반응은 충분히 납득이 갈 만하다. 하지만 아동이 현실 세계로 다시 돌아오지 못한다면 문제가 될 수 있다. 죽은 사람에 대하여 아동에게 이야기하고 그와 함께했던 긍정적인 경험이나, 다정하고 행복했던 경험들을 상기시키는 것이 도움이 된다.
- **죄책감**: 아동은 죽음이 자신의 잘못이라고 생각하거나, 자신이 그 죽음을 막을 수 있었을 것이라고 생각할 수도 있다. 성인은 그 죽음이 아동 때문이 아니며 아무도 어찌할 수 없었다는 것을 반복적으로 이야기해 주어서 아동이 잘못 받아들인 책임감을 없애 주어야 한다.
- **분노**: 분노의 근원은 이해되고 표현되고 싶은 혼란스러운 감정일 경우가 많다. 삶에서의 어떤 변화는 불편한 느낌을 가져올 수 있다. 상실과 관련된 감정들은 특히 혼란스러울 수 있다. 파괴적 행동을 통해 이러한 혼란이 행동화되는 것은 흔한 일이다. 성인은 분노가 어디서에서 비롯었되는지를 이해하고 인내심을 가짐으로써 아동을 도울 수 있다. 또한 아동이 이러한 감정을 인지하고 표현하도록 가르쳐 주는 것 역시 도움이 될 것이다.
- **수치심**: 아동은 자신이 대부분의 사람과 비슷하다고 믿고 싶어 하고, 군중 속으로 섞여 들어가고 싶어 한다. 하지만 사랑하는 누군가가 죽었을 때, 그것은 아동을 다른 사람과 분리시킨다. 또한 그들은 애도를 표현하는 성인의 관심의 대상이 됨으로써 당황함을 느끼게 될지도 모른다. 상실을 경험할 때 아동은 자신이 다르다고 느낄 수 있으며, 그것이 부끄러운 일이라고 느낄지도 모른다. 비슷한 상실을 경험한 또래 집단과 함께하는 것이 도움이 될 수도 있다.
- **수용**: 상실을 경험한 아동은 다른 발달 단계에 진입함에 따라 다시 첫 번째 애도 단계로 돌아갈 수도 있다. 아동은 사랑하는 사람이 없다는 사실이 감지되는 수많은 순간을 거쳐서 성장한다. 일반적으로, 아동은 점차적으로 죽음을 받아들이고 이러한 상실을 계속해서 기억하는데, 이는 성인기까지 지속되기도 한다(Fitzgerald, 1992).

- 주위 사람의 죽음을 경험한 학생과 대화할 때
  - 그 상실을 인정하라.
  - 직접적으로, 세심하게, 진정성 있게 말하라.
  - 당신 자신의 호기심을 충족시키기 위한 질문을 하지 말라.
  - 학생으로 하여금 마음의 준비가 되었을 때 추억에 잠길 수 있도록 하라.

- 주위 사람의 죽음을 경험한 학생을 도와 주려면
  - 죽은 사람의 삶을 기념할 수 있는 방법을 찾으라(예: 그가 읽었던 책을 도서관에 기부하기).
  - 그 학생이 돌아왔을 때 어떤 식으로 반응해야 할지를 다른 학생들에게 가르치라.
  - 그 학생이 일상적인 학교생활에 되도록 빨리 재적응할 수 있도록 도우라.
  - 학생이 슬픔에 빠져 울어야 할 때 홀로 있을 시간을 허락하라.
  - 1년 중 학생이 더욱 힘들어질 수 있는 날이나 시간들을 인지하라(예: 가족의 기념일).

출처: Melissa Allen Heath and Dawn Sheen (2005). Guilford Press의 허락하에 게재함.

보충자료 5-9

비 탄

사람들, 심지어 아이들에게도 때때로 나쁜 일이 일어날 수 있다. 가끔 우리는 자신에게 매우 중요했던 어떤 것이나 사람을 잃게 된다. 이때 우리의 마음은 상처를 받게 된다. 이런 고통을 '비탄'이라고 부른다. 비탄은 항상 그렇게 고통스럽지만은 않을 것이다. 해변의 파도와도 같이, 비탄은 왔다가 사라지기를 반복한다.

첫 번째 파도는 우리를 놀라게 한다. 아무도 이러한 상황이 실제로 벌어지고 있다는 사실을 믿고 싶지 않아 한다.

그러고 나서 분노, 혼란, 걱정 또는 고통이라는 파도가 밀려온다. 가끔은 많은 감정이 한꺼번에 철퍼덕 하고 쏟아지기도 한다.

이러한 감정들에 대해 이야기하는 것은 당신이 그 감정을 더 잘 이해하는 데 도움을 준다. 파도는 씻겨 내려가면서 당신의 마음을 진정시킬 것이다. 평화와 치유가 당신의 마음에 임하게 될 것이다.

마치 해변의 파도처럼, 감정들은 항상 거기에 있다. 때때로 그것은 혼란스럽고 두려운 감정이다. 또 어떤 때에는 평화롭고 잔잔하다. 고통스러운 파도가 다시 찾아올 때, 당신은 혼자가 아니라는 사실을 기억하라. 거친 파도는 곧 잔잔해지고, 물러나게 될 것이다.

출처: Melissa Allen Heath and Dawn Sheen (2005). Guilford Press의 허락하에 게재함.

보충자료 5-10

유리 조각(시글래스)

- **은유의 대상:** 유리 조각(시글래스)
- **목적:** 고통스러운 감정과 기억들을 넓은 시각으로 바라볼 수 있도록 한다. 미래에 대한 희망을 준다.
- **제안:** 공예품점에서 시글래스를 산다. 교실의 학생들에게 이 이야기를 들려준다. 이야기를 들려준 뒤, 학생들이 시글래스 조각을 돌려 가며 보게 한다. 학생들이 이 이야기를 기억할 수 있도록 선생님의 책상에 시글래스 조각을 남겨 둔다.

"혹시 시글래스가 무엇인지 아는 사람 있어요? 해변가를 따라 걷다 보면, 시글래스를 볼 수 있어요. 바닷물과 모래가 함께 힘을 합쳐, 깨진 유리의 날카롭고 삐죽삐죽한 가장자리를 매끄럽게 만들어요. 시간이 지나면서, 그 유리는 더욱 매끄러워지고 결국 그 가장자리가 둥글게 돼요. 유리는 계속 원래의 그 자리에 있지만, 그 가장자리는 더 이상 날카롭지 않아요."

"우리에겐 때때로 나쁜 일들이 일어나요. 그건 우리의 마음을 슬프게 해요. 우리는 상처를 받아요. 화도 날 수 있어요. 이런 것들은 강한 감정이에요. 우리는 그러한 감정들이 절대로 사라지지 않을 거라고 생각하게 될지도 몰라요. 깨진 유리는 바로 여러분의 상처와도 같아요. 유리가 깨진 지 얼마 되지 않았을 때는, 날카로운 가장자리가 여러분을 찢고 상처를 입힐 수 있어요. 우리의 마음은 다치게 돼요. 그것은 날카롭고 뾰족하게 느껴져요. 시간이 지나고 다른 사람들의 도움과 함께, 우리 마음의 가장자리는 매끄러워지고 둥글게 돼요. 비록 그 기억이 우리 마음속에 자리 잡고 있다고 하더라도, 그것은 예전처럼 날카롭지 않고 부드러워요. 미래에는 무슨 일이 일어났었는지를 생각할 수 있게 될 것이고, 그때에 그 일은 지금 당장 느끼는 것처럼 고통스럽지는 않을 거예요."

출처: Melissa Allen Heath and Dawn Sheen (2005). Guilford Press의 허락하에 게재함.

강의자료 5-1

학대: 당신이 할 수 있는 일

모든 의심되는 학대에 대해서는
관련 기관에 반드시 보고하도록 법으로 규정되어 있다.

- 사실은 사실대로 보고하기
- 의심은 의심대로 보고하기
- 당신이 학대를 증명할 필요는 없다. 그것은 경찰 등 관련 기관이 할 일이다.
- 부모가 학내 가해자로 의심될 경우, 당신은 아동의 부모에게 학대 의심 보고 사실을 알릴 필요가 없다.

교실 개입

개인적 필요를 충족시키기 위해

학교 상담자 및 심리학자와 함께 가능한 개입 방안을 논의하시오.

출처: Melissa Allen Heath and Dawn Sheen (2005). Guilford Press의 허락하에 게재함.

강의자료 5-2

학 대

- **신체적**: 아동에게 가해진 신체적 상해
  - 타박상이나 찰과성을 포함하여

- **성적**: 성인이나 더 나이 많은 아동과의 관계에서 이루어진 성적 접촉
  - 조종이나 완력, 협박이 사용되었을 수 있다.
  - 부적절한 접촉부터 남색이나 성교까지

- **정서적**: 행동이나 말로 아동을 부끄럽고 수치스럽게 하는 것
  - 욕, 비난, 소리지름, 다른 아동과의 부정적 비교, 수치심을 불러일으키는 행동

- **학대의 결과**: 죄책감, 수치심, 소외, 공포, 우울, 절망감, 무력감

출처: Melissa Allen Heath and Dawn Sheen (2005). Guilford Press의 허락하에 게재함.

강의자료 5-3

학대의 징후

신체적

- 손바닥이나 물체로 때린 멍
- 눈 주변의 멍
- 골절
- 결석 후의 상해
- 충분히 설명되지 않는 상해의 반복
- 빈약한 의약 또는 치과 진료
- 부실한 위생 상태
- 지속적 허기와 갈증
- 설명되지 않는 신체적 호소

행동적

- 갑작스러운 행동의 변화
- 더 어린 아동들이 전형적으로 보이는 행동을 함
- 누군가 다가가면 부끄러워하거나 움츠림
- 자주 멍하니 있음
- 빈약한 수면 또는 잦은 악몽
- 비합리적 공포
- 특정인에 대한 과도한 공포
- 부적절한 성적 행위

출처: Melissa Allen Heath and Dawn Sheen (2005). Guilford Press의 허락하에 게재함.

강의자료 5-4

도움을 청하기

자살의 징후

문제에 순응(**P**roblems adjusting)
사회적 연결망의 부족(**L**ack of social connections)
극한의 수치심, 불안 또는 우울(**E**xtreme shame, anxiety, or depression)
알코올 또는 약물 중독(**A**lcohol or drug use)
갑작스러운 성격 변화(**S**udden change in personality)
위험한 행동(**E**ngaging in dangerous activities)
자살 시도 전력(**H**istory of suicidal behavior)
자살 계획의 고백(**E**xpressing suicidal plans)
삶에 대한 흥미를 잃음(**L**oss of interest in life)
죽음에 대한 집착(**P**reoccupation with death)
소유물의 포기(**P**reparation for death(giving away possessions))

"이러한 증상이 있는 경우 관리자나 학교 정신건강 전문가에게 즉시 보고하라."

출처: Melissa Allen Heath and Dawn Sheen (2005). Guilford Press의 허락하에 게재함.

강의자료 5-5

학생이 자살을 생각하고 있을 때

경청하라.

침착하라.

당신이 관심을 보이고 있음을 말하라.

즉시 당신의 관심을 전달하라.

"네가 누군가를 돌보고 있을 때, 너는 그가 스스로를 해치기를 원하지 않을 거야. 나는 너에게 관심이 있고, 누군가가 너를 돕기를 원한단다. 나는 너를 돕길 원해."

출처: Melissa Allen Heath and Dawn Sheen (2005). Guilford Press의 허락하에 게재함.

강의자료 5-6

애도 과정

아동이 상실감을 경험하게 되면, 혼란감에 빠질 수 있다. 애도하는 마음의 몇 가지 감정을 보면 다음과 같다.

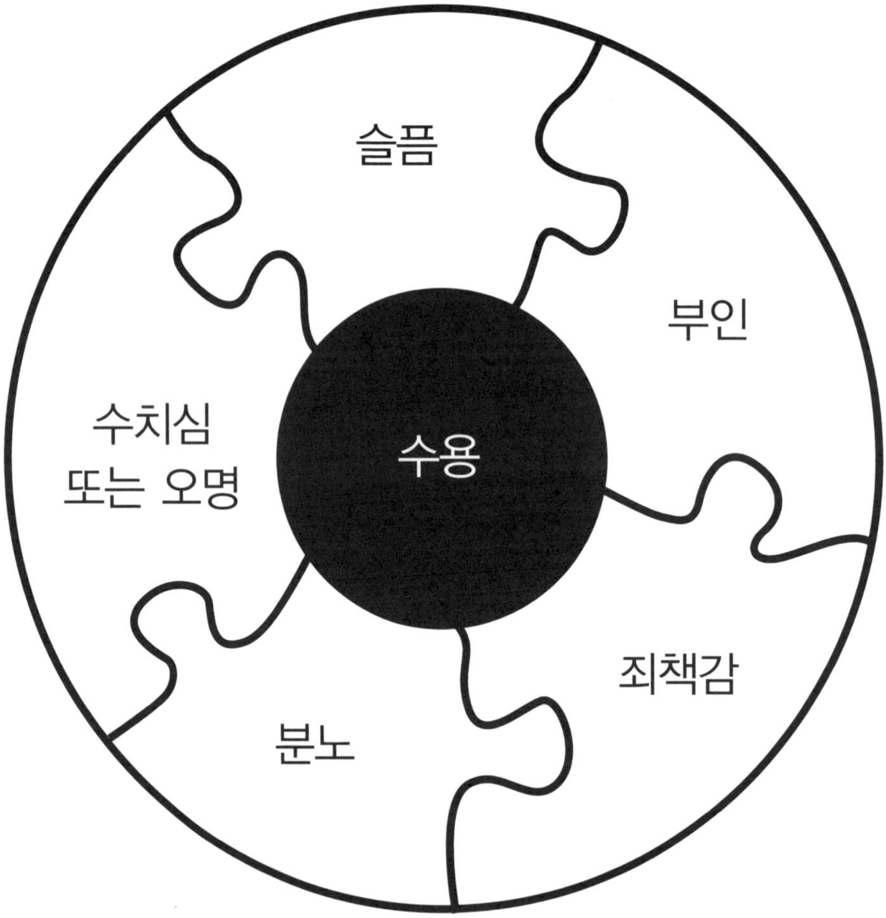

출처: Melissa Allen Heath and Dawn Sheen (2005). Guilford Press의 허락하에 게재함.

강의자료 5-7

집단 규칙 정의

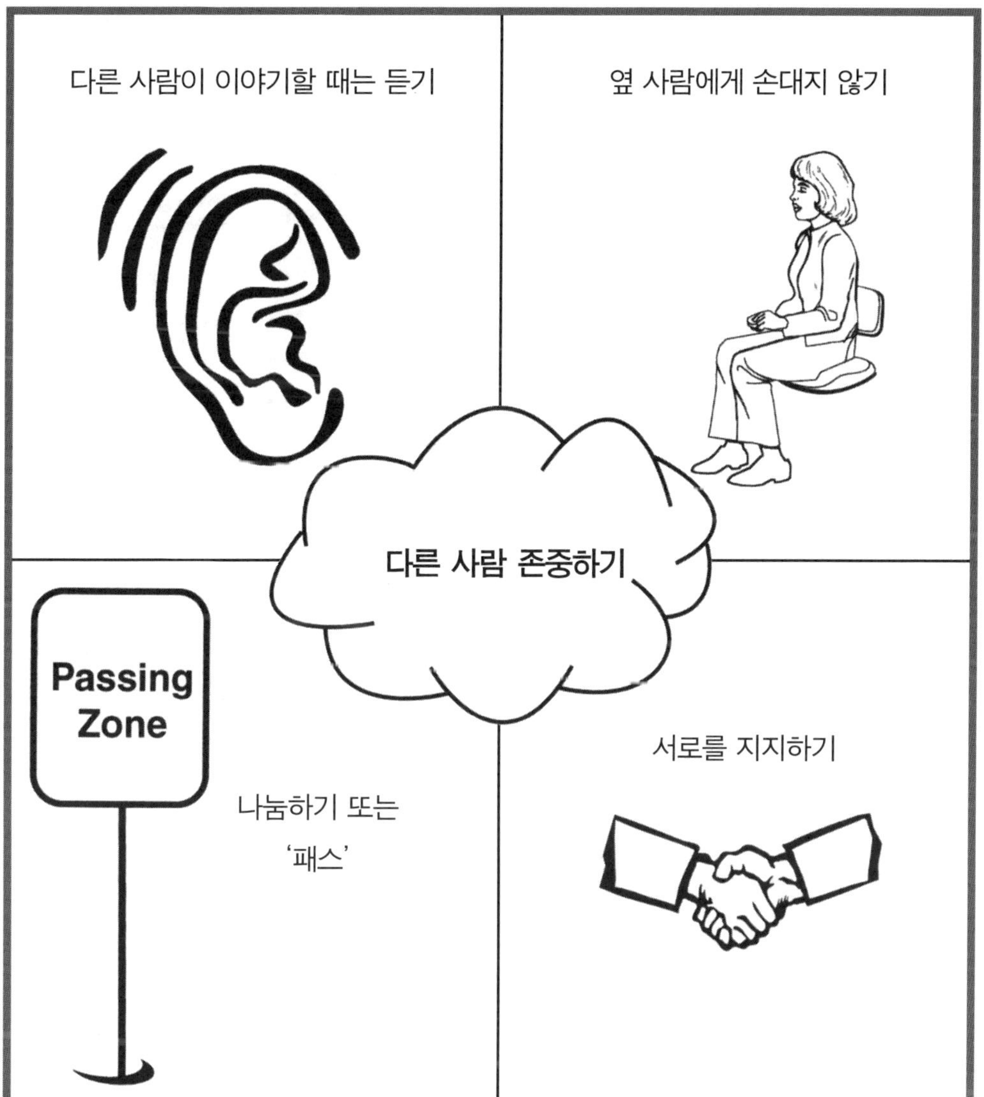

출처: Melissa Allen Heath and Dawn Sheen (2005). Guilford Press의 허락하에 게재함.

강의자료 5-8

문제해결 단계

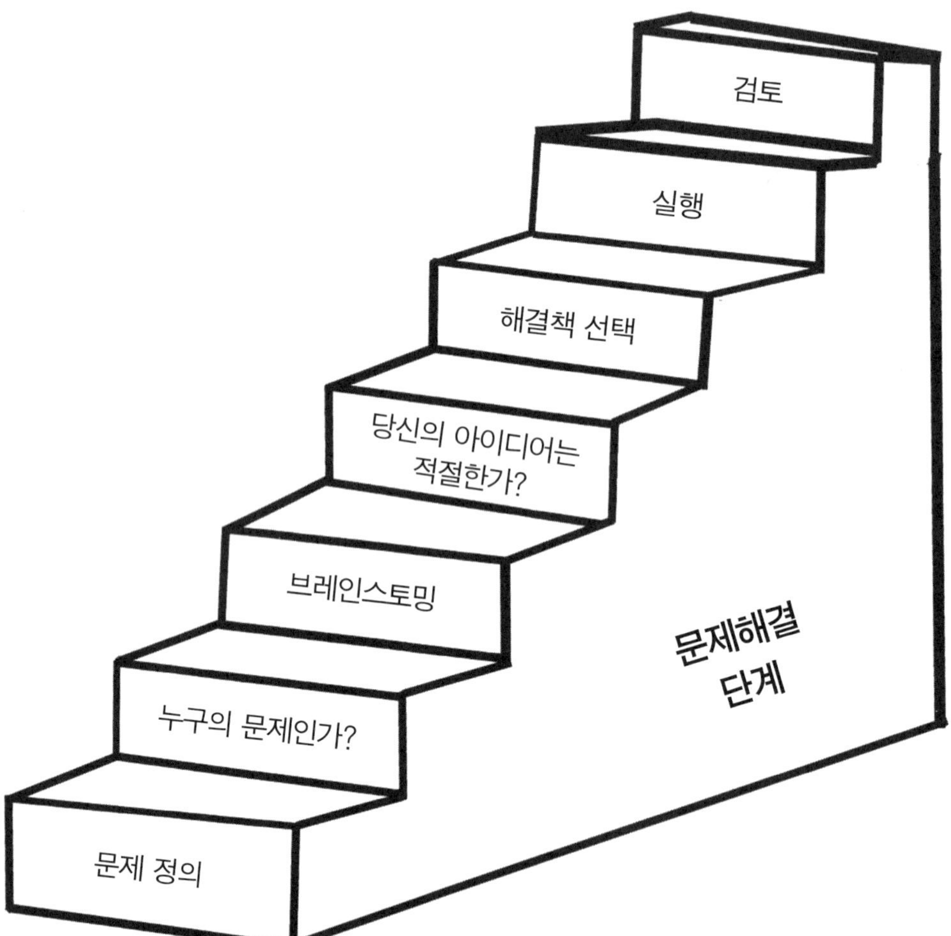

출처: Melissa Allen Heath and Dawn Sheen (2005). Guilford Press의 허락하에 게재함.

강의자료 5-9

불 안

어려움과 위협을 만났을 때 불안한 학생들이 보이는 자동적 결과

① **생존 모드**

사고: 세상에 맞서는 건 나야.

반응: 싸워, 자신을 지켜.

감정: 분노

주의: 반응은 위협에 대해 극대화됨

② **항복 모드**

사고: 난 할 수 없어. 나는 절망적이고 무력해.

반응: 도망쳐, 문제로부터 벗어나서 뛰어가 버려, 무시하고 포기해 버려.

감정: 공포, 무서움

몇 가지 주의 사항

- 학급 전체에 이완 기술 가르치기
- 안전한 학급 풍토 조성: 놀리거나 학대하지 않기
- 학습 소음 수준 낮추기
- 문제해결 전략과 기술을 가르치고 격려하기

출처: Melissa Allen Heath and Dawn Sheen (2005). Guilford Press의 허락하에 게재함.

독서치료 요약 5-1

제목	에디가 무서워할 때 (*When Addie was Scared*)		상	중	하
주제	불안/공포	발달 수준	√		
저자	Linda Bailey	언어와 쓰기 스타일	√		
출판년도	1999	묘사의 질	√		
출판사	Kids Can Press	삶의 경험	√		
주소		문제의 묘사	√		
ISBN	1-55074-431-3	문제해결 과정	√		
가격	$14.95	대처 기술	√		
학년 수준	3학년	인물 특성 묘사	√		
페이지 수	32	대화 및 의사소통 기술	√		
요약: 애디는 모든 것을 무서워하였다. 그러나 어느날 애디는 자신의 공포에 맞설 내적인 용기를 발견하게 된다.		정서적 자극의 적합성	√		
		인간 다양성에 대한 민감성	√		
		희망과 지지의 제공	√		

추천 학급 활동

학생들에게 자신의 가장 큰 공포를 그리도록 한다. 그리고 자기 자신을 공포보다 더 크게 그리게 한다. 그들이 덜 두렵기 위해 할 수 있는 일이 있음을 알려 주면서 자기 자신이 공포보다 큰 이유를 함께 토의한다.

출처: Melissa Allen Heath and Dawn Sheen (2005). Guilford Press의 허락하에 게재함.

독서치료 요약 5-2

제목	조이가 열쇠를 삼켰어 (*Joey Pigza Swallowed the key*)		상	중	하
주제	불안, ADHD	발달 수준	√		
저자	Jack Gantos	언어와 쓰기 스타일	√		
출판년도	1998	묘사의 질	NA		
출판사	Farrar, Straus & Giroux	삶의 경험	√		
주소	뉴욕	문제의 묘사	√		
ISBN	0-37433-664-4	문제해결 과정	√		
가격	$5.99	대처 기술	√		
학년 수준	4~6학년	인물 특성 묘사	√		
페이지 수	154	대화 및 의사소통 기술	√		
요약: 조이는 가만히 앉아 있질 못해요. 그는 학교와 집에서 늘 힘들어해요. 더 잘하고 싶은데 어떻게 짐작해지는지 볼라요. 그의 행동이 동세 불가할 때 좀 더 강한 개입이 필요해요.		정서적 자극의 적합성	√		
		인간 다양성에 대한 민감성	√		
		희망과 지지의 제공	√		

추천 학급 활동

조이는 좋은 결정을 내리려 노력했다. 학생들에게 인간 사슬 풀기 게임(p. 161)과 '문제해결 단계'(활동지 5-8)를 통해 의사결정과 문제해결 방법을 가르친다. 그리고 '추가적 활동'(pp. 144~146)을 가르친다.

출처: Melissa Allen Heath and Dawn Sheen (2005). Guilford Press의 허락하에 게재함.

독서치료 요약 5-3

제목	친구들을 모두 잃는 방법 (*How to Lose All Your Friends*)		상	중	하
주제	우정 문제	발달 수준	√		
저자	Nancy Carlson	언어와 쓰기 스타일	√		
출판년도	1997	묘사의 질	√		
출판사	Puffin	삶의 경험	√		
주소	뉴욕	문제의 묘사	√		
ISBN	0-14055-862-4	문제해결 과정	√		
가격	$5.99	대처 기술	√		
학년 수준	유치원 7세반	인물 특성 묘사	√		
페이지 수	32	대화 및 의사소통 기술	√		
요약: 친구들을 모두 잃는 방법에 관한 그림으로 이루어진 멋진 이야기		정서적 자극의 적합성	√		
		인간 다양성에 대한 민감성	√		
		희망과 지지의 제공	√		

추천 학급 활동

학급 토의 후 학생들로 하여금 친구를 모두 잃는 법에 관한 글과 그림을 쓰게 한다. 또는 반대로 과제를 하도록 한다.

출처: Melissa Allen Heath and Dawn Sheen (2005). Guilford Press의 허락하에 게재함.

독서치료 요약 5-4

제목	재커리 비버가 도시로 왔을때 (*When Zachary Beaver Came to Town*)		상	중	하
주제	부모 별거, 관용, 비만, 방치, 죽음	발달 수준	√		
저자	Kimberly Willis Holt	언어와 쓰기 스타일	√		
출판년도	1999	묘사의 질	NA		
출판사	Henry Holt	삶의 경험	√		
주소	New York	문제의 묘사	√		
ISBN	0-80506-116-9	문제해결 과정	√		
가격	$16.95	대처 기술	√		
학년 수준	6~10학년	인물 특성 묘사	√		
페이지 수	227	대화 및 의사소통 기술	√		
요약: 토비의 어머니가 떠나간 여름은 바로 세상에서 가장 뚱뚱한 소년인 재커리 비버가 도시로 온 날이다. 수개월에 걸쳐 이들은 친구가 되었으며, 토비는 부모의 별거와 관련한 감정들을 다루었다.		정서적 자극의 적합성	√		
		인간 다양성에 대한 민감성	√		
		희망과 지지의 제공	√		

추천 학급 활동

'배낭 활동'(pp. 146-149)을 활용한다. 학생들의 배낭에 상징적으로 가져올 수 있는 캐릭터를 책에서 고르도록 한다. 교실의 네 모퉁이가 각각의 캐릭터를 제시하는 '네 개의 모퉁이' 활동을 한다. 학생들은 자신의 캐릭터에 해당하는 모퉁이로 가서 자신의 배낭 안에 있는 것이 무엇인지 다른 학생들과 이야기하도록 한다. 어떻게 느낌을 표현했는가? 효과적이었는가? 학생들이 응답하도록 한 후에 각자의 자리로 돌아가서 곧바로 자신의 배낭에 있는 캐릭터가 무엇인지 이야기 나누도록 한다. 자신의 배낭 안에 무엇이 있을지 생각하도록 한다. 어떻게 자신의 길을 밝힐 수 있을지에 대해서 일지에 적게 한다.

출처: Melissa Allen Heath and Dawn Sheen (2005). Guilford Press의 허락하에 게재함.

독서치료 요약 5-5

제목	나의 루이지애나 하늘 (*My Louisiana Sky*)		상	중	하
주제	다양성에 대한 관용, 부모 문제, 죽음, 따돌림, 문제해결, 갈등해결	발달 수준	√		
저자	Kimberly Willis Holt	언어와 쓰기 스타일	√		
출판년도	1998	묘사의 질	√		
출판사	Henry Holt	삶의 경험	√		
주소	New York	문제의 묘사	√		
ISBN	0-80505-251-8	문제해결 과정	√		
가격	$15.95	대처 기술	√		
학년 수준	중고등학생	인물 특성 묘사	√		
페이지 수	200	대화 및 의사소통 기술	√		
요약: 1950년대 배경이다. 타이거 앤은 할머니, 발달 장애를 가진 부모와 함께 살고 있다. 할머니가 돌아가시자 앤은 바톤 로그의 부자 동네에서 사는 고모와 함께 살 것인지 부모와 계속 살 것인지 결정해야 하는 상황에 처했다.		정서적 자극의 적합성	√		
		인간 다양성에 대한 민감성	√		
		희망과 지지의 제공	√		

추천 학급 활동

타이거 앤은 많은 결정을 해야 한다. 앤이 결정해야 할 것들을 목록화하라. 무엇을 선택했고, 그 이유는 무엇인가? 다른 선택도 할 수 있는지 학생들로 하여금 생각하도록 하라. 선택한 이유 또는 선택하지 않은 이유는 무엇인가? 교실 앞쪽에 가치를 표현하는 줄을 만들라. 한쪽 줄 끝에는 '전적으로 동의', 다른 쪽 끝에는 '전적으로 동의하지 않음'을 표시한다. 앤의 결정에 대해 어떻게 느끼는지에 대해 해당되는 쪽에 선다. 줄을 반으로 접어서 양쪽 끝에선 사람들이 짝이 된다. 이 문제에 대해 어떻게 생각하는지, 이유는 무엇인지 짝과 함께 이야기하도록 한다. 앤은 부모의 장애와 같은 물리적인 환경에 대해서는 어찌할 수 없지만 어떻게 반응할 것인지에 대한 결정은 통제할 수 있음을 강조하면서 끝낸다. 이 활동으로 배운 것을 자신의 삶에 어떻게 적용할 수 있을지 쓰는 숙제를 하도록 한다.

출처: Melissa Allen Heath and Dawn Sheen (2005). Guilford Press의 허락하에 게재함.

독서치료 요약 5-6

제목	'정상'을 정의하는 것 (*Define 'Normal'*)		상	중	하
주제	부모의 정신건강 차이에 대한 관용	발달 수준	√		
저자	Julie Anne Peters	언어와 쓰기 스타일	√		
출판년도	2000	묘사의 질	√		
출판사	Little, Brown	삶의 경험	√		
주소	New York	문제의 묘사	√		
ISBN	0-31670-631-0	문제해결 과정	√		
가격	$5.99	대처 기술	√		
학년 수준	중학생	인물 특성 묘사	√		
페이지 수	208	대화 및 의사소통 기술	√		
요약: 이 이야기는 심각한 우울을 가진 어머니를 둔 학생의 생활에 대한 것이다. 이 학생은 전혀 도움을 줄 것 같지 않은 또래들과 함께 상담 프로그램에 참여했다. 이러한 과정을 통해 이 학생은 사신이 주고 싶어 하는 만큼 또래로부터 많은 것을 얻는다는 것을 발견한다.		정서적 자극의 적합성	√		
		인간 다양성에 대한 민감성	√		
		희망과 지지의 제공	√		

추천 학급 활동

당신과 아주 다르지만 중요한 것을 배운 사람에 대한 일지를 쓰게 한다. 서로 친구가 되었는가? 어떻게 이런 사람과 관계를 발전시킬 수 있을지 설명해 준다.

출처: Melissa Allen Heath and Dawn Sheen (2005). Guilford Press의 허락하에 게재함.

독서치료 요약 5-7

제목	목요일 통과하기 (*Gettin' through Thursday*)		상	중	하
주제	경제적 어려움	발달 수준	√		
저자	Melrose Cooper	언어와 쓰기 스타일	√		
출판년도	1998	묘사의 질	√		
출판사	Lee and Low Books	삶의 경험	√		
주소	New York	문제의 묘사	√		
ISBN	1-88000-067-9	문제해결 과정	√		
가격	$15.95	대처 기술	√		
학년 수준	초등학생	인물 특성 묘사	√		
페이지 수	29	대화 및 의사소통 기술	√		
요약: 목요일은 안드레 가족에게는 아주 고통스러운 날이다. 왜냐하면 이 날은 급료를 받기 전 모든 것이 떨어지기 시작하는 시점이기 때문이다. 다른 때는 괜찮은 편이다. 하지만 안드레가 우등생 명단에 오른 날, 안드레의 어머니는 안드레가 우등생 명단에 오르면 파티를 열어 준다고 약속했었는데, 공교롭게도 이 날이 목요일이라면 어떤 일이 일어날까?		정서적 자극의 적합성	√		
		인간 다양성에 대한 민감성	√		
		희망과 지지의 제공	√		

추천 학급 활동

원하는 것을 가질 수 없을 때 어떤 감정을 느끼는지 이야기하도록 한다. 어머니가 약속한 것을 해 줄 돈이 없다는 것에 대해 안드레가 어떻게 느낄지에 대해 논의한다. 돈을 쓰지 않고 할 수 있는 것은 어떤 것이 있을까? 집단으로 나누어 감사해할 수 있는 가장 가격이 저렴한 것을 적어 보는 콘테스트를 할 수도 있다. 두 집단이 같은 아이템을 적는다면 줄을 긋고 빼도록 한다. 가장 독창적인 아이템을 가진 팀이 승리한다. 책의 마지막 문장이 '1원도 들지 않은' 선물에 대한 것이다. 어떻게 다른 사람에게 이런 종류의 선물을 줄 수 있을까? 학교나 집에서 할 수 있는 것을 브레인스토밍하고 다음 주에 하나를 골라 실행해 보도록 한다.

출처: Melissa Allen Heath and Dawn Sheen (2005). Guilford Press의 허락하에 게재함.

독서치료 요약 5-8

제목	돈에 굶주림 (*Money Hungry*)		상	중	하
주제	경제적 어려움	발달 수준	√		
저자	Sharon Flake	언어와 쓰기 스타일		√	
출판년도	2001	묘사의 질	NA		
출판사	Hyperion Books for Children	삶의 경험	√		
주소	New York	문제의 묘사	√		
ISBN	0-78681-548-X	문제해결 과정		√	
가격	$5.99	대처 기술		√	
학년 수준	중학생	인물 특성 묘사	√		
페이지 수	187	대화 및 의사소통 기술	√		
요약: 라즈베리 힐은 돈을 사랑한다. 라즈베리는 길거리에 내몰려 본 이후로 돈을 벌 수 있는 모든 일을 하고 있다. 다시 거리로 내몰리는 상황을 피하기 위해 침실에 푼돈도 모아 두고 있다.		정서적 자극의 적합성	√		
		인간 다양성에 대한 민감성	√		
		희망과 지지의 제공	√		

추천 학급 활동

책을 읽고 이런 상황에 대해 이야기하도록 한다. 무슨 일이 일어나고 결말은 어떠할지 예측해 보게 한다. 인물의 역할을 논의한다. 학생들을 집단에 배정하고 해 그림을 집단에 나누어 준다. 서로 다른 캐릭터 이름을 각 집단마다 중간의 원 안에 쓰도록 한다. 연기하게 될 캐릭터의 역할을 해의 빛 위에 나열한다. 각 집단에서 한 명의 발표자가 전체 학급에서 발표하도록 하고, 다음에 학급 전체가 역할을 논의하도록 한다. 모든 사람이 서로 다른 역할을 하고 있음을 지적한다. 어떤 역할들은 다른 역할들에 비해 어려울 수 있다. 우리는 때로는 필요에 의해서보다는 책임감에서 의해 역할을 맡기도 한다. 필요가 없는 역할을 하고 있을 때를 깨닫는 것이 중요하다. 각자가 하는 역할에 대해 생각할 수 있는 지침을 포함한 그림을 학생들에게 제공하고 나중에 토론에 활용한다.

출처: Melissa Allen Heath and Dawn Sheen (2005). Guilford Press의 허락하에 게재함.

독서치료 요약 5-9

제목	라모나와 아버지 (*Ramona and Her Father*)		상	중	하
주제	경제적 어려움	발달 수준	√		
저자	Beverly Cleary	언어와 쓰기 스타일	√		
출판년도	1999	묘사의 질	√		
출판사	HarperTrophy	삶의 경험	√		
주소	New York	문제의 묘사	√		
ISBN	0-38070-916-3	문제해결 과정	√		
가격	$5.99	대처 기술	√		
학년 수준	2~4학년	인물 특성 묘사	√		
페이지 수	180	대화 및 의사소통 기술	√		
요약: 아버지가 실직을 했을 때 라모나는 2학년이었다. 이 이야기는 얼마나 라모나가 그 문제와 관련하여 걱정할 뿐만 아니라 돕기를 원하는지도 살펴보고 있다.		정서적 자극의 적합성	√		
		인간 다양성에 대한 민감성	√		
		희망과 지지의 제공	√		

추천 학급 활동

학생들과 함께 책을 읽는다. 아버지 실직에 대한 라모나의 반응에 대해 이야기한다. 라모나는 가족이 필요한 돈을 벌기 위해 무언가를 할 수 있는가? 어떻게 도울 수 있는가? 큰 스트레스가 있는 가정환경 내에서 아동이 행복한 가정을 만들기 위해 할 수 있는 일의 목록을 브레인스토밍해 본다(예: 가정 내 잡일을 돕는 것, 형제자매와 사이좋게 지내는 것 등)

출처: Melissa Allen Heath and Dawn Sheen (2005). Guilford Press의 허락하에 게재함.

독서치료 요약 5-10

제목	릴리의 보라색 플라스틱 지갑 (*Lillyis Purple Plastic Purse*)		상	중	하
주제	갈등 해결	발달 수준	√		
저자	Kevin Henkes	언어와 쓰기 스타일	√		
출판년도	1996	묘사의 질		√	
출판사	Greenwillow Books	삶의 경험		√	
주소	New York	문제의 묘사	√		
ISBN	0-68812-897-1	문제해결 과정	√		
가격	$12.00	대처 기술	√		
학년 수준	4~9세	인물 특성 묘사	√		
페이지 수	32	대화 및 의사소통 기술		√	
요약: 릴리는 선생님이 보라색 플라스틱 지갑을 압수하기 전까지는 학교 다니는 것을 아주 좋아했었다. 이야기는 릴리의 슬픔과 분노에 대한 반응을 살펴보고 있다. 또한 어떻게 릴리가 교사에 대해 반응하고 문제를 해결하는지 논의한다.		정서적 자극의 적합성	√		
		인간 다양성에 대한 민감성	√		
		희망과 지지의 제공	√		

추천 학급 활동

큰 소리로 책을 읽고 이해를 잘 했는지 확인한다. 두 번 읽은 후에 릴리가 문제를 해결하기 위해 주의를 기울여야 할 점에 대해 학생들에게 물어본다. 같은 문제 시나리오를 각 집단에 주고 단계별로 해결책을 제시하도록 한다. 문제와 해결책을 논의하도록 하라. 어떻게 한 가지 문제에 여러 해결책이 있을 수 있을지 논의한다. 학생들에게 다른 해결 방법으로 끝나는 『릴리의 보라색 플라스틱 지갑』의 결말 부분을 쓰도록 한다.

출처: Melissa Allen Heath and Dawn Sheen (2005). Guilford Press의 허락하에 게재함.

독서치료 요약 5-11

제목	싸움을 해도 될까? (*Is It Right to Fight?*)		상	중	하
주제	분노	발달 수준	√		
저자	Pat Thoma	언어와 쓰기 스타일	√		
출판년도	2003	묘사의 질	√		
출판사	Barron's Educational Series	삶의 경험	√		
주소	Hauppauge, NY	문제의 묘사	√		
ISBN	0-76412-458-7	문제해결 과정	√		
가격	$5.95	대처 기술	√		
학년 수준	유치원~4학년	인물 특성 묘사	√		
페이지 수	27	대화 및 의사소통 기술	√		
요약: 분노가 문제되어서 그 분노로 인해 싸움이 일어나는 상황에 대해 이야기한다.		정서적 자극의 적합성	√		
		인간 다양성에 대한 민감성	√		
		희망과 지지의 제공	√		

추천 학급 활동

누군가가 싸우려고 한다면 무엇을 할 수 있을지 브레인스토밍하도록 한다. 싸움이 일어날 수 있는 몇 가지 시나리오를 써서 역할극을 해 보고 어떻게 다르게 반응할 수 있을지 제시하도록 한다. 또한 집단으로 나누어 분노가 문제가 되는 촌극을 쓸 수도 있다. 이 촌극에서 바람직한 대응과 그렇지 않은 대응 방식을 보여 줄 수 있다. 학생들에게 분노를 불러일으키는 것에 대해 쓰고 이런 일이 일어났을 때 어떻게 대응할 것인지에 대해서도 쓰도록 한다.

출처: Melissa Allen Heath and Dawn Sheen (2005). Guilford Press의 허락하에 게재함.

Chapter 6

학교 직원과 버스기사가 위기 예방과 개입에 참여하도록 돕기

학교 직원

교사가 아닌 학교의 직원(이하 직원)은 민원 담당 직원, 행정 직원, 버스기사, 환경 관리인과 식당 직원 등을 말한다. 이러한 사람들은 학교를 운영하는 데 중요한 역할을 한다. 실제로 그들은 '학교의 기둥'으로 여겨진다. 몇몇 기본적 훈련을 받으면 이들은 학교 위기 상황 동안 도움을 제공하거나 중요한 사건을 도울 수 있다. 하루 단위로 학생들에게 정서적 지원을 제공할 수도 있다. 따라서 직원들은 자신의 의무와 관련된 위기대응 계획의 부분들을 잘 숙지해야 한다.

민원 담당 직원은 일반적으로 방문자가 학교에서 보게 되는 첫 번째 사람이다. 화난 학부모들은 자신의 분통을 자주 민원 담당 직원에게 터뜨린다. 민원 담당 직원은 학교에 대한 다양한 종류의 정보를 다룬다. 교장이 학교에 없을 경우에는 교장이 돌아올 때까지 종종 민원 담당 직원들은 사무실에서 비행 청소년들을 감시하기도 한다. 그러므로 민원 담당 직원과 행정 직원은 자연스럽게 다양한 학생의 행동 문제를 다루게 된다. 민원 담당 직원은 학생이 점심을 잊어버리고 가지고 오지 않은 경우, 물건을 잃어버린 경우, 집으로 극단적인 전화를 할 경우, 지각했을 경우, 보건교사가 없을 때 무릎이 까진 경우 등과 같은 학생들의 사소한 위기 상황도 다룬다. 학교 민원 담당 직원이 주어진 다양한 역할을 수행할 때, 경청 기술과 행동 관리에 관한 기본적 훈련은 그들이 해야 하는 일을 잘 해낼 수 있도록 도울 것이다.

행정 직원은 기록들을 최신 내용으로 개정하고 정확하게 유지하는 것을 돕는다. 학부모의 긴급 연락 번호는 위기 상황에서 매우 중요하다. 학교는 학생이 다쳤거나 즉각적인 치료가 필요할 때와 같은 학생의 위기 상황 시 학부모나 보호자와 연락하는 것이 필요할 수도 있다.

위기 상황 동안 의사소통은 중요하다. 학부모, 교사, 직원의 연락망은 일반적으로 학교 위기대응 계획의 일부다. 그러나 오래된 전화번호는 위기 상황에서 일반적인 문제가 된다. 그러므로 행정 직원의 중요한 한 가지 책임은 긴급 연락망을 최신 것으로 유지하는 것과 학부모와 교직원의 예비 번호나 이메일 주소를 알아 놓는 것이다. 의사소통을 위한 대비 전략도 고려되어야 할 필요가 있다. 예를 들어, 지역사회 내에 긴급 상황 동안 지역사회나 학교 상황과 관련된 정보를 방송해 주는 긴급 라디오나 텔레비전 방송국이 있을 수도 있다. 고려해 볼 수 있는 또 다른 사항은 특별히 긴급 상황에만 열리는 학교 내 긴급전화선을 설치하는 것이다. 그 계획이 무엇이든지, 민원 담당 직원과 행정 직원은 학교 응급 상황 동안 의사소통을 위한 선택 사항들을 숙지해야 한다. 그들은 지역사회부터 정확한 정보 출처까지 학부모와 개인에게 안내할 수 있어야 한다.

버스기사가 도울 수 있도록 준비시키기

버스기사는 학생들의 생활에서 중요한 역할을 한다. 대략 2,500만 청소년들—미국 내 학생들 중 절반—은 집과 학교를 오가는 데 통학버스를 이용한다(National School Transportation Association, 2002a). 학생을 운송하는 것과 관련하여 학부모, 버스기사, 학교 관리자의 주요 관심사는 학생의 신체적 안전이다. 사고에 관한 보고서에 따르면, 통학버스를 타는 것은 가족의 승용차를 타는 것보다 2,000배 더 안전하다(National School Transportation Association, 2002a). 매년 등하교를 하면서 발생하는 약 800건의 학생 사망 사고 중 오직 2%만이 통학버스 사고와 관련 있다(*Education Week*, 2002). 이러한 통계는 통학버스가 안전한 운송수단이라는 관점을 지지한다.

그러나 통학버스는 교통사고가 거의 없다는 점에서 안전하다고 여겨지지만, 학생의 비행행동과 관련하여 다른 걱정스러운 상황이 발생한다. 버스기사는 버스와 학생 승객을 둘 다 관리해야 하는 책임을 가진다. 다양한 연령대의 최대 72명의 학생들이 한 버스기사의 책임하에 있는 것을 고려한다면, 질서를 유지하는 일이 굉장히 힘들게 보일 수 있다. 그럼에도 불구하고 버스기사는 학생의 비행행동을 관리하고 통학버스 내 위기 상황에 적절하게 반응하도록 요구된다.

통학버스 내 상황은 학생 폭행의 온상이다. 제한된 수의 성인의 감독 때문에 부적절한 행동이 자주 발생한다. 게다가 버스는 학교에서 떨어져 있기 때문에 버스기사들은 학교 관리자와 연결되어 있다고 느끼지 못하거나 지원받지 못한다고 느낄 수도 있다. 상호작용이 아주 미미할 수도 있다. 버스기사는 학생에 대해 징계 처분 권리를 가지고 있는 교장과 대화할 시간을 갖기 어렵기 때문에 기사는 작은 비행행동을 무시할지도 모른다. 하지만 성추행이나 폭행과 같은 작은 위반 행동들은 더 적대적이고 공격적인 행동들을 키운다. 폭력 사건은 신체적 싸움이나 그 이상의 수준(자기방어와 보복을 위해 학교에 무기를 가지고 오는 학생들)에 다다를 수 있다.

관리자는 통학버스 내에서 학생의 행동을 관리하고 위기 상황을 방지하도록 버스기사를 돕는 여러 단계의 조치를 취해야 한다. 모든 새로운 버스기사들을 위해 학생의 비행행동을 관리하는 원칙들에 대해서 강조하는 예비교육을 실시하는 것이 중요하다. 훈련을 돕기 위해 더 경험이 많은 버스기사들을 초대하라. 이러한 기사들은 해야 할 조치에 대해 알고 이와 관련된 실제 사례를 들어줄 수 있으므로 실제 훈련의 기초를 가르칠 수 있다. 학교 관리자는 그들의 지원을 보여 주고, 책임을 명확히 하며, 보고 절차를 다시 확인하고 질문에 답하기 위해 훈련의 한 부분에 참석해야 한다.

방어적 운전 기술과 버스 관리 및 유지에 대한 정보에 덧붙여, 훈련을 위한 기초 주제는 ① 사고와 사고 부상자에 대해 보고하고 도와주는 과정, ② 버스 대피 과정, ③ 행동관리 기술, 특히 폭행과 성추행 다루기, ④ 학교 책임자에게 문제행동 보고하기, ⑤ 학생 공격과 폭력적 충돌 해결과 폭력을 단계적으로 해소하기 위한 전략 등이다. 모든 버스기사는 심폐소생술과 응급처치 수업도 들어야 한다. 최소한, 학생이 숨쉬기를 멈추었을 때, 학생의 심장박동이 멈추었을 때, 혹은 심한 출혈이 발생한 경우 버스기사는 즉각적인 조치를 취할 수 있어야 한다. 이러한 세 가지 의료 응급 상황은 생명을 위협하고 전형적으로 구급차나 응급치료를 기다릴 수 없는 경우다.

환경 관리인과 식당 직원이 돕도록 준비시키기

비록 환경 관리인과 식당 직원은 일반적으로 학생에 대한 권한이나 직접적 책임을 가지고 있지 않는 것으로 인식되고 있지만, 그들은 학생들과 비공식적으로 상호작용한다. 실제로, 그들은 종종 다른 사람들이 주목하지 않는 학생들의 문제를 알고 있다.

환경 관리인은 학교의 배치와 물리적 특징들에 대해 알고 있다. 그들은 학생과 교직원들을 위해 학교의 물리적 환경을 향상시키려고 대부분의 시간을 보낸다. 그들은 대부분의 학생들과 교사들이 대수롭지 않게 생각하는 건물의 특징들을 알고 있다. 비상 출구 통로, 전기 퓨즈 박스(전원 차단기함), 가스관, 수도관, 소화기, 환풍관 등. 그들은 또한 건물의 마스터키를 가지고 있다. 환경 관리인들은 위기개입을 계획하고 수행하는 데 포함시켜야 할 중요한 집단이다. 그들에게 위기대응 계획과 그 안에서 그들의 역할에 대해 안내해 주어야 한다.

직원 훈련시키기

위기개입에 대한 버스기사 훈련의 대부분은 다른 학교 직원 훈련과 비슷하다.

교실 안에서든, 통학버스에서든, 학생과 함께 일하는 모든 직원은 학생들의 감정 욕구에 대한 기본적인 이해가 필요하다. 특히 위기 상황에서 학생들의 이야기를 듣는 방법을 이해하는 것은 위기개입을 제공하는 측면에서 매우 중요하다. 모든 학교 직원이 위기 상황에서 학생들에게 정서적 응급처치를 제공하는 것에 대해 훈련받아야 한다.

위기개입을 위한 모든 훈련은 학교 규율 정책 검토를 포함해야 한다. 학교 관리자는 학교 정책을 만들고 실행하는 것에 대한 책임을 가지고 있고, 직원들은 그러한 정책을 유지하는 것에 대한 책임이 있다. 모든 직원은 학교 규율 정책의 복사본을 가지고 다녀야 하며, 위기개입을 위한 훈련의 한 부분으로 검토해야 한다. 이러한 훈련을 실행하는 것은 훈련받은 집단과 가장 큰 관련이 있는 정책에 대해 보여 주는 역할극으로 만들어져야 한다.

훈련의 주안점은 학생의 비행행동, 특히 폭행과 성추행을 예방하고 관리하는 것이다. 직원들은 반드시 다음과 같은 말을 새겨들어야 한다. “부적절한 행동을 모른 척하지 말라.” 모든 직원은 학생의 비행행동을 확인할 수 있어야 한다. 그리고 비행행동에 대해 직접 이야기하는 것보다 비행행동의 예시에 대한 역할극을 하라. 역할극은 참여자들이 새로운 기술들을 연습할 기회를 제공한다. 역할극을 한 다음에 소집단 토론을 하는 것은 집단원들의 참여를 늘리고 질문에 대한 덜 공격적인 포럼을 제공한다. 적절한 반응과 부적절한 반응에 대한 구체적인 예시로 역할극을 함으로써 기대를 명확하게 하는 것도 중요하다. 다음의 통학버스 시나리오는 역할극으로 될 수 있다. 이 역할극은 학생이 성추행 사건을 보고했을 때 버스기사가 무엇을 해야 하는지를 명확히 알려 준다.

시나리오: 당신은 버스기사다. 당신은 9학년 여학생이 버스에서 매일 두 명의 남학생이 그녀가 그들 자리의 옆을 지나갈 때 그녀의 치마를 들춘다고 보고한다. 여학생은 버스에 타서 당신에게 그 사실을 말한다.

토론:

- 당신은 이러한 종류의 행동을 무엇이라 부르는가?(폭행/성추행)

- 당신은 어떻게 반응할 것인가?(학교 정책을 참고하라.)

역할극: 이 시나리오의 두 가지 다른 반응에 대해서 역할극을 할 두 명의 참여자를 선택하라.

- 잘못된 반응:
  9학년 여학생: 두 명의 남학생은 내가 그들 옆을 지나갈 때 내 치마를 들춰요.
  버스기사: 만약 네가 바지를 입었다면, 그들은 치마를 들추지 않았을 거야.
- 올바른 반응:
  9학년 여학생: 두 명의 남학생은 내가 그들 옆을 지나갈 때 내 치마를 들춰요.
  버스기사: 나에게 말해 줘서 고맙구나. 그 남학생들이 너를 괴롭히는 것은 잘못된 일이지. 오늘은 버스 앞쪽에 앉아라. 내가 이 사건에 대해 그 남학생들과 이야기하고 교감 선생님이 그것에 대해 아시도록 적어 놓을 것이다. 다시 이와 같은 일이 벌어진다면 나에게 꼭 알려 주거라.

토론:

- 두 번째 반응은 첫 번째 반응과 어떻게 다른가? 버스기사가 학생의 감정에 대해 적절히 반응하는 태도는 학생에게 존중한다는 표현으로서 통학버스 내에서 긍정적인 분위기를 조성한다. 특히 학생들이 성희롱 사건을 보고한다는 것이 얼마나 힘든 일인지를 이해하는 것이 중요하다. 버스기사가 성희롱 사건을 보고도 무시한다면, 학생들은 '버스기사는 그것에 관해 아무런 행동도 하지 않을 거야.'라고 생각하며 그러한 사건을 덜 보고하는 경향이 있다. 어떤 환경에서도 성희롱을 당해서는 안 된다는 것을 강조하는 것이 중요하다.
- 당신의 학교 규율 지침을 참고하라. 성희롱에 대한 학교의 정책은 무엇인가?
- 만약 당신이 버스기사라면, 이러한 행동을 어떻게 보고할 것인가? 학교에서 사용하기로 정한 성희롱 보고 및 기록 방법을 알아두도록 한다. 구체적으로 언제, 누구에게, 어떻게 보고하는지를 숙지한다. 특히 학생이나 학부모가 항의하는 상황은 꼭 보고하여야 한다.

버스기사, 식당 직원, 환경 관리원, 민원 담당 직원들은 학생을 직접 지도하는 교육적 역할을 담당하지 않기 때문에 학생에게 사회적 기술이나 적절한 행동을 가르치는 것은 교사와 학부모가 책임져야 한다. 하지만 행정상의 지원은 사회기술 훈련 과정 혹은 인성교육과 같은 학교 전체 예방 프로그램 등이 잘 실행되는 데 필수적이다. 학생을 가르치는 사람이 아닌 사람들도 모두 포함하여 모든 교직원은 학교 전체 예방 프로그램을 잘 숙지하여야 한다. 기본적인 내용을 한 페이지로 요약한 유인물을 통해 프로그램의 전반적인 사항을 파악하는 것이 도움이 될 것이다. 그들이 모든 세부 사항에 대해 알 필요는 없지만, 기본적인 정보는 알고 있어야 한다. 또한 자신의 직무와 학생과의 관계에 적용할 수 있는 정보나 정책에 대해 이해하고 있어야 한다.

학교 직원을 위한 위기개입의 주제

교사를 위한 보충 자료들은 대부분 학교 직원에게도 변형되어 사용될 수 있다. 위기개입 연수는 기본적인 기술들 위주로 진행하도록 한다. 짧은 영상과 역할극은 경철 기술들을 가르치는 데 도움이 된다(제3장 참조). 교사나 교수자들을 위해 사용되는 강의 자료 또한 적용 가능하다. 특정 부분은 유사한 일을 하는 직원들끼리 소집단으로 나누어 이야기할 수 있도록 하면 큰 도움이 될 것이다. 소집단 토의는 특정 직원 집단에 적용될 수 있어야 한다. 학교 직원들은 그들의 업무, 경험과 관련되어 있는 토의를 할 때 편안함을 느낄 것이다.

개별 직원들에게 위기대응 계획을 제공해 주는 것만으로는 충분하지 않다. 잠정적인 위기대응 계획을 만들어 낸 후에, 제안된 계획은 다양한 의무에 대한 책임자로 지정된 사람들에게 검토되어야 한다. 피드백을 요청해야 하며, 제안된 계획을 수정하는 작업도 필요하다. 학교 직원이 위기대응 계획에 대한 발언권이 있을 때, 그들은 자신의 책무에 대한 주인의식을 받아들이고 위기 상황에서 자신의 임무를 수행하려는 의지가 높아진다.

학교 직원이 자신의 임무에 익숙해지기 위해서는 위기대응 계획에 있는 적절한 정보들을 자주 검토해야 한다. 또한 일 년에 한 번 정도는 필요한 수정을 하기 위해 비평을 위한 토의를 하는 것이 필요하다. 학교 직원의 각 집단을 대표하는(민원 담당 직원, 학교 관리직, 버스기사 등) 사람들은 매년 위기대응 계획에 대한 개정과 갱신에 참가해야 한다. 그 과정에서 각 직업 영역과 관련된 핵심 정보들이 논의되어야 한다.

위기 상황이 종료된 다음, 대표자들은 그들의 집단과 만나서 어떤 개입이 잘 진행되었는지, 수정이 필요한 부분은 무엇인지 등에 대한 의견을 모아야 한다. 그리고 난 후에 대표자들은 전체 위기대응 팀에 그러한 정보를 가지고 다시 모여서 소위원회에서 추천한 것들에 관해 논의한다.

대부분의 학구에서는 모든 직원을 대상으로 하는 교내 훈련을 매 학년이 시작될 때 실시한다. 위기개입과 관련된 교내 교육에서 다룰 수 있는 주제는 다음과 같다.

• 학교 분위기: 수위가 낮은 폭력에도 주목하기
  -성희롱과 따돌림
• 의사소통과 사건 보고 체계
  -학교 정책, 규칙과 결론 검토
• 의사소통 기술 향상
  -교내 경청 기술(제3장 참조)
• 폭력: 잠재적 문제를 어떻게 줄일 것인가
  -제1장에 있는 〈보충자료 1-3〉 참조

직원 능력 목록

학교의 모든 직원은 미처 인식되거나 발견되지 않은 위기개입과 관련된 숨겨진 능력들을 가지고 있다. 모든 학교는 직원들의 능력 목록을 만들어야 한다(〈활동지 6-1〉 참조). 직원 능력 목록을 지속적으로 갱신하면 교장과 위기개입 팀은 교내에 있는 중요한 잠재 자원을 알 수 있다. 특히 언어 기술과 같은 추가적인 직원들의 자원은, 위기 순간에 학생 및 가족의 요구를 충족시키는 데 도움이 될 수 있다. 위기대응 계획을 만들 때 직원의 능력을 고려하는 것은 학교의 자원을 강화하고, 즉각적인 필요를 충족시킬 수 있는 더 큰 신뢰의 수준을 제공할 수 있다. 각 학교는 예시 자료로 〈활동지 6-1〉을 참고해 볼 것을 제안한다. 다른 질문들은 학교와 지역에 따른 독특한 요구에 맞추어 제공될 수 있다.

위기개입 시 학교 직원 참여를 위한 지침

다음의 목록은 위기개입을 지원하기 위해 학교의 모든 직원을 포함시키기 위한 방안을 제공한다.

① 학교 리더십과 보고 체계를 규정한다. 교내의 모든 직원은 누가 어떤 책임을 가지고 있는지 알아야 하며, 이 정보는 쉽게 접할 수 있어야 한다. 또한 각 직원들의 구체적인 책무를 강조해야 한다. 응급 상황 시 누구에게 보고를 해야 하는지에 대해서도 모든 직원이 알고 있어야 한다.

② 임무를 규정한다. 기본 정보를 검토하고 쉽게 접할 수 있는 유인물을 제공한다. 직원들이 학생들을 잘 지원할 수 있도록 그들에게 무엇을 말하고 말하지 말아야 하는지에 관한 예시를 알려 준다. 그런 기술들을 연습하기 위한 기본적인 예시를 사용하고 역할극을 한다. 핵심 정보에 초점을 맞춘다. 주된 요점이 적힌 한 장으로 된 유인물을 제공한다.

③ 직원들이 행정가나 전문가에게 학생들을 위탁해야 하는 긴급 상황을 설명한다. 구체적인 예시를 사용하여 이러한 상황을 연습해 본다. 이러한 시나리오들을 세심하게 검토함으로써 이해 여부를 확인한다. 특히 ① 의심되는 학대 보고하기, ② 잠재적인 자살 위험 학생을 위해 도움 요청하기, ③ 학교 안전에 관해 감독관이나 행정가에게 알리기.

④ 응급 정보를 담당 감독관이나 행정가에게 보고하는 단계를 규정한다. 누구에게, 언제, 어떻게 보고할 것인지를 결정한다. 이러한 책무들을 정리한 한

장의 유인물을 제공한다.

⑤ 직원과 교사로 이루어진 팀을 구성하고, 각 집단은 경험이 많은 리더를 선정한다. 팀 구성원들이 함께 효과적으로 일을 하고 있다는 것을 확인하기 위해 팀 과제를 주기적으로 검토한다.

⑥ 직원 회의나 교내 회의 동안에 "만약 ~라면 어떻게 할까?"라는 질문을 하며, 다양한 위기 시나리오에 대해 간략히 연습해 보는 시간을 가진다. 연수에서는 짧은 비디오 클립을 상영한 후 집단 토의를 진행할 수 있다. 정해진 책무에 관한 유인물은 규칙적으로 검토한다.

⑦ 학교 위기 후에, 모든 직원은 사건이 일어난 과정에 대해 검토하는 시간을 가진다. 이러한 의사 교환은 집단에서 동료애를 느낄 수 있는 기회를 제공한다. 또한 위기 시 도움을 준 사람들의 정서적 필요에 민감해야 한다. 위기개입에 참여하여 지원해 준 직원들에 대한 감사함을 표현하라.

⑧ 직원과 교사들의 피드백과 제안을 장려하기 위해 교무실이나 휴게실에 건의함을 만든다. 그들의 제안은 위기대응 계획을 향상시키는 데 도움을 줄 것이다.

읽기 자료 추천

Morgan, J., & Ashbaker, B. Y. (2001). *A teacher's guide to working with paraeducators and other classroom aides.* Alexandria, VA: Association for Supervision and Curriculum Development.

102면 분량의 이 책은 준전문가들과 교사의 협력, 역할과 임무 배우기, 그리고 관계 향상하기 등에 관한 정보를 포함하고 있다.

웹사이트

www.nea.org/esphome/documents/drivers.pdf

버스기사들이 볼 수 있는 소책자 버전을 다운로드할 수 있다(17면).

활동지 6-1

위기개입

능력 목록

이름: ______________________________

직업: ______________________________

날짜: ______________________________

연락처: 전화번호 ______________________________

긴급 연락처 ______________________________

E-mail 주소 ______________________________

- 다른 언어를 쓸 수 있는가?(어떤 언어, 유창성 정도)

- 응급처치 또는 의학적 훈련을 받은 경험에 대한 목록을 제시하시오.

- 응급 상황에서 당신의 이전 경험을 제시하시오.

- 만약 필요하다면, 학급 내 위기 학생을 기꺼이 도울 의사가 있는가?

- 학교 위기 사건 안에서, 당신은 어떤 특별한 능력과 서비스 혹은 장비를 제공할 수 있는가?

- 학교 위기 상황 개입 시 걱정되는 것은 무엇인가?

- 학교에서 위기대응 계획을 향상시키기 위한 당신의 제안을 써 보시오.

출처: Melissa Allen Heath and Dawn Sheen (2005). Guilford Press의 허락하에 게재함.

Chapter 7

소진 피하기

스스로를 돌보기

소진의 개인 사례

어느 지역의 위기 팀에서 8년 동안 일했던 학교 상담자의 경험이다.

"나는 지난 한 달 동안의 나의 경험을 돌아보았다. 나는 내 일의 한 부분으로서, 학구 위기 팀에 속해 있었다. 자살 두 건과 (차를 이용한) 총격 사건이 있었던 지난 한 달은 특별히 많이 힘들었던 기간이었다. 학교 상담자로서 나는 다른 일반적인 업무들 외에도 특별히 어려운 상담 사례들이 많았다."

"피곤했다. 충분히 휴식을 취한 것은 벌써 몇 주 전의 일이었다. 꿈에서도 좌절감을 주는 상황들 속에서 시달렸다. 꿈에서 나는 운전을 하고 있었으나 절대로 목적지에 다다르지 못했고, 중요한 문서를 찾고 있었는데 절대로 찾지 못했으며 빵을 사러 가게에 들어갔는데 내가 뭘 사야 했는지 잊어버렸다. 최근 들어, 잠에서 깨어나면서 내가 일하러 가기를 두려워한다는 사실에 놀랐다. 보통 나는 매일 침대에서 벌떡 일어나 새로운 도전들을 마주하기를 기대했었는데 말이다."

"하루는 일터에 갈 준비를 다 하고 운전을 하고 있던 중, 그날 하루 동안 내가 해야 할 것들을 생각하던 것이 기억난다. 나는 해야 할 것들을 다 해내지 못할 것이라는 것을 알고 있었다. 위가 아파 왔다. 제산제를 꺼내 먹었다. 요즘 아침식사를 챙겨 먹을 시간이 전혀 없었다."

"손목시계를 보았다. 온몸이 잔뜩 긴장되었다. 15분 만에 출근을 해야 했다. 한숨을 쉬었다. 내 앞에 있는 차는 너무 천천히 가고 있었다. 초조했다."

"그때 나는 도로 한복판에 죽어 있는 다람쥐를 보았다. 그 순간 모든 것이 멈추었다. 호흡을 가다듬고는 흐느껴 울기 시작했다. 정말 나 같지 않은 행동이었다. 나는 이런 일로 우는 사람이 아니었다. 내게 무슨 문제가 생긴 것이었을까? 그냥 다람쥐 한 마리가 죽었을 뿐인데, 나는 울음을 멈출 수가 없었다. 공허함과 절망에 휩싸였다."

"이상하게 들리겠지만, 나는 그 죽은 다람쥐를 보기 전까지는 나의 일이 내 삶을 짓누르는 정서적인 피해를 주고 있다는 것을 깨닫지 못했다. 예전에는 다른 사람들이 정서적인 지지를 필요로 할 때에도 나는 강한 사람이었다. 하지만 이제 나는 그런 지지가 필요한 사람이었다. 몇몇 다른 위기개입 팀원들과 상의를 한 결과, 내가 소진을 경험하고 있다는 것을 알게 되었다. 즉시 스트레스를 줄이고 나의 삶에 균형을 가져올 수 있는 방법들을 실천으로 옮겼다."

소진이란

'소진(burnout)'의 정의와 그와 관련된 증상들은 지난 30년에 걸쳐 진화되어 왔다. 1970년대에 소진은 정신건강 용어들 중 하나로서, 만성적 스트레스와 일상에서의 요구로부터 정서적 · 육체적으로 고단해진 환자들의 상태를 설명하는 데 사용되었다. 극단적인 사례에서 소진을 경험하는 개인들은 가장 기본적인 생활 과제도 하지 못할 정도로 기력이 없었다.

Freudenberger(1974)의 연구에 따르면, 대체 의료 시설(Alternative Health Care

Settings)에서 일하는 신입 직원들은 자신의 일을 매우 진지하게 받아들였다. 그들은 더 경험이 많은 직원들보다 스트레스의 개인적 영향을 더 잘 느꼈다. 높은 희망과 이상을 가지고 새로운 직장에 온 신입 직원들은 자신의 일이 예상했던 것보다 인정을 덜 받고 성취감을 덜 주는 일이라는 것을 곧 발견했다. Freudenberger의 연구를 한 문장으로 요약하자면 이렇다. 스트레스가 소진으로 이어지는 것은 높은 이상이 가혹한 현실에 부딪힐 때 일어나는 현상이다.

정신의학적 용어로서의 소진은 특히 위기개입에 참여하는 사람들처럼 '돕는 직업'에서 정신적 · 신체적으로 압도된 사람들을 포함하도록 용어의 정의가 확장되었다. 정신건강 관리를 제공하는 것과 관련된 스트레스는 1960년대와 1970년대 초기에 환자들을 병원/시설에서 퇴소시키면서 문제가 되기 시작했다. 주립 정신병원의 환자 수는 대폭 줄어들었다. 정신건강 문제로 고통을 받고 있는 대부분의 사람들은 주립 병원에서 지역사회의 외래 기관으로 넘겨졌다. 이런 큰 움직임은 미국의 정신건강 관리 체제에 혁신을 일으켰다. 자원자들이 꾸려 나가는 위기 상담 전화 서비스는 넘쳐 나는 정신건강 요구에 대응하는 것을 돕기 위해 대중화되었다.

경찰, 소방관, 병원 응급실 직원들과 응급구조 대원들도 심각한 응급치료에 대한 요구에 대응하면서 비슷한 스트레스에 시달리고 있었다. 이들은 매일 삶과 죽음 사이를 오가는 상황들을 다루면서 소진 증상을 자주 보였다. 연구자들은 스트레스의 영향에 대해 살피기 시작하였고, 스트레스가 강렬한 정서적 · 신체적 요구에 압도당하고 있는 사람들에게 얼마나 큰 피해를 주고 있는지에 주목했다.

그러나 소진의 범위는 한 개인의 고립된 불편에 좁게 한정되어 있지 않다. 고용주, 동료 그리고 일반인도 소진의 폐해를 모두 느낀다. 어느 직업에 있는 고용주라도 직원의 소진이 재정에 주는 영향을 느낀다. 소진의 결과로, 감소된 업무에 대한 헌신, 높은 이직률, 늘어나는 병가 그리고 사기저하 등에 의해 일의 질과 양은 저하된다.

스트레스를 증가시키는 요인

모든 직업은 어느 정도의 스트레스를 준다. 프로젝트 기한, 하루하루의 업무, 개인적 · 직업적 책무, 동료들과의 갈등, 그리고 책임에 대한 압박 등은 모두 개인의 스트레스를 높인다. 건강한 정도의 스트레스는 효율을 높이고 실력을 키우게 하지만, 어느 수준 이상의 스트레스를 받게 되면 개인 및 직장 생활에 매우 해롭다. 이 시점에서 스트레스는 역효과를 낳고, 한 사람의 안녕에 매우 큰 피해를 준다.

돕는 직업이나 가르치는 직업에서의 소진은 주로 육체적으로보다 정서적으로 오는 스트레스에 의한 것이다. 학교 경영자, 교사, 교직원 그리고 정신건강 전문가들은 학생의 삶에 변화를 가져오고 싶어 하는 자신의 이상주의적인 소망 때문에 소진을 경험하게 되기 쉬운 부분도 있다. 각 반마다 몇몇의 학생들이 즉각적인 관심이 필요한 위기 상태에 있는 상황이 허다하다. 그리고 그들의 필요는 주로 복잡하고 쉽게 해결되지 않는다. 시간이 지나면서 도움이 필요한 사람의 요구가 돕는 사람의 정서적 자원을 압도하게 된다. 이러한 시나리오는 너무나 일반적이다.

소진은 두 요인—업무의 유형과 개인의 성격—에 의해 발생된다는 것을 기억해야 한다. 어떤 직업은 다른 직업들보다 더 스트레스가 많고, 어떤 사람들은 비교적 더 취약하다. 어떤 업무가 스트레스가 많을까? 소진에 영향을 주는 업무 요인들로는 엄격한 기한, 긴 업무 시간, 애매모호한 역할, 재미없고 반복적인 과제, 분명하지 않거나 상충되는 기대, 위험한 환경, 실력 없는 행정적 리더십, 부족한 지원, 제한된 인정 혹은 불편한 사회적 상호작용 등이 있다.

소진에 취약한 개인은 건강한 균형을 유지하고, 중심점을 찾고, 극단을 피하는 데 어려움을 겪고 있는 사람들이다. 하지만 천하무적인 사람은 없다. 특정 상황들이 주어진다면 그 누구나 소진 증상들을 겪게 될 수 있다. 소진에 취약하게 하는 개인 특성을 살펴보면, 다른 사람을 돕고 변화를 가져오고 싶어 하는 높은 이상을 가지고 있고, 큰 그림을 보는 것보다 세부 사항들에 초점을 두며, 질서와 통제를 필요로 하고 요구하며, 융통성이 없고, 대인관계에서 경계선을 긋는 데 어려움을 겪으며, 다른 사람들을 만족시키고 싶어 하는 욕구가 크고, 비난에 예민하며, 과도

한 의무감과 성실감에 사로잡혀 있는 성격들을 포함한다. 대부분의 이런 특성들은 적당한 선에서는 좋지만, 너무 극단으로 가게 될 경우 문제를 일으키고 불균형을 초래한다.

특정 업무 환경에서 개인적인 특성들은 더욱 두드러지게 된다. 또한 업무 환경도 개인 특성에 의해 큰 영향을 받는다. 예를 들어, 앞서 언급하였듯이 남을 돌보는 것을 좋아하는 사람들은 자신들이 변화를 가져올 수 있을 것 같은 직업을 찾는다. 만약 이게 사실이 아니라면 학교는 매우 다른 곳이 되어 있을 것이다. 업무 환경과 개인 특성을 분리된 두 요인으로 보는 것보다는, 업무의 특성과 개인의 특성 사이의 관계에 의해 일어나는 것으로 소진을 개념화시키는 것이 더 정확하다.

소진의 증상

소진의 증상들은 영향을 받고 있는 당사자들도 분간하기 어려울 만큼 일반적으로 느리게 나타난다. 소진은 증상들이 서서히 쌓여 가면서 확장되고, 결국 한 개인의 삶 혹은 일에 대한 열정을 몰아낸다.

소진을 피하기 위해서는 그 증상들을 이해하여 소진이란 것이 어떻게 생겼고 어떤 느낌인지를 파악할 필요가 있다. 첫째, 소진의 증상들은 심각성(severity)의 연속체 위에서 발생되어 개인의 내적 갈등이 알아볼 수 있는 행동으로 분출될 때 보이기 시작한다. 소진을 경험하는 사람은 평소와는 다르게 느끼고 행동한다. 어떤 상황들에 대한 그의 반응은 동료들을 놀라게 할지도 모른다. 예를 들어, 예전에는 침착했던 사람이 동료에게 짜증을 내며 폭언을 퍼부을지도 모른다. 〈표 7-1〉은 소진에 대해 자기평가를 할 때 고려해야 할 몇 가지 변화를 보여 주고 있다. 소진을 발견하기 위해 행동적 · 신체적 · 사회적 · 정서적 영역에서의 증상을 관찰하라(James & Gilliland, 2001, p. 616).

표 7-1 소진의 증상

다음 네 가지 영역에서의 '변화'에 주의하라

행동적	신체적	사회적	정서적
과잉 활동 혹은 덜 활동적 불평하는 자극에 과민한 극단적인 반응: 무절제/과잉 절제 잘 잊어버리는, 정신이 팔린 강박적인 피로	수면 문제 악몽 근육의 긴장 위통 만성적 질병 체중 증가 혹은 감량 집중력 저하	예측할 수 없는 무표정한/무심한 회피성의 내향적인 개인 경계선이 없는 너그럽지 못한 의심 많은 강압적인	압도된 무관심한 둔감한 망연자실한 짜증을 잘 내는, 초조해하는 기분 변화가 심한 냉소적인 우울한 불안한 절망적인 가책을 느끼는, 무능한

정서적 건강 유지하기

학교 위기대응 팀과 위기개입을 돕는 사람들은 소진에 취약한데, 이것은 그들이 대단히 충격적인 상황들에 노출되어 있다는 이유뿐만 아니라 그런 사건들을 이겨 내려고 노력하는 다른 사람들과 가까이 일하고 있기 때문이기도 하다. 위기대응 팀원들은 위기로부터 자신을 거리 두는 것을 힘들어한다. 그들은 위기와 관련된 요구들, 스트레스와 압박들을 개인적으로 받아들이는 것을 피하기가 어렵다.

교사와 교직원도 비슷한 이유로 소진에 매우 취약하다. 그들은 매일 트라우마나 어려움을 겪고 있는 학생들을 만나고 돕는다. 따라서 소진은 거의 불가피하다.

이렇게 어쩔 수 없어 보이는 소진의 현상은 다음 질문을 하게 만든다. "위기대응 팀원과 교사, 교직원들이 소진을 '피하기' 위해 무엇을 할 수 있을까?" 좋은 소식은 스트레스를 줄일 수 있는 방법들과 소진의 해로운 영향들로부터 자신을 보호하거나 '예방 접종'을 할 수 있는 방안들이 있다는 것이다(〈보충자료 7-1〉 참조).

자신의 강점과 약점을 평가하라

◘ 자신의 한계를 알라

자신의 취약한 부분을 인식하면 위기개입의 어느 부분이 대처 가능한 자원을 넘어서는지, 위기개입 수준을 관리하게 돕는지 평가할 수 있을 것이다. 그러면 (바라건대) 소진을 피하게 될 것이다. 예를 들어, 어떤 사람은 위기의 순간에 평정을 유지하고 회복하는 능력을 가졌고, 사실상 무질서나 동요에 영향을 받지 않는다. 그러나 어떤 사람은 소음이나 혼란에 크게 동요할 것이다. 위기를 도와주는 여러 가지 방법이 있기 때문에, 우리는 어디에서 자신의 강점을 가장 잘 활용할지 고려해야 한다. 이와 같이, 우리는 자신을 압도할 수 있는 상황에 대해 알고 있어야 한다.

◘ 자신의 스트레스 유발 요인을 알라

개인적인 경험은 위기 상황에서 스트레스 대처 능력에도 영향을 미친다. 우리는 모두 위기 상황 동안 유발된 고통스러운 기억이 있다. 사고, 죽음, 그리고 그 밖의 비극의 개인적인 경험은 스트레스와 소진에 취약하게 만든다. 예를 들어, 자살로 가족을 잃은 사람은 특히 학생이나 교사의 자살로 강한 감정이 유발될 수 있다. 구체적인 위기 상황이 개인적 경험과 관련 있을 때, 위기를 돕는 사람들은 자신의 감정적인 반응에 압도당할 것이다. 돕기를 원하나 감정적으로 상황에 직면할 준비가 되지 않았을 때, 그들은 다른 사람을 제대로 도와주지 못하면서 과하게 반응할 수 있다. 당신의 스트레스를 유발하는 요인을 알고 이런 바람직하지 않은 시나리오를 피하라.

◘ 신체가 보내는 신호를 민감하게 수용하라

스트레스 상황을 점검할 때, 신체가 보내는 신호를 잘 알아차려야 한다. 신체건강은 정신건강에 큰 영향을 미친다. 만약 당신이 피곤하고 수면 부족으로 짜증이 난다면, 소진되기에 더 큰 위험에 처해 있다. 또한 균형 잡힌 식사를 하고 건강한 습관을 유지하는 것도 중요하다. 이러한 제안이 기본적인 것처럼 들리겠지만, 소진을 예방하기 위해 매우 중요한 것이다.

책임을 공유하고 위임하라

소진을 예방하기 위한 또 다른 제안은 책임감 수준을 점검하는 것이다. 세상의 짐을 혼자서 다 짊어진 것처럼 느끼는 것보다 한 사람을 우울하게 만드는 것은 없다. 동료들과 팀을 만들어 함께 일하는 것만이 유일한 좋은 방법은 아니지만, 이는 필요하다. 책임을 공유하고 팀에 대한 서로의 기여를 인정하면 학교의 위기대응 계획이 튼튼해진다. 모든 성인이 책임감의 짐을 질 때 학교는 더 안전해지고 학생들은 더 지지받을 것이다. 위기대응 계획을 만들고 가다듬을 때, 책임감을 공유해서 모든 성인이 서로 돕고 자신의 조력에 대한 책임을 지는 것이 중요하다.

적절한 경계를 유지하라

영어에서 최고의 단어 중 하나는 'No'다. 그러나 교사, 교직원, 정신건강 전문가는 보통 이 말을 하기가 어렵다. 우리는 종종 너무 많은 약속을 하여 자신을 잃게 된다. 지나친 약속은 소진되게 한다.

학생의 문제에 과하게 개입하는 것은 학생 및 그 가족을 위해 일하는 사람들의 공통된 실수다. 이런 시나리오를 생각해 보면 도움이 된다. 당신이 깊은 구멍의 가장자리에 서 있다고 생각해 보라. 구멍에 빠진 사람은 당신에게 손을 뻗으며 도움을 요청한다. 그 사람은 당신이 필사적으로 그를 끌어당겨서 구멍에서 나가게 해 주기를 바란다. 그러나 이것은 위험하다. 당신이 너무 가까이 가면, 그 사람은 당신을 구멍 안으로 끌어당기게 될 것이다. 당신이 너무 가장자리로 간다면 당신은 그 사람을 끌어낼 수 없다. 다른 사람이 오기를 기다려서 함께 도와야 한다. 당신이 개인적으로 너무 관여하게 되면 당신은 희생자와 함께 구멍에 빠질 것이다. 이것은 당신이 문제로부터 너무 먼 거리를 유지하고 아무것도 느끼지 말라는 것이 아니다. 당신은 건강한 균형을 찾아야 한다. 당신은 다른 사람의 문제를 소유할 수 없다. 당신은 지지할 수는 있지만, 다른 사람의 문제를 고칠 수는 없다. 만약에 당신이 지나치게 관여하게 된다면, 당신은 쉽게 소진될 것이다. 개인 속에서 치유하고, 배우며, 경험으로부터 성장하는 능력에 대한 자신감을 갖는 것이 중요하다.

소진을 예방하는 또 다른 제안은 긴장을 완화하는 기간으로서 가족과 함께하는 시간과 주말을 확보하는 것이다. 학생의 문제와 그 밖에 학교에서의 다른 문제에서 벗어나 있으려고 하라. 학교 건물을 떠날 때는 숨을 크게 쉬고 마음을 다른 모드, 즉 쉬는 시간으로 바꾸라. 월요일에 다시 학교로 돌아올 때는 금요일에 남겨진 학교의 문제가 당신을 기다리고 있을 것이다. 가정생활과 학교생활을 분리함으로써 당신은 소진의 위험을 크게 줄일 수 있다.

지지체계를 확장시키라

지지체계를 확립하고 다양한 활동에 참여하는 것은 스트레스를 줄이기 위해 아주 중요하다. 다른 사람과 연결되어 있다는 것을 느끼는 것은 중요하다. 일과 관련된 지지체계는 동료 멘터링 프로그램에 참여하고 전문가 협의회와 전문가 발전 활동에 참여함으로써 협력할 기회를 증가시키는 것을 포함한다. 더 비공식적으로는, 가족과 친구와 가깝게 지내면서 학교 밖의 사회활동에 참여함으로써 스트레스를 줄일 수 있다. 정신적 연결을 강화시키는 것은 사회적 지지의 또 다른 자원을 제공해 준다.

집단 수준에서의 보고는 위기대응 팀원들이 서로 유대를 형성하고 지지하는 기회를 갖게 한다. 학교 위기 이후에 위기개입 팀은 '위기 개관' 시간을 가진다. 이것은 위기 이후에 협력하고 모든 사람의 감정적인 요구를 처리하는 뛰어난 방법이다. 팀 보고는 집단의 응집력을 형성하고 집단 구성원의 스트레스를 해결하는 데 도움을 준다(Everly & Mitchell, 2000). Everly와 Mitchell의 모델에 따르면, Johnson(2002)은 학교의 팀 보고에 대하여 다음과 같은 형식을 제안하였다. 그것은 도입, 상황(사실) 설명, 평가 그리고 해석이다.

도입에서는 집단 회의를 위한 준비를 하는데, 회의의 한계와 책임자의 윤곽을 그린다. 학교 현장에서는 기존의 위계구조를 활용하는 것이 중요하다. 학교장을 책임자로 선임하는 것도 한 방안이다.

상황(사실) 설명에서는 무엇이 정말로 일어났는지 토론하는 기회를 제공한다. 또한 집단 구성원들의 관점에서 무엇을 관찰했는지와 사건 순서의 유사점을 찾을 기회를 격려한다.

평가에서는 구성원들이 위기 동안 발생한 특정한 문제를 어떻게 다루는지, 어떤 방법은 효과가 있고 어떤 방법은 효과가 없는지 논의하도록 격려한다.

마지막 부분인 해석에서는 구성원들이 '다 함께 작업'하며 그 상황을 올바른 견해로 볼 기회를 제공한다. 집단 구성원이 받은 정보로 팀은 미래를 위해 계획하고 현재 전략을 개선한다.

집단 보고의 주요한 초점은 구성원을 지지하고 관계를 만드는 것이어야 한다. 위기대응 팀원들끼리 정서적으로 크게 지지해 주면 소진이 예방된다.

스트레스 감소 활동

대부분의 의사들이 '스트레스는 아픔과 병의 근원이다.'라는 이 진술에 찬성할 것이다. 스트레스는 직업을 관두게 하는 주요한 원인 중 하나다. 사실, 교직원 자체 연수 주제 중 교직원과 교사는 압도적으로 '스트레스 감소'를 첫 번째로 선택한다. 교사와 교직원은 이미 스트레스 감소의 필요성을 인정한다. 그들의 피드백을 보면, 교사는 일하면서 스트레스 때문에 불만족을 느낀다.

스트레스를 감소시키는 한 가지 방법은 신체 활동과 운동을 정기적으로 하는 것이다. 사실, 연구에 기반을 둔 스트레스 감소의 가장 효과적인 중재 중의 하나가 운동이다. 정신건강 전문가와 의학 전문가는 가볍고 적당한 운동은 신체가 과도한 스트레스, 걱정, 우울을 이겨 내는 데 도움이 된다는 것에 동의한다. 운동은 정신과 육체의 안녕(well-being)에 도움이 된다. 비결은 당신의 스케줄, 예산, 삶의 양식에 적합한 육체적인 활동의 종류를 찾는 것이다. 친구와 함께 운동을 하면 운동 계획을 실행할 가능성이 더 커진다.

만약 누군가가 당신의 취미를 물었을 때 당신이 머뭇거린다면, 시야를 넓히고 취미에 대한 열정을 키울 필요가 있다. 당신이 예전에 여가 시간을 보낼 때 즐겼던 것이 무엇인지 생각해 보라. 취미는 다양한 형식으로 존재한다. 뜨개질, 독서, 그림, 사진 등등이다. 몇몇 사람들은 제2차 세계대전과 같은 주제의 전문가가 되기도 한다. 형식이 무엇이든 간에, 취미는 기쁨과 만족감을 주며, 이것은 스트레스

완충 역할을 한다.

방학이나 휴가를 계획하는 것은 스트레스를 줄이는 또 다른 방법이다. 방학이면 미래의 일일지라도, 희망과 꿈은 스트레스를 감소시키기에 충분하다. 서점에 가서 책을 빌리라. 여행사를 찾아가라. 인터넷으로 여행 상품을 알아보라.

마지막으로, 웃는 것은 스트레스를 감소시키는 놀라운 방법이라는 것을 기억하라. 희극을 보러 가거나 연극 또는 영화를 보러 가라. 당신을 웃게 만드는 TV 프로그램을 보라. 당신의 책상에 '유머' 파일을 꽂아 두라. 다른 사람과 공유하기 위해 농담이나 만화를 오려 두라. 당신 주위의 유머를 찾아 두라. 학교는 유머를 발견하기에 아주 좋은 장소다. 일어나는 재미있는 상황을 즐기라. 도서관에서 아이들을 위한 좋은 책을 빌려 두라. 가능성은 무궁무진하다.

교직원 훈련 활동

다음 사례를 생각해 보자.

테레사는 4학년 보조교사다. 그녀는 5년 동안 그 지역에서 일을 했다. 지난해, 그녀는 교육청으로부터 올해의 우수 교사상을 받았다. 그녀는 부드럽게 말하며, 교실에서 학생들에게 참을성 있게 대한다.

테레사는 혼자서 4세의 자녀를 기른다. 그녀는 적극적으로 지역 라틴아메리카계 지역사회에 참여한다. 그녀는 종종 방과 후에 읽기, 특히 스페인어에 뒤처진 아이들을 개인지도 한다. 그녀는 종종 학부모와 교사 컨퍼런스를 위해 스페인어 통역을 한다. 그녀는 학교와 가족에서 어려움을 겪는 아이들을 돌보는 것으로 유명하다.

그녀는 다른 사람을 돌보는 데 과도하게 헌신한다. 작년에 이웃이 화재로 집을 잃었을 때, 그녀는 그 가족을 자신의 집으로 데려와 정리가 될 때까지 몇 주 동안 머무르게 했다. 그녀는 위기개입 팀의 구성원은 아니었지만, 다툼을 완화시키며 좋은 경청자로 평판이 나 있었다. 학생들은 종종 테레사를 찾아가 개인적인 이야기를 한다.

작년까지 테레사는 직장에 제시간에 출근하였다. 그녀는 매우 신뢰할 만한 사람이었다. 그렇지만 올해에 그녀는 달라 보였다. 그녀의 감독 교사인 아담스는 테레사와의 관계가 좋지 않다고 보고했다. 그에 따르면, 그녀는 수업과 관련 없는 주제로 학생들과 이야기하는 데 너무 많은 시간을 보낸다. 예를 들어, 아담스는 최근에 테레사가 반복적으로 학대받은 학생과 이야기하는 데 너무 많은 시간을 보낸다고 불평했다. 그는 테레사가 수업과 관련된 일로 학생을 돕지 않는다고 불평했다. 또 다른 불평은 테레사가 학생과 이야기할 때 스페인어를 너무 많이 쓴다는 것이었다. 그는 교실에서는 학생들이 영어를 더 써야 한다고 생각했다.

테레사는 종종 지각을 했고 이번 달에 몸이 아파 7일이나 학교에 나오지 못했다. 그녀는 학생들의 숙제를 검사하지 않거나 학급 업무를 다하지 않았다. 아담스는 테레사 문제를 논의하기 위해 교장을 찾았다.

이 사례를 재검토하기 전에, 다음의 질문에 대해 생각해 보라.

- 테레사의 개인적 삶에서 스트레스 요인을 확인하라.
- 직업 스트레스 요인을 확인하라.
- 테레사의 행동에서 최근 변화를 확인하라.
- 당신이 테레사의 입장이라면, 악화되는 것을 방지하기 위해 무엇을 할 것인가?
- 〈보충자료 7-1〉 '소진 예방하기'에서 아이디어를 얻어 테레사가 자신의 상황을 개선하기 위해 할 수 있는 것들을 제시하라.

결 론

위기개입을 할 때에는 위기개입 팀이든 학교 직원의 일원이든 상관없이, 팀의 일원으로서 소속감을 느끼도록 한다. 힘든 시기에 학생을 돕는 부담을 공유할 수 있는 누군가가 있어야 한다. 위기 상황을 다룬 후에는 정서적으로 지지적이고 지원할 수 있는 다른 전문가나 친구들과 이야기하는 시간을 가져야 한다.

누구도 소진에 대한 면역은 없다. 자신의 증상을 인지하고 소진과 관련된 개인적 스트레스원과 업무 관련 스트레스원에 대한 자각을 향상시키는 것이 중요하다. 이와 마찬가지로, 부정적인 것들을 상쇄할 만큼의 긍정적인 것이 존재함을 확신함으로써 당신의 삶에서 균형을 유지하는 것이 중요하다. 스트레스를 줄이는 활동, 특히 신체적인 운동을 즐기고 자신의 긴장을 푸는 데 시간을 투자하여야 한다.

읽기 자료 추천

Huebner, E. S., Gilligan, T. D., & Cobb, H. (2002). Best practices in preventing and managing stress and burnout. In A. Thomas & J. Grimes (Eds.), *Best practices in school psychology* (Vol. 4, pp. 173-182). Bethesda, MD: National Association of School Psychologists.

James, R. K., & Gilliland, B. E. (2001). Human services workers in crisis: Burnout. In *Crisis intervention strategies* (4th ed., pp. 609-646). Belmont, CA: Brooks/Cole.

Johnson, K. (2000). Taking care of yourself. In *School crisis management: A hands-on guide to training crisis response teams* (pp. 87-92). Alameda, CA: Hunter House.

Maslach, C., & Goldberg, J. (1998). Prevention of burnout: New perspectives. *Applied and Preventative Psychology, 7*, 63-74.

보충자료 7-1

소진 예방하기: 스스로를 정서적으로 건강하게 유지하기

- **현실적으로 자신의 강점과 약점을 평가하라.**
  - 자신의 한계를 알라.
  - 자신의 스트레스 유발 요인을 알라.
  - 신체가 보내는 신호를 민감하게 수용하라.

- **동료와 책임을 공유하고 위임하라.**
  - 당신이 팀의 일원임을 알라.
  - 다른 사람이 기여한 부분에 대해 칭찬하라.

- **적절한 경계를 유지하라.**
  - "아니요."라고 말하라.
  - 학생의 문제로부터 거리를 유지하라.
  - 가족과의 시간과 주말을 확보하라.

- **지지체계를 만들라.**
  - 가족과 친구들과 어울리라.
  - 정신적인 힘을 북돋우라.
  - 다른 전문가들에게 의논하라.

- **스트레스를 줄이는 활동에 시간을 투자하라.**
  - 운동
  - 취미
  - 휴가
  - 웃음

출처: Melissa Allen Heath and Dawn Sheen (2005). Guilford Press의 허락하에 게재함.

부 록 A

무료로 이용할 수 있는 약물중독 및 정신건강 서비스 위기관리 개입 자료

다음 표에는 미국 보건사회복지부(U.S. Department of Health and Human Services)에서 무료 사용이 승인된 자료들에 대한 정보를 제시하였다. 더 많은 정보를 원한다면 www.samhsa.gov를 참고하길 바란다.

SAMHSA 자료	발행년도	내용 소개	추천의 글
Communicating in a Crisis: Risk Communication Guidelines for Public Officials	2002	위기나 재난을 겪었을 때에 의사소통하는 방법을 제시하고 있다.	학교에 위기가 닥쳤을 때에 언론을 상대해야 하는 책임이 있는 사람에게 유용하다.
Developing Cultural Competence in Disaster Mental Health Programs	2003	위기 대응에 필요한 문화적 역량을 다루고 있다. 문화적으로 민감한 위기개입 계획을 세우기 위한 아홉 가지 원칙을 알려 준다.	첫 번째 부분이 특히 학교 장면에서 유용하다. 두 번째 부분(아홉 가지 원칙)도 도움이 되지만, 학교에 적용할 때에는 알맞게 수정해야 할 필요가 있다.
Disaster Mental Health: Counseling Programs for the Rural Community	1999	농어촌 지역에서 위기대응 프로그램을 구성하는 데 도움이 되는 정보를 제공한다. 농어촌 지역에서 특별히 고려해야 할 사항과 재난을 다루는 구체적인 부분이 잘 다루어졌다.	학교가 농어촌 지역에 위치해 있다면 매우 좋은 정보를 얻을 수 있을 것이다.
Evaluation of the Comprehensive Community Mental Health Services for Children and Their Families Program: Annual Report to Congress: 1999	1999	연방정부의 재정 지원을 받아 성공적으로 자리 잡은 아동 대상 정신건강 서비스 공동체에 관한 정보와 최신 통계 자료를 제시한다. 또한 구체적이고 세부적인 프로그램 모델을 제시하고 있다.	참고할 만한 프로그램 모델을 찾고 있다면 매우 유용할 것이다.

Fact Sheets		SAMHSA는 전 국민의 정신건강과 관련된 특정 주제들을 다루기 위한 자료들을 제공하고 있다.	매우 유용한 자료다.
Field Manual for Mental Health and Human Service Workers in Major Disasters	2000 (2002년 재인쇄)	대규모 재난이 닥쳤을 때 보건사회복지 분야의 실무자를 위한 훈련 매뉴얼을 요약했다. 재난 상황 속에서 다른 이들을 돕기 위해 해야 할 일과 해서는 안 될 일 등에 관한 질문이 포함되어 있다.	모든 학교에서 매우 유용한 자료가 될 것이다.
Mental Health: Culture, Race, and Ethnicity. A Supplement to Mental Health: A Report of the Surgeon General	2001	소수 집단에서는 정신질환의 발병률이 그리 높게 보고되고 있지는 않지만, 이들을 위한 정신건강 관리의 질과 효용성이 부적절한 경우가 많다. 이러한 부적절성에 의해 정신질환을 겪고 있는 소수자들은 더 큰 장애를 경험할 수 있다. 특히 4개의 소수 집단에 대해 심도 있게 다루고 있다. 이들의 정신건강 증진을 위한 목표와 제안을 포함한다.	추천한다.
National Strategies for Suicide Prevention: Goals and Objectives for Action	2001	책의 서두는 자살 방지를 위한 노력에 있어서 정부의 역할 변천사로 시작한다. 효과적인 자살 방지 프로그램의 공통 사항을 목록화하여 제시하였다. 자살 방지를 위한 국가적 목표에 대해 이야기하고, 지역의 자살 방지 노력을 어떻게 평가할 것인지에 대해 몇 가지 제안을 하고 있다. 특정 연구의 세부 사항을 소개하기도 하고, 추가로 활용 가능한 자료들을 언급하였다.	추천한다. 하지만 정보가 너무 많다는 것을 참고해야 한다.
Psychosocial Issues for Children and Families in Disasters: A Guide for the Primary Care Physician	1995	주로 의사를 위해 쓰여진 책으로 이 책에서는 재난 상황에서 아동이 어떻게 반응하는지에 대해 상세히 소개하고 있다. 재난의 단계별로 흔히 볼 수 있는 공통된 반응들을 간략히 제시하였다. 그리고 이들을 어떻게 도울 것인지에 대해 몇 가지 제안을 하고 있다.	추천한다. 의사가 집필했지만, 여러 가지 상세한 자료와 도움말 등이 모든 전문가에게 유용할 것이다.
Recovering Your Mental Health: Dealing with the Effects of Trauma	2002	트라우마에 대한 간단한 정의와 함께 이에 대해 있을 수 있는 반응들을 소개했다. 트라우마를 겪을 수 있는 사건들을 다루는 데 도움이 되는 몇 가지 팁과 그 밖의 자료들을 제시하고 있다.	추천한다. 이 책은 특히 교사에게 유용할 것이며, 고등학교 상담실에서도 셀프 상담 자료로 사용할 수 있을 것이다.
Suicide Fast Facts	2002	자료 목록과 함께 자살에 관한 몇 가지 사항들을 잘 제시하고 있다.	추천한다.

Systems of Care: Promising Practices in Children's Mental Health: Learning From Families: Identifying Service Strategies for Success	2001	행동이나 정서 장애를 가진 아동과 가족의 바람직한 변화를 촉진하는 데 가장 도움이 되는 주요 특징들에 대한 양적 연구 내용을 소개한다.	추천한다. 학교 상담자에게 유용할 것이다.
Systems of Care: Promising Practices in Children's Mental Health: The Role of Education in a System of Care: Effectively Serving Children with Emotional or Behavioral Disorders	2001	정서나 행동 장애를 가진 아동을 대할 때에 요구되는 학교의 개입에 대해 논의한다. 최근 인정받는 효과적 프로그램 모델과 그 모델들의 기저에 있는 원칙들에 대해 상세히 기술하였다. 프로그램 실행의 걸림돌을 어떻게 극복할 것인지에 대해 학교기반 체제를 바탕으로 다루고 있다.	추천한다.
Training Manual for Mental Health and Human Service Workers in Major Disasters	2000	이 책은 재난에 대한 대응, 특정 집단(예: 민족, 아동)의 반응, 스트레스 반응과 관리 등으로 이루어져 있으며, 훈련을 위한 몇 가지 제안을 언급한다. 훈련 과정을 소개하고 자료들을 제공한다.	추천한다. 학교 위기대응 팀에 유용할 것이다.
What You need to Know about Youth Violence Prevention	2002	청소년 범죄에 관한 연구와 경향을 다루고 있다. 주요 위험 요인과 성공적 예방 프로그램을 제시한다.	추천한다.
Youth Violence: A Report of the Surgeon General: Executive Summary	2001	청소년 범죄에 대한 공중위생국장 보고서를 요약하여 제시하였다. 청소년 범죄에 관한 몇 가지 신화를 소개하고, 청소년 범죄의 경향에서 발견된 점들을 간략히 언급한다. 또한 청소년 범죄 경로 및 위험 요인과 보호 요인, 청소년 범죄 방지와 미래에 대한 비전 등으로 이루어져 있다.	추천한다.

부록 B

독서치료 관련 추가 도서

다양성에 대한 관용	
The Other Side Jacqueline Woodson 저 ISBN 0-39923-116-1	흑인 소녀인 클로버는 (백인인) 이웃이 사는 집의 마당을 둘러싸고 있는 울타리를 절대로 넘지 말라는 말을 듣는다. 울타리 너머에 사는 이웃집 딸은 항상 그 울타리 위에 앉아 있다. 클로버는 마침내 용기를 내 그 여자아이에게 말을 걸고, 둘은 친구가 된다.
Yoko Rosemary Wells 저 ISBN 0-78680-395-9	요코의 엄마는 점심 도시락에 초밥을 싸 준다. 다른 아이들은 요코를 놀린다. 그 후, 교사는 세계의 날을 기획해서 각 학생들이 서로 다른 나라의 음식을 가져오도록 한다.
The Storm Marc Harshman 저 ISBN 0-52565-150-0	조나단은 휠체어를 타기 때문에 스스로 다른 아이들과는 다르다고 느낀다. 조나단이 혼자 있을 때 마을에 태풍이 몰아치는데, 그 과정에서 조나단은 자신의 두려움을 극복할 수 있는 힘을 발견한다.
정신질환을 앓는 부모	
Mama One, Mama Two Patricia Maclachlan 저 ASIN 0898456614	한 소녀는 '첫째 엄마(mama one)'가 우울증에 걸려서 '둘째 엄마(mama two)'와 산다. 이 책은 위탁 아동의 경험을 묘사하면서 '첫째 엄마'가 다시 딸을 돌볼 수 있게 되리라는 희망으로 끝맺는다.
만성질환	
Child of the Morning Barbara Corcoran 저 ASIN 0689308760	수잔은 연극부에서 일하면서 여름을 보낸다. 수잔은 알 수 없는 '이상한 마법'에 걸린 양 힘겨운 시간을 보내는데, 마을에 새로운 의사가 오면서 그 원인이 밝혀진다.

Singing with Momma Lou Linda Jacobs Altman저 ISBN 1-58430-040-X	타미카는 알츠하이머병을 앓고 있는 할머니를 매주 방문한다. 타미카는 모나루 할머니가 자신을 기억하지 못해서 좌절감을 느낀다. 타미카는 할머니가 다시 기억할 수 있도록 도움을 주기로 결심한다.
친구 관련 문제	
Just as Long as We're Together Judy Blume 저 ISBN 0-44021-094-1	이웃에 소녀 한 명이 이사를 오면서 원래 두 명이었던 친구들이 세 명이 된다. 이 셋은 함께 학교생활과 개인적인 역경을 겪어 나간다.
Simon and Molly Plus Hester Lisa Jahn-Clough 저 ISBN 0-61808-220-4	사이먼과 몰리는 헤스터가 이웃에 이사오기 전까지 서로 단짝 친구였다. 하지만 헤스터가 오자 몰리가 헤스터와만 놀게 되면서 사이먼은 소외감을 느낀다. 하지만 결국 사이먼은 세 명 모두 친구가 될 수 있다는 사실을 배우게 된다.
경제적 어려움	
A Chair for My Mother Vera Williams 저 ISBN 0-68804-074-8	화재로 집을 잃은 로자의 가족은 로자의 어머니가 긴 하루 일과를 마치고 앉아 쉴 수 있는 편안한 의자를 사기 위해 가능한 한 한 푼도 낭김 없이 저축하기 시작한다.
If the Shoe Fits Gary Soto 저 ISBN 0-39923-420-9	리고는 물려받은 물건을 싫어하는데, 생일에 새 신발을 받게 되자 굉장히 좋아한다. 그 신발이 더 이상 맞지 않게 되자 리고는 신발을 삼촌에게 주면서 물려받은 물건의 가치에 대해 다시 생각하게 된다.
두려움의 극복	
Mirette on the High Wire Emily Arnold McCully 저 ISBN 0-69811-443-4	미렛트는 유명한 줄타기 곡예사인 벨리니를 만난다. 미렛트는 자기도 모르는 사이 벨리니가 두려움을 극복하고 다시 곡예를 할 수 있도록 도와주게 된다.
The Princesses of Bamarre Gail Carlson Levine 저 ISBN 0-06440-966-X	애디는 언니 메릴의 보호를 받아야만 하는 겁 많은 공주다. 하지만 메릴이 아파 눕게 되자 에디는 스스로 도움을 구하고 자신의 두려움을 직시해야만 하게 된다.
따돌림	
Stop Picking on Me, a 1st Look at Bullying Pat Thomas 저 ISBN 0-76411-461-1	이 책은 따돌림이 어떤 것이고 어떻게 보이는지 아이들이 이해할 수 있도록 도움을 준다. 또한 독자로 하여금 왜 어떤 아이들이 다른 아이들을 따돌리는지 그 원인을 이해할 수 있도록 한다. 마지막으로 따돌림을 당하는 아이들을 위한 실용적이고 건강한 해결책을 제시한다.

The Kweeks of Kookatumdee Bill Peet 저 ISBN 0-39548-656-4	식량으로 사용되는 '플롭플롭' 나무는 떨어져 가고 덩치 큰 깡패 제드와 직면해야 하는 상황에서 '퀵'들은 굶어 죽을 위험 앞에 두려워 떨고 있는데, 퀜틴의 대발견이 이어진다.
King of the Cooties Debbie Dadey 저 ISBN 0-80277-622-1	네이트는 도날드라는 새로운 아이가 이웃에 이사 오자 좋아했지만, 반 깡패가 도날드를 '세균의 왕'이라고 부르기 시작하자 걱정하기 시작한다. 네이트와 도날드는 학교 깡패들로부터 따돌림을 당하지 않는 방법을 찾아야 한다.
<u>분노</u>	
When Sophie Gets Angry, Really, Really Angry Molly Bang 저 ISBN 0-59018-979-4	소피는 화가 나면 소리를 지르고 달리고 울음을 터뜨린다. 소피를 진정시키는 방법은 여러 가지가 있다.
How Are You Peeling? Saxton Freymann저 ISBN 0-43910-431-9	야채와 과일이 얼굴 표정을 닮도록 솜씨 좋게 깎아서 다양한 느낌과 감정을 표현할 수 있다.
Mean Soup Betsy Everitt 저 ISBN 0-15200-227-8	호레스가 힘든 하루를 보내고 돌아오면 호레스의 어머니는 저녁을 만들면서 스스로를 표현할 수 있도록 돕는다.
<u>학대</u>	
It's MY Body Lori Freeman 저 ISBN 94399-003-3	이 책은 아이들이 개인적인 경계를 이해하고 상대를 만져도 좋을 때와 좋지 않을 때를 구분하는 법을 알려준다.
One of the Problems of Everett Anderson Lucille Clifton, Ann Grifalconi 공저 ISBN 0-80505-201-1	에버렛은 멍이 들고 상처가 나서 학교에 오는 친구가 걱정이 된다. 에버렛의 친구는 아무에게도 말할 수 없다고 말한다. 에버렛은 결국 어머니께 말씀드리고, 에버렛의 어머니는 이를 보고하고 에버렛을 위로한다.
<u>이혼</u>	
She's Not My Real Mother Judith Vigna 저 ISBN 0-80757-340-X	새어머니를 싫어하던 한 소년이 동물원에서 길을 잃어 헤매다가 새어머니에 의해 발견된 후 새어머니를 좋아하게 된다.
Dear Mr. Henshaw Beverly Clearly 저 ISBN 0-38070-958-9	레이는 작가 핸쇼 씨에게 여러 통의 편지를 쓴다. 이 책은 부모의 이혼에 대한 레이의 감정을 들여다보고 있다.

Two Homes Claire Masurel 저 ISBN 0-76361-984-1	이혼 후 둘로 나뉜 집에 적응하는 상황에 대해 탐구한다.
Mama and Daddy Bear's Divorce Cornelia Maude Spelman 저 ISBN 0-80755-222-4	디나 곰(Dina Bear)은 부모님이 이혼을 하자 두려움을 느낀다.
죽음과 슬픔	
Nana Upstairs, Nana Downstairs Tomie dePaola 저 ISBN 0-39923-108-0	토미는 할머니와 증조할머니 모두와 함께 시간을 보내는데, 어느 날 '위층 할머니(Nana Upstairs)'가 돌아가신다. 실화를 바탕으로 한 이야기다.
Geranium Morning E. Sandy Powell 저 ISBN 0-87614-542-X	두 친구가 모두 부모를 여의고 애도 과정을 거치면서 일상을 되찾는다.
After Charlotte's Mom Died Cornelia Spelman 저 ISBN 0-80750-196-4	샬롯은 어머니가 돌아가시자 두려움, 슬픔, 분노를 느낀다. 샬롯과 샬롯의 아버지는 심리치료사를 찾고 상실과 관련된 감정을 이해하는 데 도움을 받는다.
Someone Special Died Joan Prestine 저 ISBN 0-86653-929-8	사랑하는 사람의 죽음을 겪으면서 한 소녀가 느끼는 감성과 어떻게 죽은 이를 기억하는 방법을 배우는지를 탐구한다.
Bridge to Terabithia Katherine Patterson 저 ISBN 0-06440-184-7	제스는 5학년에서 달리기 1등을 하는 것을 꿈꾸는데, 어느 날 레슬리라는 한 소녀가 이웃에 이사를 온다. 레슬리는 남자 같고 제스보다 달리기가 빠르다. 그럼에도 불구하고 둘은 친구가 되어서 숲 속에서 자기들만의 상상 속의 세상을 만든다. 그러던 어느 날 레슬리가 비극적으로 죽게 된다. 제스는 상실과 직면하게 되고 이에 대응하는 법을 배우게 된다.
Missing May Cynthia Rylant 저 ISBN 0-53105-996-0	서머는 메이 이모와 옵 삼촌과 함께 산다. 메이 이모가 돌아가시자 클리터스가 찾아와 서머와 옵 삼촌이 이모의 죽음에 대응하는 것을 도와준다.
부모님 관련 문제	
When They Fight Kathryn White 저 ISBN1-89081-746-5	어린 오소리가 부모가 싸울 때 어떤 기분인지 비유적으로 이야기한다. 이 이야기는 부모가 싸우고 있을 때에도 부모가 여전히 어린 오소리를 사랑한다고 말한다.

자살	
Artie's Brief: The Whole Truth and Nothing But Christi Killien 저 ASIN 0380711087	아티의 친구가 학교에서 괴롭힘을 당한다. 아티의 친구는 자살한 아티의 형을 떠올리게 한다. 친구를 도와주는 과정에서 아티는 자살과 관련된 자신의 감정을 이해하게 된다.
Up on Cloud Nine Anne Fine 저 ISBN 0-38573-009-8	이안의 단짝 친구 스톨리는 혼수상태로 병원에 입원해 있다. 스톨리는 창문에서 떨어진 것(혹은 뛰어내린 것)처럼 보인다. 이안은 무슨 일이 있었는지를 알아보려고 한다.
But I Didn't Say Good-Bye: For Parents and Professionals Helping Child Suicide Survivors Barbara Rubel 저 ISBN 1-89290-600-7	자살 시도자 아이들과 일하는 전문가와 비전문가 모두에게 도움이 된다. 추가적인 정보의 출처를 포함하고 있다.
Someone I Loved Died by Suicide: A Story for Child Survivors and Those Who Care for Them Doreen Cammarata 저 ISBN 0-91093-329-0	상실을 경험한 아이들이 애도의 과정 및 자살과 관련된 다른 감정들을 이해하는 데 도움을 준다.

참고문헌

Allen, M., sheen, D., Jones, N., Heaton, E., Young, E., & Gstettenbauer, A. (2003). *Bibliotherapy: A resource to facilitate emotional healing and growth*. Manuscript submitted for publication.

Allen, M., Stott, K. A., Jones, N., Heaton, E., & Gstettenbauer, A. (2003, April). *Bibliotherapy: A resource for strengthening children's coping skills after a crisis*. Mini-Skills Workshop presented at the 35th National Association of School Psychologists Annual Convention, Toronto, Canada.

Amato, P. R. (2001). Children of divorce in the 1990s: An update of the Amato and Keith (1991) meta-analysis. *Journal of Family Psychology, 15*(3), 355-370.

American Association of University Women. (2001). *Hostile hallways: Bullying, teasing, and sexual harassment in school*. Washington, DC: Author. (Available from www.aauw.org)

Armstrong, M. (1991). Cross-cultural issues in responding to a tragedy: The Stockton schoolyard shootings. In J. Sandoval (Ed.), *Resources in crisis intervention: School, family, and community applications* (pp. 97-99). Silver Spring, MD: National Association of School Psychologists.

Berk, L. E. (2003). *Child development* (6th ed). Boston: Allyn & Bacon.

Bracken, B. A., & McCallum, R. S. (1998). *Universal nonverbal intelligence test*. Itasca, IL: Riverside.

Brandon, R. (2003). Family matters: Mental health of children and parents. Policy brief. University of Washington, Seattle. Human Services Policy Center. (ED478231)

Brock, S. E., & Sandoval, J. (1997). Suicidal ideation and behaviors. In G. G. Bear, K. M. Minke, & A. Thomas (Eds.), *children's needs II: Development, problems and alternatives* (pp. 361-374). Bethesda, MD: National Association of School Psychologists.

Brock, S. E., Sandoval, J., & Lewis, S. (2001). *Preparing for crisis in the schools: A manual for building school crisis response teams* (2nd ed.) New York: Wiley.

Burns, B. J., & Hoagwood, K. (2002). *Community-based treatment for youth: Evidence-based interventions for severe emotional and behavioral disorders*. New York: Oxford University press.

Canter, A. S., & Carroll, S. A. (Eds.). (1999). *Crisis prevention and response: A collection of NASP resources*. Bethesda, MD: National Association of School Psychologists.

Caplan, G. (1964). *Principles of preventive psychiatry*. New York: Basic Books.

Carroll, S. A. (1999). Emotional first-aid: A school's guide to crisis intervention. In A. S. Canter & S. A. Carroll (Eds.), *crisis prevention and response: A collection of NASP resources* (pp. 109-110). Bethesda, MD: National Association of School Psychologists.

Coie, J. D., & Dodge, K. A. (1998). Aggression and antisocial behavior. In N. Eisenberg (ED.), *Handbook of child psychology: Vol.3, Social emotional and personality development* (5th ed., pp. 779-862). New York: Wiley.

Curtis, M. J., Grier, J. E. C., Abshier, D. W., Sutton, N. T., & Hunley, S. (2002). School psychology: Turning the corner into the twenty-first century. *Communique, 30*(8), 1, 5-6.

Curtis, M. J., Hunley, S. A., Walker, K. J., & Baker, A. C. (1999). Demographic characteristics and professional practices in school psychology. *School Psychology Review, 28*, 104-116.

Dacey, J. S., & Fiore, L. B. (2002). *Your anxious child: How parents and teachers can help anxiety in children*. New York: wiley.

Doll, B., & Doll, C. (1997). *Bibliotherapy with young people: Librarians and mental health professionals working together*. Englewood, CO: Libraries Unlimited.

Doll, B., Zucker, S., & Brehm, K. (2004). *Resilient classrooms: Creating healthy environments for learning*. New York: Guilford Press.

Education Week. (2002). The relative risks of school travel: A national perspective and guidance for local community assessment. *Education Week, 21*(43). Retrieved August 7, 2002, from www.nap.edu.

Elliot, S., Kratochwill, T., & Roach, A. (2003). Commentary: Implementing social-emotional and academic innovations: Reflections, reactions, and research. *School Psychology Review, 32*(3), 320-327.

Evans, G. W. (2004). The environment of childhood Poverty. *American Psychologist,* 59(2), 77-92.

Everly, G. S., Jr., & Mitchell, J. T. (Eds.). (2000). *Critical incident stress management: Advanced group crisis interventions: A workbook*. Ellicott City, MD: International Critical Incident Stress Foundation.

Fitzgerald, H. (1992). *The grieving child: A parent's guide*. New York: Simon & Schuster.

Ford, D. Y. (2000). Multicultural literature and gifted black students: Promoting self-understanding, awareness, and pride. *Roeper Review, 22*(4), 235-240.

Forgan, J. (2002). Using bibliotherapy to teach problem-solving. *Intervention in School and Clinic, 38*(2), 75-82.

Freudenberger, H. J. (1974). Staff burn-out. Journal of Social Issues, 30, 159-165.

Frydenberg, E., & Lewis, R. (1999). The adolescent coping scale: Construct validity and what the instrument tells us. *Australian Journal of Guidance Counseling, 9*, 19-36.

Frydenberg, E., & Lewis, R. (2002). Adolescent well-being: Building young people's resources. In E. Frydenberg (Ed.), *Beyond coping: Meetings goals, vision and challenges* (pp. 175-194). Oxford, UK: Oxford University Press.

Guin, K. (2004, August 16). Chronic teacher turnover in urban elementary schools. *Education Policy Analysis Archives, 12*(42). Retrieved August 26, 2004, from *epaa.asu.edu/epaa/v12n42/v12n42.pdf.*

Hetherington, E. M., & Stanley-Hagan, M. (1999). The adjustment of children with divorced parents: A risk and resiliency perspective. *Journal of Child Psychology and Psychiatry, 40*(1), 129-140.

Holmes, M. (2000). *A terrible thing happened*. Washington, DC: Magination press.

James, R. K., & Gilliland, B. E. (2001). *Crisis intervention strategies* (4th ed.). Pacific Grove, CA: Brooks/Cole.

Johnson, K. (1998). *Trauma in the lives of children*. Alameda, CA: Hunter House.

Johnson, K. (2000). *School crisis management: A hands-on guide to training crisis response teams* (2nd ed.). Alameda, CA: Hunter House.

Kübler-Ross, E. (1969). *On death and dying*. New York: Macmillan.

Kupersmidt, J. B., & Dodge, K. A. (2004). *Children's peer relations: From development to intervention*. Washington, DC: American Psychological Association.

Lightfoot, J., Wright, S., & Sloper, P. (1999). Supporting pupils in mainstream school with an illness or disability: Young people's views. *Child: Care, Health and Development, 25*(4), 267-283.

Lindemann, E. (1944). Symptomatology and management of acute grief. *American Journal of Psychiatry, 101*, 141-148.

Lindemann, E. (1979). *Beyond grief: Studies in crisis intervention*. New York: Aronson.

Maleki, C., & Elliot, S. (2002). Children's social behaviors as predictors of academic achievement: A longitudinal analysis. *School Psychology Quarterly, 17*, 1-23.

Maslow, A. (1970). *Motivation and personality* (2nd ed). New York: Harper & Row.

Masten, A. S. (2001). Ordinary magic: Resilience processes in development. *American Psychologist, 56*, 227-238.

McCarty, H., & Chalmers, L. (1997) Bibliotherapy intervention and prevention. *Teaching Exceptional Children, 29*, 12-17.

McIntyre, T. (1999). *Bibliotherapy.* Retrieved July 6, 2003, from *maxweber.hunter.cuny.edu/eres/EDSPC715_MCINTYRE/Biblio.html.*

National Center for Educational Statistics. (2002). *Public school student, staff, and graduate counts by state: School year 2000-2001.* Retrieved January 4, 2003, from *nces.ed.gov/pubs2002/snf_report.*

National Institute of Child Health and Human Development. (2003). *America's children: Key national indicators of well-being, 2003.* Retrieved April 19, 2004, from *www.nichd.nih.gov/publications/pubs/childstats/americas03.htm.*

National School Transportation Association. (2002a). *The ABC's of school busing.* Retrieved December 13, 2002, from *www.schooltrans.com/abc.htm.*

National School Transportation Association. (2002b). *Did you know?* Retrieved December 13, 2002, from *www.schooltrans.com/didyouknow.htm.*

Nickerson, E. (1975). Bibliotherapy: A therapeutic medium for helping children. *Psychotherapy: Theory, Research and Practice, 12*(3), 258-261.

Olweus, D. (1993). *Bullying at school: What we know and what we can do.* Malden MA: Blackwell.

Pardeck, J. T. (1991). Using books to prevent and treat adolescent chemical depen dency. *Adolescence, 26*, 201-208.

Pardeck, J. T. (1995). Bibliotherapy: An innovative approach for helping children. *Early Child Development and Care, 110*, 83-88.

Pardeck, J. T., & Pardeck, J. A. (1997) Recommended books for helping young children deal with social and developmental problems. *Early Child Development and Care, 136*, 57-63.

Pasko, J. R. (1994). Chicago–don't miss it. *Communique, 23*(4), 2.

Pedersen, P. B. (2003). Culturally biased assumptions in counseling psychology. *The Counseling Psychologist, 31*, 396-403.

Percy, M., (2003). Feeling loved, having friends to count on, and taking care of yourself: Minority children living in poverty describe what is "special" to them. *Journal of children and poverty, 9*(1), 55-70.

Poland, S., Pitcher, G., & Lazarus, P. J. (1999). Best practices in crisis intervention. In A. S. Canter & S. A. Carroll (Eds.), *Crisis prevention and response: A collection of NASP resources* (pp. 69-86). Bethesda, MD: National Association of School Psychologists.

Putallaz, M., & Bierman, K. L. (Eds.). (2004). *Aggression, antisocial behavior, and violence among girls: A developmental perspective*. New York: Guilford Press.

Richardson, C. D., & Rosen, L. A. (1999). School-based interventions for children of divorce. *professional School Counseling, 3*, 21-26.

Romualdi, V., & sandoval, J. (1995). Comprehensive school-linked services: Implications for school psychologists. *Psychology in the School, 12*, 306-317.

Ross, S. M., & Lowther, D. L. (2003). Impacts of the connect school reform design on classroom instruction, school climate, and student achievement in inner-city schools. *Journal of Education for Students Placed at Risk, 8*(2), 215-246.

Sandoval, J., & Brock, S. E. (1996). The school psychologists's role in suicide prevention. *School Psychology Quarterly, 11*, 169-185.

Steward, M. S. (2002). Illness: A crisis for children. In J. Sandoval (Ed.), *Handbook of crisis counseling, intervention, and prevention in the schools* (2nd ed., pp. 183-211). Mahwah, NJ: Erlbaum.

Striepling, S . H. (1997). The low-aggression classroom: A teacher's view. In A. P. Goldstein & J. C. Conoley (Eds.), *School violence intervention: A practical handbook* (pp. 23-45). New York: Guilford Press.

Sue, D. W., & Sue, D. (2003). *Counseling the culturally different: Theory and practice* (4th ed.). New York: wiley.

Tu, W. (1999). *Using literature to help children cope with problems* (Report No. EDO-CS-99-09). Bloomington, IN: ERIC Clearinghouse on Reading, English and Communication. (ERIC Document Reproduction Service No. ED436008)

U.S. Bureau of the Census. (2001). *Statistical abstract of the United States*. Retrieved January 4, 2003, from *www.census.gov/prod/2002pubs/01statab/educ.pdf*.

U.S. Bureau of the Census. (2002). *Statistical abstract of the United States: 2002*. Retrieved November 18, 2003, from *www.census.gov/prod/2003pubs/02statab/educ.pdf*.

U.S. Department of Health and Human Services. (2000). *Healthy people 2010: Conference edition* (Vols. I and II). Washington, DC: Author.

U.S. Department of Health and Human Services. (2001). *National strategy for suicide prevention: Goals and objectives for action*. Rockville, MD: Author.

Velting, O., Setzer, N., & Albano, A. (2004). Update on and advances in assessment and cognitive-behavioral treatment of anxiety disorders in children and adolescents. *Professional Psychology, Research and Practice, 35*(1), 42-54.

Weinberg, R. B. (1989). Consultation and training with school-based crisis teams. *Professional Psychology: Research and Practice, 20*, 305-308.

찾아보기

편저자 소개

Melissa Allen Heath

현재 브리검영 대학교(Brigham Young University) 상담심리 및 특수교육과 교수다. 주요한 연구 관심사는 학교 현장에서의 위기 예방과 개입이다. 그는 심리학자 면허가 있으며, 국가와 주에서 공인받은 학교 심리전문가다. 학교, 학군 그리고 지역사회 위기 팀에서 일했으며, 적십자 지역사회 위기대응 팀(CERT) 프로그램을 통해 위기 훈련을 받았다. 10년이 넘는 동안 위기개입을 위한 기본적인 훈련 자료를 개발하고, 학교 및 지역사회와 함께 작업해 왔다.

Dawn Sheen

현재 브리검영 대학교(Brigham Young University) 학교심리 전공 대학원생이다. 대학원 입학 전에는 다문화 인식(multicultural awareness), 프랑스어, 스페인어 교수법을 전공한 중학교 교사였다. 그는 위기개입과 관련하여 가정 폭력을 경험한 여성 쉼터를 관리했고, 지역사회 성폭행 위기 긴급전화 사업에 참여하였다. 학생들이 재난에 대한 준비에 어려움을 겪는다는 것을 알고, 적십자사와 협력하여 '재난 다루기의 달인'이라는 방과 후 수업을 후원했다. 연구 관심사는 학교 현장의 다문화 문제뿐만 아니라 위기 예방과 개입도 포함된다.

공저자 소개

Annette Jerome, PhD Hurst-Euless-Bedford 교육청(텍사스) 학교 심리학자

April Gstettenbauer, BS 캘리포니아 벤투라

Bart Lyman, BS 브리검영 대학교 학교심리학 프로그램 석사과정

Chrisandra Melville, BS 브리검영 대학교 학교심리학 석사과정

Ellie L. Young, PhD 브리검영 대학교 상담심리 및 특수교육과 조교수

Emily Heaton, BS 브리검영 대학교 학교심리학 석사과정

Jolene Campbell, BS 브리검영 대학교 학교심리학 석사과정

Nathan Jones, MS 학교 심리학자, 캘리포니아 캠벨

Neil Annandale, MA 브리검영 대학교 상담심리학 박사과정

역자 소개

김동일

현재 서울대학교 사범대학 교육상담 전공 및 동 대학원 특수교육 전공 주임교수로 재직하고 있으며, 청소년보호위원회 위원, 한국아동청소년상담학회 회장, 한국교육심리학회 부회장, BK21 역량기반 교육혁신연구 사업단 단장, 서울대 다중지능창의성연구센터(SNU MIMC Center) 소장으로 봉직하고 있다. 서울대학교 교육학과를 졸업하고 교육부 국비 유학생으로 선발되어 미네소타 대학교 교육심리학과에서 석사 및 박사 학위를 취득한 후, Developmental Studies Center Research Associate, 한국청소년상담원 상담교수, 경인교육대학교 교육학과 교수, 한국학습장애학회 회장을 역임하였다. 2002년부터 국가 수준의 인터넷중독 척도와 개입 연구를 진행해 왔으며, 정보화역기능예방사업에 대한 공로로 행정안전부 장관표창을 수상하였다. 『학습장애아동의 이해와 교육』 『학습상담』 『특수아동상담』을 비롯하여 30여 권의 (공)저서가 있으며, 200여 편의 학술논문과 20여 편의 상담사례 논문을 발표하였다.

학교기반 위기대응개입 매뉴얼

School-Based Crisis Intervention:
Preparing All Personnel to Assist

2013년 10월 1일 1판 1쇄 인쇄
2013년 10월 10일 1판 1쇄 발행

엮은이 • Melissa Allen Heath & Dawn Sheen
옮긴이 • 김동일
펴낸이 • 김진환
펴낸곳 • (주) 학지사
121-837 서울시 마포구 서교동 352-29 마인드윌드빌딩 5층
대표전화 • 02)330-5114　　팩스 • 02)324-2345
등록번호 • 제313-2006-000265호

홈페이지 • http://www.hakjisa.co.kr
커뮤니티 • http://cafe.naver.com/hakjisa

ISBN 978-89-997-0163-4 93370

정가 15,000원

역자와의 협약으로 인지는 생략합니다.
파본은 구입처에서 교환해 드립니다.

이 책을 무단으로 전재하거나 복제할 경우 저작권법에 따라 처벌을 받게 됩니다.

인터넷 학술논문 원문 서비스 **뉴논문** www.newnonmun.com

이 도서의 국립중앙도서관 출판시도서목록(CIP)은 서지정보유통지원시스템 홈페이지(http://seoji.nl.go.kr)와 국가자료공동목록시스템(http://www.nl.go.kr/kolisnet)에서 이용하실 수 있습니다.
(CIP제어번호: CIP2013013288)